本报告的出版得到
国家重点文物保护专项补助经费
资助

中国田野考古报告集

考 古 学 专 刊

丁种第96号

大连广鹿岛区域考古调查报告

中国社会科学院考古研究所

辽宁省文物考古研究所 编著

大连市文物考古研究所

文物出版社

北京·2018

图书在版编目（CIP）数据

大连广鹿岛区域考古调查报告／中国社会科学院考
古研究所，辽宁省文物考古研究所，大连市文物考古研究
所编著. —北京：文物出版社，2018.10

ISBN 978 - 7 - 5010 - 5677 - 4

Ⅰ. ①大… Ⅱ. ①中… ②辽… ③大… Ⅲ. ①文物—
考古—调查报告—大连 Ⅳ. ①K872. 314. 5

中国版本图书馆 CIP 数据核字（2018）第 205781 号

大连广鹿岛区域考古调查报告

编　　著：中国社会科学院考古研究所
　　　　　辽 宁 省 文 物 考 古 研 究 所
　　　　　大 连 市 文 物 考 古 研 究 所

责任编辑：黄　　曲
责任印制：陈　杰
封面设计：程星涛

出版发行：文物出版社
地　　址：北京市东直门内北小街 2 号楼
邮　　编：100007
网　　址：http：//www. wenwu. com
邮　　箱：web@ wenwu. com
经　　销：新华书店
印　　刷：北京鹏润伟业印刷有限公司
开　　本：889mm × 1194mm　1/16
印　　张：15. 5
版　　次：2018 年 10 月第 1 版
印　　次：2018 年 10 月第 1 次印刷
书　　号：ISBN 978 - 7 - 5010 - 5677 - 4
定　　价：220. 00 元

ARCHAEOLOGICAL MONOGRAPH SERIES

TYPE D NO. 96

Archaeological Investigate Report of Guanglu Island, Dalian

(With an English Abstract)

By

The Institute of Archaeology, Chinese Academy of Social Sciences

Cultural Relics and Archaeology Institute of Liaoning Province

Cultural Relics and Archaeology Institute of Dalian

Cultural Relics Press

Beijing · 2018

目　录

插图目录

插表目录

附表目录

图版目录

第一章　概论

第一节　调查研究史

广鹿岛位于辽宁省大连市长海县。长海县由许多岛屿组成，其中，广鹿岛陆域面积最大，陆地面积为26.8平方千米。

该岛的考古遗址调查，是从20世纪30年代开始的。1932～1934年，日本三宅俊成为代表对长山列岛的史前遗址进行了4次调查①。调查了广鹿岛柳条沟东山、东水口、朱家屯、洪子东遗址，獐子岛沙泡子遗址，小长山岛姚家屯、旗杆山、唐家沟、英砣子遗址和大长山岛上马石、清化宫、高丽城山遗址。

1941年4月，日本学术振兴会调查和发掘了长海县大长山岛上马石遗址。京都大学梅原末治、澄田正一和东京大学长谷部言人、八幡一郎参加了调查和发掘②。并提出上马石遗址出土与山东龙山文化相同的黑陶。

新中国成立后，旅顺博物馆曾于1957、1959、1960年对长海县广鹿岛进行史前遗址调查③。经过几次调查，先后在各岛共发现贝丘遗址15处。其中，在小长山岛发现英杰村、唐家沟、棋杆山、姚家沟遗址，在大长山岛发现上马石、清化宫、高丽城山贝丘遗址，在獐子岛发现沙泡子村、李墙子村贝丘遗址，在海洋岛发现南玉村遗址，在广鹿岛发现了柳条沟东山、东水口、洪子东、朱家村、吴家村遗址。许明钢、于临祥提出上马石以压印篦纹平底筒形罐为主的文化，早于龙山文化。佟柱臣指出大长山岛上马石、广鹿岛吴家村和獐子岛沙泡子、貔子窝、塔寺屯的列点纹、横弧纹、纵弧纹和篦纹陶等，已见于西喇木伦河流域和嫩江流域等细石器文化地带。明确了西辽河史前文化与辽东半岛史前文化关系，为该地区新石器文化研究提供线索④。

1978年10月至11月，辽宁省博物馆、旅顺博物馆、长海县文化馆对长海县广鹿岛柳条沟东山、小珠山、吴家村、蛎碴岗、南窑和大长山岛上马石、高丽城山等遗址进行发掘⑤。发现房址、

---

① 三宅俊成：《长山列岛先史时代小调查》，《满洲学报》1936年第4期。
② 澄田正一：《辽东半岛的史前遗迹——大长山岛上马石贝冢》，《人间文化》第2～4期，1986、1988、1989年。
③ 旅顺博物馆：《旅大市长海县新石器时代贝丘遗址调查》，《考古》1961年第12期、1962年第7期。
④ 佟柱臣：《东北原始文化的分布与分期》，《考古》1961年第10期。
⑤ 辽宁省博物馆、旅顺博物馆、长海县文化馆：《长海县广鹿岛大长山岛贝丘遗址》，《考古学报》1981年第1期。

灰坑和大量的陶器、石器、骨角器、蚌器。许玉林、许明钢首次提出辽东半岛的新石器文化划分为小珠山上、中、下层文化，年代分别为距今 4000 年、距今 5000 年和距今 6000 年。

下层文化，陶器以含滑石红褐陶和黑褐陶为主，主要有平底筒形罐，饰压印"之"字纹和编织纹。石器以打制为主，有刮削器、盘状器、网坠。磨制石器较少，有斧、磨盘、磨棒。中层文化，陶器以夹砂红褐陶为主，含云母，器类以筒形罐为主，出土鼎、觚形器、实足鬶、器盖、红地黑彩陶器。筒形罐主要饰刻划纹。石器以磨制为主，主要有斧、铲、刀。上层文化，陶器以夹砂黑褐陶为主，器形主要有附加堆纹鼓腹罐、折沿鼓腹罐、壶、豆、鼎、钵等，主要饰刻划纹和附加堆纹。石器绝大多数为磨制石器，有斧、锛、刀、镞、网坠、磨棒、磨盘等。

2006、2009、2010 年，中国社会科学院考古研究所东北工作队、辽宁省文物考古研究所、大连市文物考古研究所再次对广鹿岛小珠山遗址和吴家村遗址进行系统性发掘。提出辽东半岛的新石器文化应划分为一期至五期文化①。把原来的小珠山下层文化细分为一期文化和二期文化，中层文化为三期文化，上层文化细分为四期文化和五期文化。

一期文化，陶器大多为夹砂红褐陶或黑褐陶，多含滑石，器类绝大多数为筒形器，器表主要饰压印"之"字纹和压印或刻划席纹。石器有打制和磨制石器，以磨制石器为主，打制石器次之。打制石器有刮削器、打制石片，磨制石器有斧、铲、锤、磨盘、磨棒、网坠等生产工具。骨器出土较多，主要以锥为主，还有凿、针、鱼镖、鱼卡、鱼钩等。

二期文化，陶器多为夹砂灰褐陶，分为含滑石、夹砂陶，主要器类为筒形罐，器表饰刻划席纹或弦纹。石器绝大多数为磨制石器，个别有打制石器。打制石器有打制石片。磨制石器有磨盘、磨棒、斧、网坠等。骨器数量减少，仍以锥为主，出土镞、针、鱼卡、鱼镖、匕。

三期文化，分为早、晚两段。早段，陶器以夹砂红褐陶为主，含大量云母。器类以筒形罐为主，出土钵、碗。筒形罐饰刻划席纹或席纹或弦纹，纹饰规整。出土少量鼎、鬶、觚、彩陶壶等大汶口文化因素陶器。彩陶均为红地黑彩。石器绝大多数为磨制石器，有铲、磨盘、磨棒、砥石，出现石刀，但数量极少。骨器仍以锥为主，出土镞、针、鱼卡、鱼镖、匕等。蚌器数量大，主要有蚌饰、环、坠饰。晚段，陶器以夹砂红褐陶为主，含云母。器类仍以筒形罐为主，出土钵、碗。筒形罐大多饰刻划纹，纹饰不甚规整。出土少量鼎、鬶、觚、彩陶壶等大汶口文化因素陶器。彩陶有红地黑彩和黑、黄彩。石器绝大多数为磨制石器，主要有镞、磨盘、磨棒、刀、网坠、坠饰等，其中镞数量最多。骨器仍以锥为主，出土镞、针、鱼卡、鱼镖、匕等。蚌器数量大，主要有蚌饰、环、坠饰。

四期文化，陶器以夹砂红褐陶、褐陶为主，含云母。器类以附加堆纹罐为主，附加堆纹壶、卷沿鼓腹罐、钵、碗等次之。石器绝大多数为磨制石器，以镞为主，刀、磨石、砥石次之，有少量网坠、磨盘、磨棒。蚌器数量较多，以勺和蚌饰为主，还有环、坠饰。

五期文化，陶器以折沿鼓腹罐为主，附加堆纹罐、带领鼓腹罐、卷沿鼓腹罐等罐类和壶次之，有少量钵、碗、杯等器物。出土鼎、三环足器、豆、圈足盘、器盖等山东龙山文化因素陶器。石

---

① 中国社会科学院考古研究所、辽宁省文物考古研究所、大连市文物考古研究所：《辽宁长海县小珠山新石器时代遗址发掘简报》，《考古》2009 年第 5 期。

器中，镞出土最多，出土少量刀、锛、斧、磨石、网坠等。骨器主要有锥、镞、鱼卡。蚌器有勺、蚌饰、环、坠饰。

通过近一个世纪的考古调查和发掘研究，在广鹿岛发现了若干处史前文化遗址，遗址保存良好，为辽东半岛史前文化研究提供了珍贵资料。

第二节　调查目的

此次对广鹿岛进行全面而系统的区域考古调查，有以下几个目的：

第一，经广鹿岛史前时期的考古发掘和研究，确立了辽东半岛新石器时代文化序列关系，意义深远。但是过去的考古调查和发掘，主要围绕新石器时代遗址展开，对其他时期的遗址未进行调查。此次调查，全面掌握岛内不同时期遗址的分布情况。

第二，广鹿岛属于黄海海面的北方岛屿，面积不大，四面环海。此次调查，探讨北方岛屿考古遗址的分布特点和分布规律，了解北方岛屿文化特点。

第三，在遗址调查的基础上，小规模试掘几处史前文化遗址，探讨遗址的文化属性以及新石器时代文化与青铜时代文化特点。

第三节　调查方法与步骤

岛屿考古有其自身特点，互动与隔绝是其最主要的特征。从大的时空框架上来考察，岛屿上的考古学文化与周边大陆同时期的考古学文化存在密切交流，而从特定的岛屿环境来看，自身独立的地理单元又让其隔绝了一部分文化因素的传播，使其与大陆文化既有相通的因素、又有其自身特点。而岛屿考古学文化的形成与发展又似乎比大陆文化有更多的内部、外部因素的影响，也涉及更为广泛的科技与技术手段的发展。因此，岛屿考古的研究是一个触及多种学科的系统工程，包括研究人群或文化要素的流动、技术和专门知识的传播、航海、海上贸易和交换、文化特性的发展、陆岛关系、岛屿景观和环境变迁等内容。

这使得岛屿考古比起大陆考古来，改变或增加了一些研究内容和热点。首先，研究对象不同：研究主体由过去的农民社会转向渔民社会。我国的考古学研究从客观上一直注重农业社会的研究，即或涉猎岛屿或海滨的渔猎文化社会，也仅只将其作为数个单独的聚落个体来对待。岛屿考古研究，正式将研究主体确认为渔民社会，将其与农民社会对等起来，分析其异同与联系，更广泛地研究中国文明起源、中华文化起源的多元性。其次，研究途径不同：主要探寻岛屿与大陆间的文化谱系关系。过去的考古学文化研究集中在内陆地区，岛屿地区的研究明显落后，所以岛屿考古学研究不仅要探讨岛屿本身固有的文化体系，更为重要的是确认岛屿与大陆的紧密联系，从而判定人群或文化的互动。第三，研究角度的创新：从社会、经济、宗教等不同角度复原岛屿人的古代文化。最后，研究手段和方法论的创新：摸索适合岛屿的考古研究方式、方法。主要采用多学科合作的研究方法，根据研究需要和岛屿考古学文化的自身特点，广泛结合相关学科，全面重建岛屿环境下的古代社会。利用测绘、照相、摄像等技术，将发掘、调查等获得的考古学资料通过地理信息系统软件建立数据库，全方位分析古代人类社会与自然环境之间的互动关系以及文化成因。

在此基础上，我们制定了广鹿岛区域考古调查的执行方案和具体方法。

第一，确保精确的图像资料。

广鹿岛全域卫星照片，为划分调查区域和详细记录标注遗址范围和遗物采集点作基础。

可以究明某一文化在地域上的分布范围，了解该文化与它的地理环境的关系等。在调查之前，要广泛查阅文献，同时要充分利用地图和地名学的研究成果，以便得到探求各种遗迹、遗物的线索。航空照片和卫星照片等遥感资料，也能为考古调查提供启示。

第二，根据地形地貌和村庄道路划分调查区域。

广鹿岛境内多山地与丘陵。山地位于岛西南部，山峰突兀，峰峰相望，山势险峻，沟峪众多，当地人称为"南山里"。南台山为第一高山，海拔251.7米；老铁山为第二高山，海拔245.9米。从大连、金石滩方向看广鹿岛，只见山高峰耸，因而成为古往今来海上航行的重要标志。岛内陆地大部为丘陵地带，分布于广鹿岛中部、东部。

为便于调查，我们根据山势变化和相关村庄、道路网，将广鹿岛全景划分为38个区域，编号1至38。逐个区域进行地毯式调查。

第三，在独立区域内，结合卫星照片和实际地形，确定调查时的行走方向。

第四，确定野外作业步骤与标准。

1. 每位调查队员间隔10米排开，开始同向以"之"字形方式行走，确定这一区域内是否存在考古学意义上的遗物，以确定是否存在考古学文化遗址。

2. 如果区域内存在遗址，则重新以第一个步骤同样方式踏查这一区域。踏查过程中，在每一位调查队员前进路线上，每间隔10米设置一个遗物采集点。采集点为一直径4米的圆形。

3. 收集采集点内所有遗物，使用手持GPS测定采集点圆心的位置并标注在卫星照片上。如果在前进路线上非采集点范围内发现完整遗物，则单独收集并测定、记录、标图。

4. 利用断崖、沟渠断面等制作遗址剖面，判定遗址堆积状况。

5. 对重点遗址布设正南北方向的1米×2米探方进行试掘，判定遗址堆积状况、文化属性和相对年代关系。

6. 利用RTKGPS和全站仪测绘所有遗址的微地貌地形图。

第五，室内整理工作步骤和标准。

1. 对调查获得的遗物进行分类整理，判定每一处遗址的使用年代。

2. 对遗址各个采集点所收集的遗物，制作遗物统计表格，使用SPSS统计软件分析遗物，制作不同时代遗物在遗址范围内分布状况的散点图，观察一个遗址不同时代的遗址空间分布范围。

3. 多学科合作对遗物进行检测分析和概括总结。

第四节　调查经过与结果

在制定调查方法的基础上，从2010年春季至2011年12月对广鹿岛进行全面的考古遗址调查。

共发现 23 处遗址，其年代包括新石器时代、青铜时代、汉代、辽金和明清时期（表一）。遗址有多落母、北庙、朱家村、邹南屯、门后、柳条沟东山、东水口、洪子东、柳条村、下和气沟、长寺山、小珠山、吴家村、袁屯西、娘娘庙、盐场、西北屯、大张屯、蛎碴岗、南山、南窑、寺儿沟和南台山遗址。

表一　　　　　　　　　　　　　　广鹿岛考古调查遗址与年代表

序号	遗址名称	调查区域	时代（或文化）
1	多落母	1 区	新石器
2	北庙	4 区	辽金
3	朱家村	4 区	青铜（双砣子一期、二期文化）、汉代
4	邹南屯	4 区	新石器（小珠山三期文化）、辽金、明清
5	娘娘庙	7 区	明清
6	门后	8 区	新石器（小珠山一期文化）
7	长寺山	10 区	青铜（上马石上层文化）、辽金
8	吴家村	11、17 区	新石器（小珠山三期文化）、青铜（上马石上层文化）、辽金
9	袁屯西	12 区	明清
10	盐场	14 区	明清
11	小珠山	18 区	新石器（小珠山一期～五期文化）
12	大张屯	21 区	辽金、明清
13	西北屯	21 区	辽金、明清
14	东水口	22 区	新石器（小珠山一期、三期文化）
15	柳条村	22 区	新石器（小珠山一期、三期文化）
16	柳条沟东山	22 区	新石器（小珠山一期文化）
17	下和气沟	27 区	青铜（双砣子三期文化）、明清
18	寺儿沟	31 区	辽金
19	蛎碴岗	34 区	新石器（小珠山五期文化）、青铜（上马石上层文化）
20	南山	34 区	青铜（上马石上层文化）
21	南窑	34 区	新石器（小珠山五期文化）、青铜（上马石上层文化）
22	南台山	37 区	明清
23	洪子东	38 区	新石器（小珠山五期文化）、青铜（双砣子三期、上马石上层文化）

第二章　广鹿岛地理位置与自然环境

第一节　地理位置

广鹿岛位于辽宁省大连市东部长海县。长海县又称长山岛，位于辽东半岛东部的黄海北部海面，东与朝鲜半岛隔海相望，南与山东半岛隔海相望。全县由 195 个岛、坨、礁组成，构成长山列岛。（图一）

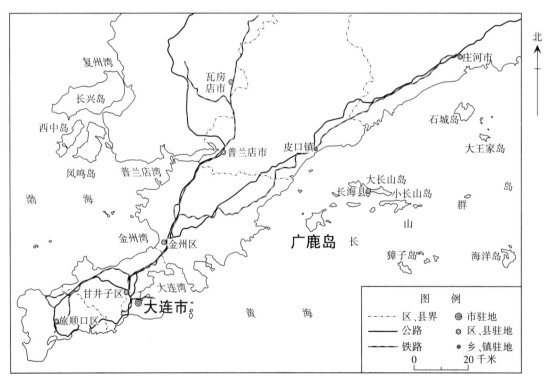

图一　广鹿岛地理位置图

长山列岛诸岛屿中，广鹿岛的陆域面积最大，与大长山岛、小长山岛以及其他 80 余个小岛、140 余个礁构成呈东西走向分布的里长山列岛。里长山列岛西侧与大陆之间构成里长山海峡，东侧与獐子岛、海洋岛等外长山列岛之间构成外长山海峡。

第二节　自然环境

广鹿岛位于长海县西部，属长山群岛的组成部分。岛长 10.1 千米，宽 2.6 千米，陆地面积 26.8 平方千米，海岸线长 39.5 千米，为长海县第一大岛。据传昔日岛屿广阔，野鹿成群，故取"广鹿"二字为名。曾用名"光禄岛"。《奉天通志》记载："光禄岛，前明故将毛文龙所言之广鹿岛即此。"

岛内地貌主要以山地、丘陵、海蚀地貌、海积地貌构成①。地势由西南向东北呈阶梯降落并发散，西南多为高山丘陵地带，地势高耸险峻，中部绵延着低缓的山丘，东北多为丘陵沼洼地带，地势低矮平缓，是较开阔的平地。南台山为第一高山，海拔 251.7 米；老铁山为第二高山，海拔 245.9 米。

该岛周围有岛屿和礁石共 45 个。其中，面积较大且有人居住的陆地称为岛，有广鹿岛、瓜皮岛、格仙岛、洪子东岛、葫芦岛 5 个岛。面积较小且无人居住的陆地称为屿，俗称"坨子"，有格大坨子、头坨子、大草坨子、小草坨子、石坨子、小元宝坨子等，共 18 个。还有礁石，主要为礁、坎、石、岗，共 22 个。

广鹿岛与周围诸岛形成于元古代晚期，地壳运动及气候变化造成的海洋与陆地变迁是其形成的原因。距今 5.7 亿年前，辽南大陆是原始形态的古老地块，后来地球发生造山运动，地壳出现一系列西东北南交错的断裂，逐渐分离为现在的长山群岛诸岛地貌。辽东半岛南部，地质学上称为"辽南平原中丘"，当时的广鹿岛与辽南大陆相连为一片丘陵山地。

到更新世，地球进入气候剧烈变化期，辽南大陆气候也发生剧烈变化，发生过多次大的海侵和海退。距今 10 万年前经过"芦山冰期"，该地区进入间冰期的温暖阶段，冰川消融，海洋水量增加，海平面上涨并浸漫辽南平原。从此，"辽南平原中丘"成为海中之岛，形成广鹿岛及周围诸岛雏形。

距今 7 万年前，大地骤寒，以海水蒸发为来源的陆地降水，海水逐渐退出，海底变成陆地，广鹿岛及诸岛又与辽南大陆连成一片，成为辽南大地上的山地丘陵。距今 5 万~4 万年左右，气候开始变暖，又发生海侵，几乎淹没诸多低丘岛。后来又发生海退，被淹没的辽南大陆及诸多低丘岛逐渐重新露出水面。到了全新世，气候又进入温暖期，冰川大量消融，海平面上升，辽南平原再次变成烟波浩渺的大海。随后，又进入冰期，又趋海退。地球上最后一次冰期结束后，气候又逐渐变暖，海平面上升，最终形成了现在的胶东半岛和辽东半岛这样的地理格局。距今 6500 年左右，海平面下降到比现今海岸线略高之处。由于新构造运动的抬升，特别是外营力的堆积作用，出现几个小岛连成一个大岛的并合现象。此时，境内诸岛进入了新石器时代，人类开始繁衍生息。

---

① 广鹿乡志编纂委员会：《广鹿乡志》，黑龙江人民出版社，2010 年。

第三章 遗址调查

2010 年 4 月、2010 年 11 月至 2011 年 1 月，中国社会科学院考古研究所东北工作队对广鹿岛进行遗址调查，共发现 23 处遗址。（图二；图版一）并在 2010 年 4 月、12 月和 2011 年 4 月、12 月，对门后、洪子东、南窑、柳条沟东山、邹南屯、蛎碴岗、朱家村等 7 处史前时代遗址进行试掘。

第一节 多落母遗址

一 遗址概况

遗址位于广鹿岛东北部、塘洼村多落母屯海边高处上。地理坐标为北纬 39°13′00.1″，东经 122°24′25.5″。遗址仅存 10 余平方米。（图版二，1）

2010 年 4 月，中国社会科学院考古研究所东北工作队对该遗址进行了调查，遗址破坏严重。在遗址一处自然断面采集到少量贝壳和动物骨骼、碎小陶片。断面编号为 HG1。

二 遗物分布与地层

遗址破坏严重，断面的小范围内可确认文化堆积。HG1 堆积分为三层。（图三）

第 1 层：耕土层，含少量贝壳。厚 0.1～0.58 米。

第 2 层：含少量灰褐土的碎贝壳层，贝壳含量为 90% 以上。贝壳多为牡蛎壳。倾斜堆积，北薄南厚。厚 0.07～0.27 米。发现碎小陶片。

第 3 层：贝壳层，贝壳多为完整的牡蛎壳。倾斜堆积，北高南低。厚 0.08～0.27 米。发现碎小陶片。

三 小结

遗址为典型的贝丘遗址，破坏严重，在地表和自然断面上发现较多贝壳及碎小陶片。陶片均为夹砂红褐陶，为新石器时代陶器。

第二节 北庙遗址

一 遗址概况

遗址位于广鹿岛东部、塘洼村北庙屯海边台地上，南距朱家村遗址 150 米。地理坐标为北纬

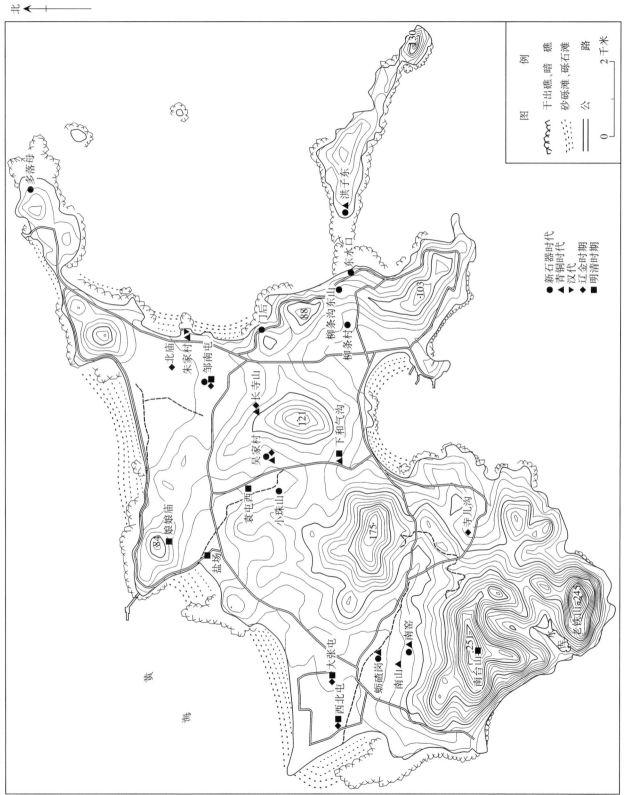

图二 广鹿岛各时代遗址分布图

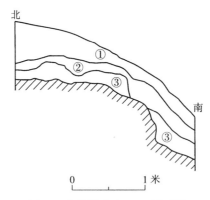

图三　多落母遗址 HG1 剖面图

39°11′56.5″，东经 122°22′59.5″。2010 年 4 月，中国社会科学院考古研究所东北工作队对其开展了全面仔细的考古调查，遗址破坏较为严重。

二　遗物分布与地层

遗址破坏严重，地表未见遗物。1990 年，当地村民在北庙屯南海崖边采集到 5 尊石佛造像[①]。（图版二，2）因雨季，水土流失严重，崖边山势断裂坍塌，使其暴露于地表。

三　采集遗物

1 号造像，辉绿岩石料。四面佛造型，方形座。方形座较高，雕刻有"回"字纹，三个角上为站立式的力士，力士面目不清。造像四面浮雕，布局紧凑。A 面，结跏趺坐于方形座上，一脚露出，左手在胸间，右手放于腹部；头戴宝冠，双耳较大，两颊饱满，嘴角略上翘，呈微笑状，佛衣只在胸、肩、臂用几条线刻表示；头顶石上刻"弥勒佛"，字迹已模糊不清，侧面题刻"道玉造"；佛像高 30、头高 9.7、头宽 9 厘米。B 面，结跏趺坐于方形台座上，右手放于腹部，左手放在盘坐的腿上，面颊饱满，小嘴，嘴角上翘，面带微笑；佛像高 30、头高 11、头宽 9 厘米。C 面，面相丰圆，眉清目秀，双耳较大，衣纹疏简，应坐于石佛座上；佛像高 20、头高 7 厘米。D 面，结跏趺坐于佛座上，双手置于腹部；佛像高 13、头高 11、头宽 9.5 厘米。（图版三）

2 号造像，含云母的辉长岩。结跏趺坐式。面颊突出，周围刻莲花式图案。佛像高 52、头高 13 厘米。（图版四，1）

3 号造像，粗砂岩。盘坐在莲瓣式佛座上。面目不清，大耳，右耳残。佛像高 41、头高 11.5、座高 11.5、宽 56 厘米。（图版四，2、3）

4 号造像，砂岩。盘坐在莲瓣式佛座上。面目不清。佛像高 18、身宽 13、头高 9、宽 9 厘米。（图版五，1）

5 号造像，辉绿岩。两面有雕像。一面为一佛像头部，头戴宝冠，面相饱满；另一面为两个立式佛像，其中之一损坏严重，另一个大耳，立式，下半部残，佛像高 19、宽 9、头高 10、宽 7 厘米。残高 20、宽 23 厘米。（图版五，2、3）

---

① 1. 长海县文管所馆藏；2. 王璀英：《长海县广鹿岛发现的石造像》，《大连文物》1998 年第 1 期。

四　小结

对于 5 尊石刻造像的时代目前存在争议，一种观点认为应属金代[①]，另一种观点认为应属辽代[②]。从石佛造像的特点看，1 号造像雕刻技法简洁明快而生动，姿态有人情味道，贴近庶民生活，具有辽代石造像特征。2 号佛像结跏趺坐，双臂环抱，高发髻，圆脸深目，体态丰满圆润，也具有辽代雕刻风格。其他造像风格、雕刻手法也符合辽代特征。

在辽代，佛教盛行。佛教在海岛也盛行，各岛相继修建了庙宇。广鹿岛有辽金时期庙宇，发现石造像的塘洼村北庙屯曾经也有过庙宇，这批 5 尊石造像可能为寺庙内的造像。现已不存。

第三节　朱家村遗址

一　遗址概况

遗址位于广鹿岛东北部、塘洼村朱家屯临海的较高台地上，遗址东、南、北三面环海。地理坐标为北纬 39°11′52.6″，东经 122°23′02.0″。遗址呈南北走向，南北长约 81、东西宽约 67 米。（图四；图版六，1）

20 世纪 30 年代，日本人曾到此调查和发掘[③]。新中国成立后，20 世纪 50 年代末和 60 年代初，旅顺博物馆多次对该遗址进行调查。当时根据遗物特点，分为上、下两层，采集到彩绘陶、灰色绳纹陶器残片等遗物[④]。

中国社会科学院考古研究所东北工作队于 2011 年 1 月重新对该遗址进行调查。采集到陶器、石器等。为了进一步明确朱家村遗址的文化属性，2011 年冬季进行小面积的试掘。

二　遗物分布与地层

在遗址地表上采集到陶器、石器、铁器等遗物。根据遗物特点，遗址分为上、中、下三层。下层遗物主要分布在遗址中部和北部，中层遗物发现极少，上层遗物则遍布整个遗址。（图五）

三　采集遗物

（一）下层遗物

采集遗物包括陶器和石器。

1. 陶器

采集陶器以鼓腹罐为主，兼有壶、豆等，另采集有少量彩绘陶器。

彩绘陶　2 件。

采：42，黑底红彩。是在陶器烧好以后才彩绘的，因而颜色容易脱落。（图六，1）

---

① 王璀英：《长海县广鹿岛发现的石造像》，《大连文物》1998 年第 1 期。
② 张翠敏：《大连地区辽时期佛教遗存考略》，《辽金历史与考古》，2010 年。
③ 三宅俊成：《长山列岛先史时代小调查》，《满洲学报》1936 年第 4 期。
④ 旅顺博物馆：《旅大市长海县新石器时代贝丘遗址调查》，《考古》1961 年第 12 期、1962 年第 7 期。

图四　朱家村遗址微地貌图

鼓腹罐　17 件。分二型。

A 型　2 件。短颈鼓腹罐。

C2：1，口沿残片。夹砂黑褐陶。敛口，圆唇，手制。口径 10 厘米。（图六，2）

采：25，口沿残片。夹砂灰褐陶。微侈口，尖圆唇，轮制。（图六，3）

B 型　2 件。长颈鼓腹罐。

采：9，口沿残片。夹砂褐陶。微侈口，尖唇，手制，有轮修痕迹。（图六，4）

采：22，口沿残片。夹砂黑褐陶。微侈口，尖唇，口沿下饰平行凹弦纹，手制，有轮修痕迹。
（图六，5）

还发现器底。

采：1，器底。夹砂灰褐陶。平底，手制。底径 10.3 厘米。（图六，6）

采：2，器底。夹砂红褐陶。平底，手制。底径 4.5 厘米。（图六，7）

采：3，器底。夹砂黑陶。凹底，磨光，手制。底径 3.9 厘米。（图六，8）

采：4，器底。夹砂红褐陶。平底，磨光，手制。底径 4.6 厘米。（图六，9）

采：5，器底。夹砂红褐陶。平底，手制。底径 10.1 厘米。（图六，10）

采：7，器底。夹砂红褐陶。平底，手制。底径 10.2 厘米。（图六，11）

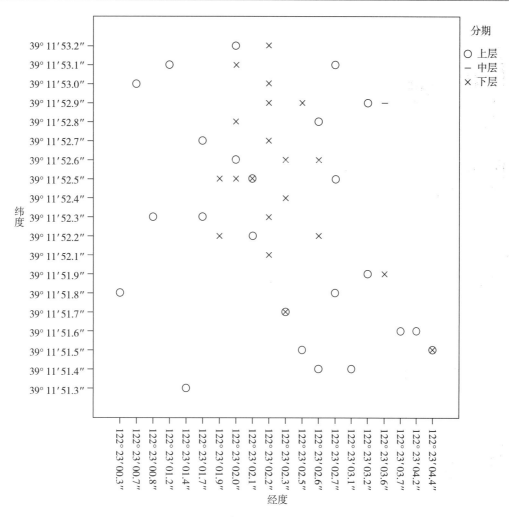

图五　朱家村遗址遗物分布图

采：13，器底。夹砂黑褐陶。平底，手制。底径8.2厘米。（图六，12）

采：15，器底。夹砂黑褐陶。平底，手制。底径8.2厘米。（图六，14）

采：32，器底。夹砂红褐陶。凹底，手制。底径5.4厘米。（图六，13）

采：34，器底。夹砂红褐陶。平底，手制，磨光。底径4.8厘米。（图六，15）

采：36，器底。夹砂灰褐陶。平底，手制。底径5.1厘米。（图六，16）

采：38，器底。夹砂红褐陶。平底，手制，有轮修痕迹。底径9.5厘米。（图六，17）

D2：1，器底。夹砂红褐陶。平底，手制。底径8.0厘米。（图六，18）

豆　6件。

豆盘　2件。根据腹部特点分二型。

A型　1件。折腹。

采：27，豆盘。夹砂黑陶。折腹，饰一周凹弦纹，磨光，手制。（图七，1）

B型　1件。弧腹。

采：8，豆盘。夹砂红褐陶。侈口，尖圆唇，弧腹，磨光，手制，有轮修痕迹。（图七，2）

还发现豆柄及豆圈足。

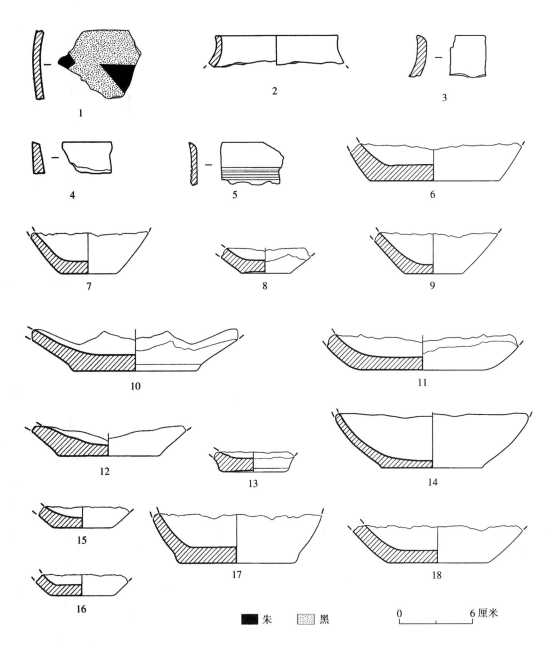

图六　朱家村遗址下层采集陶器

1. 彩绘陶（采：42）　　2、3. A 型鼓腹罐口沿（C2：1、采：25）　　4、5. B 型鼓腹罐口沿（采：9、采：22）　　6～18. 鼓腹罐器底（采：1、采：2、采：3、采：4、采：5、采：7、采：13、采：32、采：15、采：34、采：36、采：38、D2：1）

采：12，豆柄。夹砂黑褐陶。手制。（图七，3）

采：18，豆柄。夹砂红褐陶。手制。（图七，4）

D2：2，豆柄。夹砂红褐陶。手制。（图七，5）

E1：1，豆圈足。夹砂黑褐陶。磨光，手制。（图七，6）

碗　5 件。分二型。

A 型　4 件。凹底。

采：23，夹砂红褐陶。底部边沿饰刻划锯齿纹，手制。底径 8.1 厘米。（图七，7）

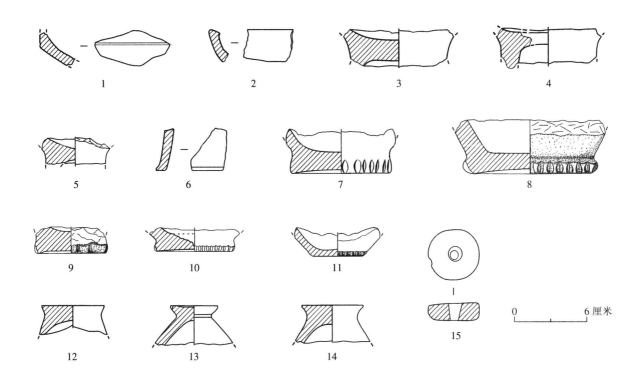

图七 朱家村遗址下层采集陶、石器

1、2. 陶豆盘（采:27、采:8） 3~5. 陶豆柄（采:12、采:18、D2:2） 6. 陶豆圈足（E1:1） 7~10. A 型陶碗底（采:23、采:21、采:16、采:37） 11. B 型陶碗底（采:6） 12~14. 陶器盖（采:26、采:29、采:30） 15. 石纺轮（采:14）

采:16，夹砂红褐陶。近底处足外凸，底部边沿饰刻划锯齿纹，手制。底径 5.7 厘米。（图七，9）

采:21，夹砂灰褐陶。底部边沿饰刻划锯齿纹，手制。底径 9.7、壁厚 1.1 厘米。（图七，8）

采:37，夹砂灰褐陶。底部边沿饰刻划锯齿纹，手制。底径 6.2 厘米。（图七，10）

B 型 1 件。平底。

采:6，夹砂灰褐陶。底部边沿饰刻划锯齿纹，手制。底径 4.1 厘米。（图七，11）

器盖 3 件。

采:26，夹砂红褐陶。平顶，手制。（图七，12）

采:29，夹砂灰褐陶。平顶，顶部外缘饰锯齿纹，手制。（图七，13）

采:30，夹砂灰褐陶。平顶，手制。（图七，14）

2. 石器

纺轮 1 件。

采:14，滑石，灰褐色。圆饼状，横截面呈圆角长方形，单面穿孔。直径 4.2、厚 1、孔径 1.1 厘米。（图七，15）

（二）中层遗物

采集的典型遗物有豆盘腹部、甗腰、器盖各 1 件。

豆　1 件。

采：35，豆盘。夹砂灰褐陶。盘内有一周凸棱，手制。（图八，1）

甗　1 件。

采：33，甗腰部。夹砂灰褐陶。腰部饰附加堆纹，堆纹上饰窝纹。（图八，2）

器盖　1 件。

采：24，残。夹砂灰褐陶。斜直顶，子母口，子口内敛，手制，有轮修痕迹。（图八，3）

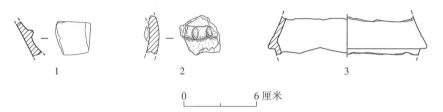

图八　朱家村遗址中层采集陶器
1. 豆盘（采：35）　2. 甗腰（采：33）　3. 器盖（采：24）

（三）上层遗物

1. 陶器

采集陶器多为泥质，少量夹细砂；陶色以灰色为主，红褐色次之；器类有盆、钵以及部分陶片。陶片大多碎小，没有可复原器物。纹饰以绳纹为主，弦纹次之。

盆　2 件。

采：39，口沿残片。夹砂灰陶。敞口，折沿，沿面内凹，手制。口径 28 厘米。（图九，1）

采：10，口沿残片。泥质灰陶。敞口，沿面内凹，轮制。（图九，3）

钵　1 件。

C4：1，口沿残片。泥质灰陶。侈口。口径 16.9 厘米。（图九，2）

腹部残片　11 件。

采：31，夹砂灰陶。饰平行凹弦纹，手制。器壁厚 1.2 厘米。（图九，4）

B1：1，泥质灰陶。饰平行凹弦纹，手制。器壁厚 0.6 厘米。（图九，5）

C4：2，泥质灰陶。饰绳纹，手制。器壁厚 0.9 厘米。（图九，6）

A1：1，泥质灰陶。饰细绳纹，手制。器壁厚 0.8 厘米。（图九，8）

采：40，泥质灰陶。饰细绳纹，轮制。器壁厚 0.65 厘米。（图九，7）

A1：3，泥质灰陶。饰细绳纹，手制。器壁厚 0.9 厘米。（图九，9）

采：19，夹砂灰褐陶。饰细绳纹，手制。器壁厚 0.9 厘米。（图九，10）

A1：2，夹砂红褐陶。饰粗绳纹，手制。器壁厚 1.35 厘米。（图九，11）

采：28，夹砂红褐陶。饰粗绳纹，手制。器壁厚 1.35 厘米。（图九，12）

A1：4，夹砂红褐陶。饰粗绳纹，手制。器壁厚 1.05 厘米。（图九，13）

采：41，泥质灰陶。饰多排平行斜线纹，手制。器壁厚 0.9 厘米。（图九，14）

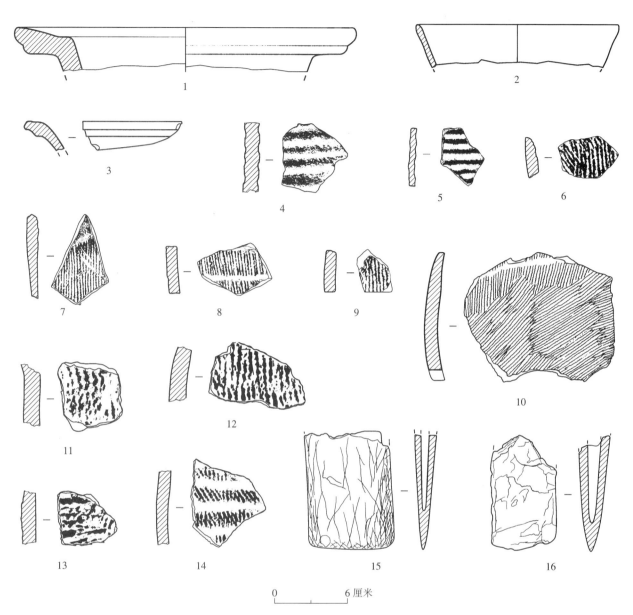

图九　朱家村遗址上层采集陶、铁器

1、3. 陶盆口沿（采：39、采：10）　2. 陶钵口沿（C4：1）　4～14. 陶片（采：31、B1：1、C4：2、采：40、A1：1、A1：3、采：19、A1：2、采：28、A1：4、采：41）　15、16. 铁镢（采：17、采：20）

2. 铁器

铁镢　2 件。

采：17，残。平面呈长方形，横截面呈三角形，上有銎孔，直刃。残长 9.1、宽 6.9、厚 2.1 厘米。（图九，15）

采：20，残。平面呈长方形，横截面呈三角形，上有銎孔，直刃。残长 9.2、宽 5.7、厚 2.3 厘米。（图九，16）

四　小结

在遗址地面采集陶器均较为碎小，根据陶器特点，遗址分为上、中、下三层。下层，短颈鼓腹罐、长颈鼓腹罐、彩绘陶与双砣子一期出土陶器相似，其年代应属于双砣子一期文化[①]。中层，豆盘内有一周凸棱，具有双砣子二期陶器特点，其年代应属双砣子二期文化。上层，出土较多绳纹灰陶，其年代应属于汉代。

第四节　邹南屯遗址

一　遗址概况

遗址位于广鹿岛东部、塘洼村邹南屯宽阔的平地上，现为耕地。地理坐标为北纬39°11′42.7″，东经122°22′37.7″。遗址近方形，南北约157、东西约150米。（图一〇；图版六，2）

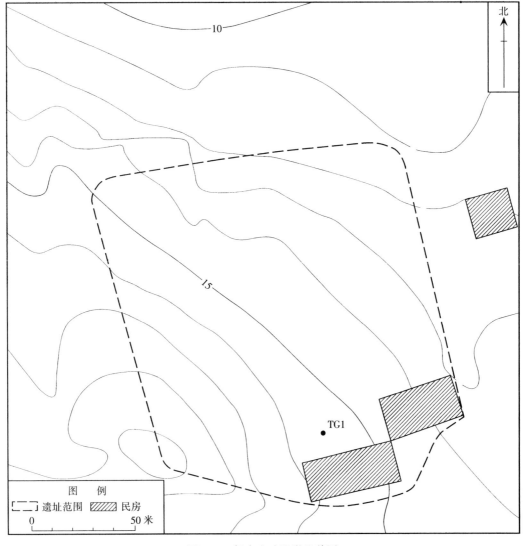

图一〇　邹南屯遗址微地貌图

---

① 中国社会科学院考古研究所：《双砣子与岗上》，科学出版社，1996年。

2010 年 11 月，中国社会科学院考古研究所东北工作队对该遗址进行了调查。**遗址保存状况不良，采集到陶器、瓷器碎片。**

二　遗物分布与地层

在遗址地表上采集到较多贝壳以及陶器、瓷器等遗物。根据遗物特点，遗址分为上、中、下三层。下层遗物分布较少，分布在遗址中部和南部，中层遗物较多，遍布整个遗址，上层遗物较少，零星分布在整个遗址。（图一一）

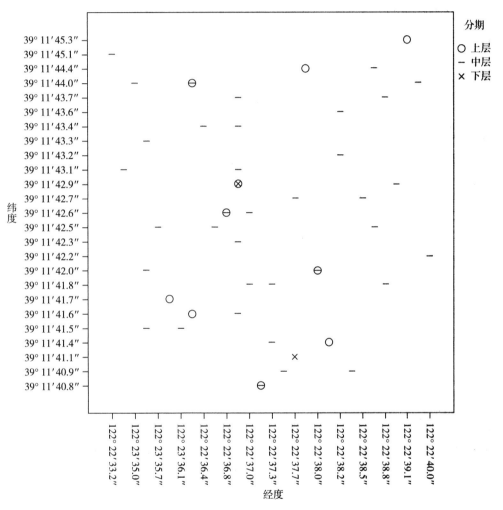

图一一　邹南屯遗址遗物分布图

三　采集遗物

（一）下层遗物

共采集 45 件碎小陶片。均为夹砂红褐陶，器壁较薄，有刻划纹。

（二）中层遗物

采集遗物以陶器为主，多为泥质陶，有少量夹砂陶；陶色以灰褐色为主，灰色次之；可辨认的器类有高领罐、盆、碗、杯；采集口沿、器底、鋬耳以及多数陶器残片，大多碎小，无可复原器物。

高领罐 1 件。

采：1，口沿残片。泥质灰褐陶。直口，高直领微外撇，轮制。（图一二，1）

盆 10 件。根据口沿特点分二型。

A 型 4 件。折沿。根据唇部特点分二个亚型。

Aa 型 3 件。唇下轮修一周凸棱。

采：4，口沿残片。泥质灰褐陶。圆唇，唇下轮修一周凸棱，轮制。（图一二，2）

采：14，口沿残片。泥质灰陶。方唇，唇下轮修一周凸棱，轮制。（图一二，3）

G6：1，口沿残片。夹砂灰褐陶。尖圆唇，唇下轮修一周凸棱，轮制。（图一二，4）

Ab 型 1 件。唇上有凸棱。

C2：1，口沿残片。泥质灰褐陶。沿面宽平，沿面边缘轮修浅槽，唇上有凸棱，敞口，轮制。（图一二，5）

B 型 5 件。卷沿。

采：13，口沿残片。泥质灰陶。圆唇，轮制。（图一二，6）

采：12，口沿残片。泥质灰陶。圆唇，轮制。（图一二，8）

采：2，口沿残片。泥质灰褐陶。圆唇，轮制。（图一二，7）

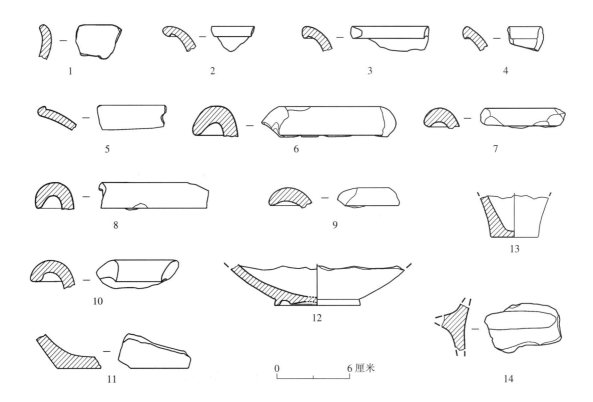

图一二　邹南屯遗址中层采集陶器

1. 高领罐（采：1）　2~4. Aa 型盆口沿（采：4、采：14、G6：1）　5. Ab 型盆口沿（C2：1）　6~10. B 型盆口沿（采：13、采：2、采：12、采：16、采：5）　11. B 型盆底（采：6）　12. 碗底（D1：1）　13. 杯底（采：15）　14. 鋬耳（采：7）

采：16，口沿残片。泥质灰褐陶。圆唇，轮制。（图一二，9）

采：5，口沿残片。夹细砂红褐陶。圆唇，轮制。（图一二，10）

采：6，底部。泥质灰陶。平底，轮制。（图一二，11）

碗　1件。

D1：1，器底。夹砂红褐陶。圈足，轮制，火候较高，质地较硬。底径7厘米。（图一二，12）

杯　1件。

采：15，器底。泥质灰褐陶。假圈足，轮制。底径3.8厘米。（图一二，13）

鋬耳　1件。

采：7，泥质灰陶。横鋬耳，表面略凹。残长5.6、宽3.6厘米。（图一二，14）

（三）上层遗物

采集遗物以瓷器为主，器类均为碗，主要为器底及瓷器残片，均较碎小，无可复原器物。

碗　5件。分二型。

A型　3件。内底有涩圈。

采：9，器底。胎质青灰，较细腻，豆青色釉。圈足，斜削足，足尖无釉，呈火石红，内底有涩圈，外底中部有鸡心突。足径6.1厘米。（图一三，1）

采：3，器底。胎质灰白，较细腻，青白色釉。圈足，挖足过肩，斜削足，足尖无釉，呈火石红，内底有涩圈。足径7厘米。（图一三，2）

采：11，器底。胎质灰白，较细腻，青白色釉。圈足，挖足过肩，斜削足，足尖无釉，呈火石红，内底有涩圈。足径6.6厘米。（图一三，3）

B型　2件。内底无涩圈。

采：8，器底。胎质灰白，较细腻，青白色釉。圈足，足底无釉，外底中部有鸡心突。足径8厘米。（图一三，4）

采：10，器底。胎质灰白，较细腻，白釉泛青，上有开片。圈足，挖足过肩，足底无釉。足径6.7厘米。（图一三，5）

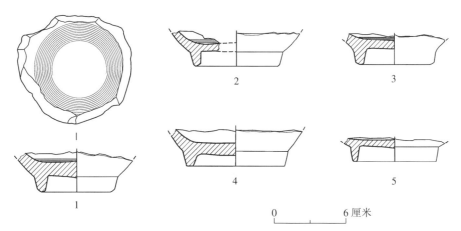

图一三　邹南屯遗址上层采集陶器

1～3.A型碗底（采：9、采：3、采：11）　4、5.B型碗底（采：8、采：10）

四　小结

根据遗物特点，遗址分为上、中、下三层。下层，陶器绝大多数为夹砂红褐陶，器壁薄，该特点与新石器时代小珠山三期出土陶器相似，推测其年代应属于小珠山三期文化，后期的试掘也证实了这一点①。中层，高领罐、折沿盆与岫岩县邮电小区遗址所出极为相似②。另外，采集的鋬耳也与大连西甸子辽代遗址所出类似③。根据以上特征推断，中层应属辽金时期。上层，出土较多瓷器，均为碗底。部分内底有涩圈，外底中部有鸡心突，削足，挖足过肩，露胎处呈火石红，属明清瓷器的典型特征，判断上层应属于明清时期。明清时期遗物在邹南屯遗址发现较多，推测遗址的主体年代为明清时期。

第五节　门后遗址

一　遗址概况

遗址位于广鹿岛东端、塘洼村大架山北侧高处台地上，东面临海。地理坐标为北纬39°11′20.0″，东经122°23′04.2″。遗址略呈东西走向，长约68、宽约63米。（图一四；图版七，1）

2010年4月，中国社会科学院考古研究所东北工作队对其开展了全面仔细的考古调查。遗址保存状况不良，地面采集遗物有陶器、石器等。为了进一步明确门后遗址的文化属性，2010年春季进行了小面积的试掘。

二　遗物分布与地层

在遗址地表上采集到较多的贝壳以及陶器、石器等遗物。根据遗物特点，判断其均为同期遗物。遗物数量较少，分布较零散。（图一五）

三　采集遗物

1. 陶器

均为夹砂陶，含滑石。陶色以红褐色为主，有少量黑褐色。采集的陶器碎片居多，少部分陶片可以辨认出器形，多为筒形罐。纹饰多为压印横排"之"字纹。皆手制。

筒形罐　2件。

采：1，腹部残片。夹砂红褐陶，含滑石。饰三排压印的竖压横排"之"字纹，纹饰规整、紧密，手制。壁厚0.55厘米。（图一六，1）

采：2，器底。夹砂红褐陶，含滑石。平底，手制。底径18.3、底部厚1、壁厚0.5厘米。（图一六，2）

---

① 中国社会科学院考古研究所、辽宁省文物考古研究所、大连市文物考古研究所：《辽宁长海县小珠山新石器时代遗址发掘简报》，《考古》2009年第5期。

② 鞍山市岫岩满族博物馆：《辽宁岫岩镇辽金遗址》，《北方文物》2004年第3期。

③ 张翠敏、韩家宏、王宇、张志成：《大连西甸子辽代遗址发掘简报》，《辽金历史与考古》2009年。

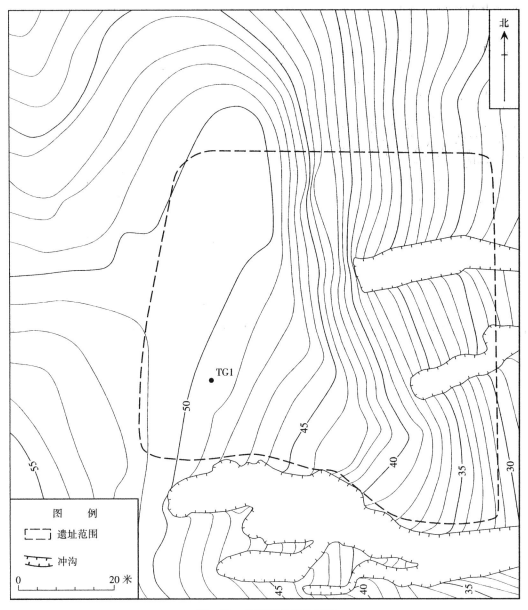

图一四　门后遗址微地貌图

2. 石器

铲　1件。

采:4，二云二长片麻岩，浅灰褐色。打制，平面呈梯形，双面弧刃。长 20.8、宽 13.2、厚 3.2 厘米。（图一六，5）

锤　1件。

采:5，残。脉石英，灰白色。直接利用卵石制成，两角有砸击的痕迹。残长 9.8、宽 8.7、厚 3.6 厘米。（图一六，3）

砧石　1件。

采:3，脉石英，灰白色。直接利用卵石制成，横截面呈椭圆形，三面有凹窝。长 10.5、宽 7.8、厚 5.9 厘米。（图一六，4）

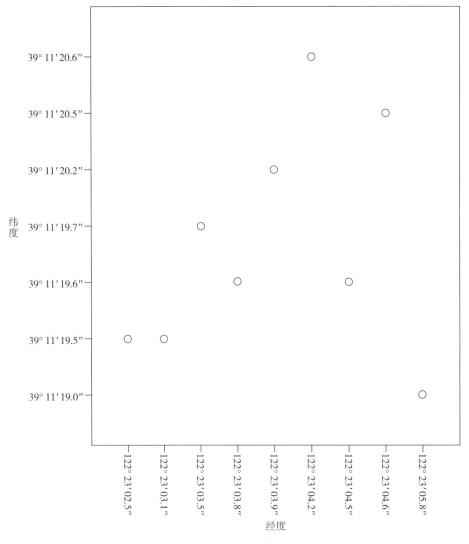

图一五　门后遗址遗物分布图

四　小结

遗址为典型的贝丘遗址，在地面采集到较多的贝壳及陶片。采集的筒形罐与小珠山一期出土陶器相似，推测其年代应属于小珠山一期文化[①]。

第六节　柳条沟东山遗址

一　遗址概况

遗址位于广鹿岛东南部、柳条村东山山顶上，东侧临海，西和南分别与柳条村、东水口遗址相邻。地理坐标为北纬 39°10′42.9″，东经 122°23′27.0″。遗址地形略呈南北走向，南北长约 128、

---

① 中国社会科学院考古研究所、辽宁省文物考古研究所、大连市文物考古研究所：《辽宁长海县小珠山新石器时代遗址发掘简报》，《考古》2009 年第 5 期。

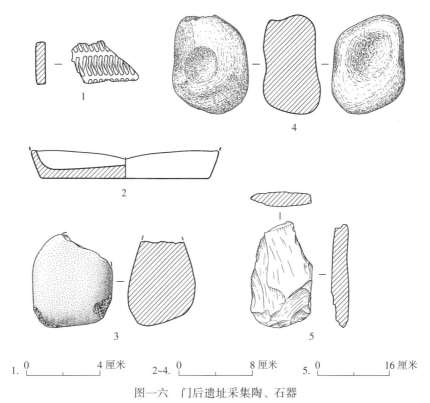

图一六 门后遗址采集陶、石器

1. 陶筒形罐腹片（采：1） 2. 陶筒形罐底（采：2） 3. 石锤（采：5） 4. 砧石（采：3） 5. 石铲（采：4）

东西宽约 74 米。（图一七；图版七，2）

20 世纪 30 年代，日本人曾到此调查[1]。新中国成立后，20 世纪 50 年代末和 60 年代初，旅顺博物馆多次对该遗址进行调查，并在 1978 年由辽宁省博物馆等对其进行试掘。主要出土压印"之"字纹和席纹陶片[2]。

2010 年 4 月，中国社会科学院考古研究所东北工作队重新对其开展了全面仔细的考古调查。遗址保存状况良好，地面采集遗物有陶器、石器等。为了进一步明确柳条沟东山遗址的文化属性，2011 年春季进行了小面积的试掘。

二 遗物分布与地层

在遗址地表上采集到较多的贝壳及陶器、石器等遗物。根据遗物特点，判断其均为同期遗物。遗物较多，分布在整个遗址。（图一八）

三 采集遗物

1. 陶 器

均为夹砂陶，绝大部分含滑石，陶色以红褐色为主，有少量黑褐色。采集的陶器碎小陶片居多，辨认出器形有筒形罐。纹饰以压印的竖压横排"之"字纹为主，席纹次之。皆为手制。

---

① 三宅俊成：《长山列岛先史时代小调查》，《满洲学报》1936 年第 4 期。
② 旅顺博物馆：《旅大市长海县新石器时代贝丘遗址调查》，《考古》1961 年第 12 期、1962 年第 7 期。辽宁省博物馆、旅顺博物馆、长海县文化馆：《长海县广鹿岛大长山岛贝丘遗址》，《考古学报》1981 年第 1 期。

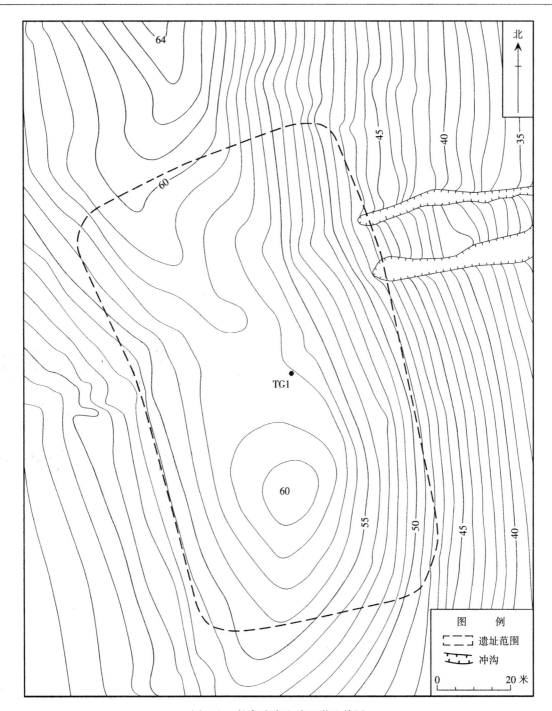

图一七　柳条沟东山遗址微地貌图

简形罐　9 件。

采:1，口沿残片。夹砂红褐陶，含滑石。直口，圆唇，口沿下 1 厘米处饰压印的竖压横排"之"字纹，纹饰规整、紧密，手制。壁厚 0.8 厘米。（图一九，1）

采:2，口沿残片，夹砂红褐陶，含滑石。直口，圆唇，口沿下饰压印的竖压横排"之"字纹，纹饰规整、紧密，压印较深，纹饰距口沿 2.1 厘米，手制。壁厚 0.6 厘米。（图一九，2）

采:3，腹部残片。夹砂红褐陶，含滑石。饰三排压印的竖压横排"之"字纹，纹饰规整、紧密，压印较深，手制。壁厚 0.6 厘米。（图一九，3）

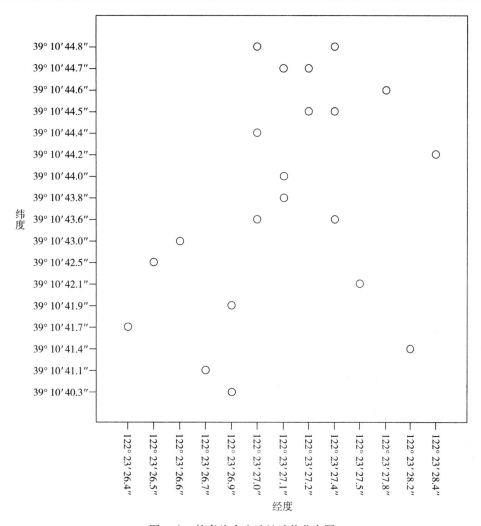

图一八 柳条沟东山遗址遗物分布图

采：4，器底。夹砂黑褐陶。平底，手制。底径 17.2 厘米。（图一九，4）

采：5，腹部残片。夹砂红褐陶，含滑石。饰两排压印的竖压横排"之"字纹，纹饰规整、紧密，压印较深，手制。壁厚 0.4 厘米。（图一九，5）

采：7，腹部残片。夹砂红褐陶，含滑石。饰席纹，纹饰规整，手制。壁厚 0.8 厘米。（图一九，6）

H5：1，腹部残片。夹砂红褐陶，含滑石。饰三排压印的竖压横排"之"字纹，纹饰规整，手制。壁厚 0.5 厘米。（图一九，7）

H5：2，腹部残片。夹砂红褐陶，含滑石。饰两排压印的竖压横排"之"字纹，纹饰规整，压印较深，手制。壁厚 0.95 厘米。（图一九，8）

G5：1，器底。夹砂红褐陶，含滑石。平底，手制。底径 12 厘米。（图一九，9）

2. 石器

地面采集的石器仅有一件。

磨石 1件。

采：6，残。浅粒岩，灰白色。磨制，平面略呈长方形，横截面呈梯形，有一磨面，磨面平整。残长 12.8、宽 10.4、厚 7.6 厘米。（图一九，10）

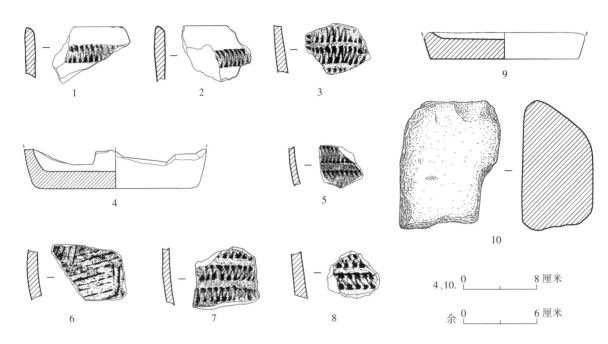

图一九　柳条沟东山遗址采集陶、石器

1、2. 陶筒形罐口沿（采：1、采：2）　　3、5~8. 陶筒形罐腹片（采：3、采：5、采：7、H5：1、H5：2）　　4、9. 陶筒形罐底（采：4、G5：1）

10. 磨石（采：6）

四　小结

遗址为典型的贝丘遗址，地面采集到较多的贝壳及陶器、石器等。陶器均为筒形罐，多为夹砂红褐陶，含滑石，器表饰压印"之"字纹，此特点与小珠山一期出土陶器相似，推测其年代应属于小珠山一期文化①。

第七节　东水口遗址

一　遗址概况

遗址位于广鹿岛东南端、柳条村东山东坡上，北与柳条沟东山遗址相邻。地理位置为北纬39°10′39.5″，东经122°23′35.5″。遗址呈西北—东南走向。遗址南北长约132、东西宽约92米。（图二○；图版八，1）

20世纪30年代，日本人曾到此调查②。新中国成立后，20世纪50年代末和60年代初，旅顺博物馆多次对该遗址进行调查，发现少量陶片③。

---

① 中国社会科学院考古研究所、辽宁省文物考古研究所、大连市文物考古研究所：《辽宁长海县小珠山新石器时代遗址发掘简报》，《考古》2009年第5期。

② 三宅俊成：《长山列岛先史时代小调查》，《满洲学报》1936年第4期。

③ 旅顺博物馆：《旅大市长海县新石器时代贝丘遗址调查》，《考古》1961年第12期、1962年第7期。

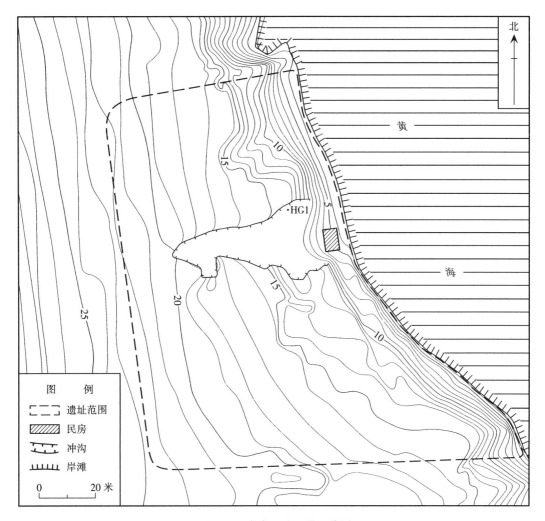

图二〇　东水口遗址微地貌图

2010 年 4 月，中国社会科学院考古研究所东北工作队对其开展了全面仔细的考古调查。遗址贝壳层涉及范围较大，破坏较严重。地面采集较多贝壳，采集的遗物较少，均为陶片。

二　遗物分布与地层

地表采集数量较少的陶片，陶片均碎小，无可复原器物。遗物数量较少，分布零散。（图二一）

遗址有一处自然断面采集到贝壳和碎小陶片。断面编号为 HG1。根据土质土色和包含物的不同，HG1 堆积分为五层。（图二二；图版八，2）

第 1 层：耕土层。厚 0.16~0.38 米。

第 2 层：灰褐土层，土质疏松，含少量贝壳，地层较厚。厚 0.39~0.68 米。

第 3 层：黄褐土层，土质疏松，含较多贝壳，地层较薄。厚 0.18~0.25 米。

第 4 层：贝壳层，含黑褐土，贝壳多为牡蛎贝壳，较为完整。厚 0.5~0.67 米。

第 5 层：灰褐土层，土质疏松，地层较薄。厚 0.23~0.41 米。

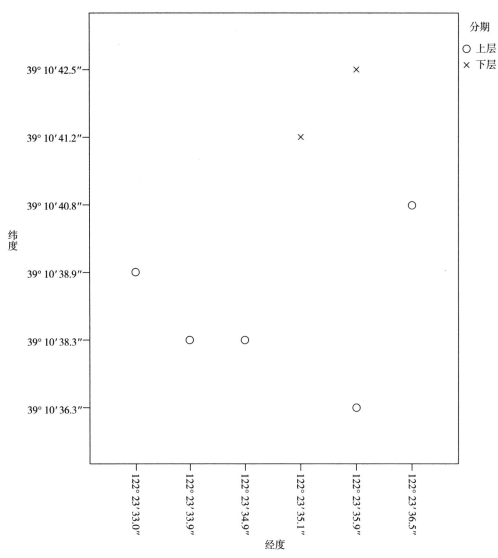

图二一　东水口遗址遗物分布图

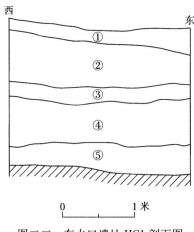

图二二　东水口遗址 HG1 剖面图

根据大连市文物考古研究所对东水口遗址的发掘，遗址可分上、下两层[1]。

三 遗物

（一）下层遗物

筒形罐 1件。

T0518⑧：1，口沿残片。夹砂褐陶，含滑石。直口，斜腹，器表饰压印的竖压横排"之"字纹，纹饰规整、紧密，压印较深，腹中部部分区域饰一条斜向的压印"之"字纹，手制。口径20厘米。（图二三，1）

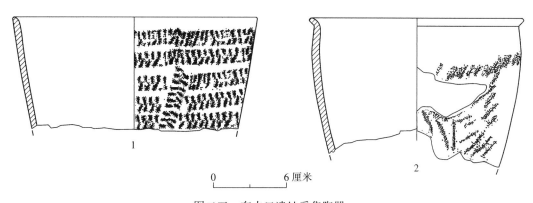

0 6厘米

图二三 东水口遗址采集陶器

1. 下层筒形罐口沿（T0518⑧：1） 2. 上层筒形罐（Z1：1）

（二）上层遗物

筒形罐 1件。

Z1：1，夹砂红褐陶。侈口，卷沿，圆唇，略鼓腹，下腹斜收，腹部饰一周短斜线纹及不同方向的刻划斜线纹，手制。口径18厘米。（图二三，2）

四 小结

遗址为典型的贝丘遗址。遗址分为上、下两层。下层，筒形罐多为夹砂红褐陶，含滑石，器表饰压印"之"字纹，其特点与小珠山一期出土陶器相似，其年代应属于小珠山一期文化。上层，筒形罐多为夹砂红褐陶，卷沿，器表饰刻划斜线纹，其特点与小珠山三期晚段陶器接近，其年代应属于小珠山三期晚段文化[2]。

第八节 洪子东遗址

一 遗址概况

遗址位于洪子东岛西端、临海高台坡地上，西侧与广鹿岛东水口遗址隔海相对，两岛之间距

---

① 大连市文物考古研究所：《辽宁长海县广鹿岛东水口遗址发掘简报》，《北方文物》2016年第4期。

② 中国社会科学院考古研究所、辽宁省文物考古研究所、大连市文物考古研究所：《辽宁长海县小珠山新石器时代遗址发掘简报》，《考古》2009年第5期。

离约 1000 米。地理坐标为北纬 39°10′42.0″，东经 122°24′12.2″，海拔 11～18 米。遗址呈南北向，南北约 140、东西约 80 米。（图二四；图版九，1）

20 世纪 30 年代，日本人曾到此调查[①]。新中国成立后，20 世纪 50 年代末和 60 年代初，旅顺博物馆多次对该遗址进行调查，发现碗、鼎、附加堆纹罐、石刀等遗物[②]。

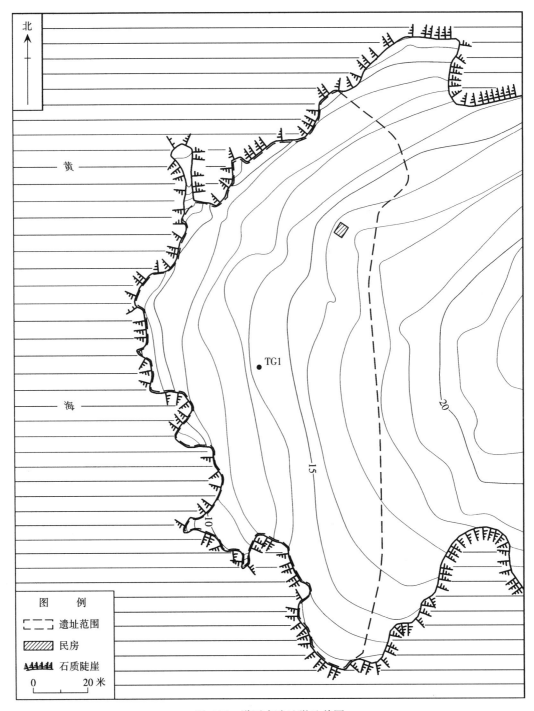

图二四　洪子东遗址微地貌图

①　三宅俊成：《长山列岛先史时代小调查》，《满洲学报》1936 年第 4 期。
②　旅顺博物馆：《旅大市长海县新石器时代贝丘遗址调查》，《考古》1961 年第 12 期、1962 年第 7 期。

2010 年 4 月，中国社会科学院考古研究所东北工作队对其开展了全面仔细的考古调查。遗址保存较好，自然断面上暴露出贝丘遗址的文化层，但在地面上未采集到遗物。为了进一步明确洪子东遗址的文化属性，2010 年 12 月和 2011 年 4 月进行了小面积的试掘。

二　遗物分布与地层

遗址范围内的地表和自然断面的遗物存在明显差别。地表仅见到少量陶器碎片，自然断面则有明显的贝丘遗址的文化层和陶片。但地表上采集遗物较少，分布零散。（图二五）

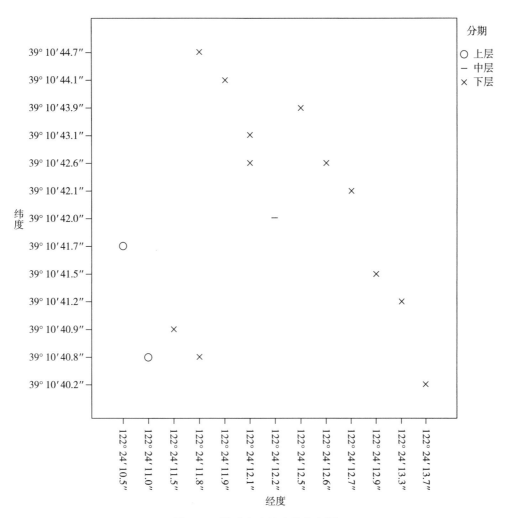

图二五　洪子东遗址遗物分布图

三　小结

遗址为典型的贝丘遗址，地面上采集陶器均较为碎小，没有可复原器物。2011、2013 年，中国社会科学院考古研究所正式发掘该遗址，判断其分属于小珠山五期、双砣子三期、上马石上层文化。

第九节　柳条村遗址

一　遗址概况

遗址位于广鹿岛东南部、柳条村东山西坡上，地形较为平缓。遗址东部为柳条沟东山遗址。地理坐标为北纬39°10′42.0″，东经122°23′07.9″。遗址南北长207、东西长214米。（图二六；图版九，2）

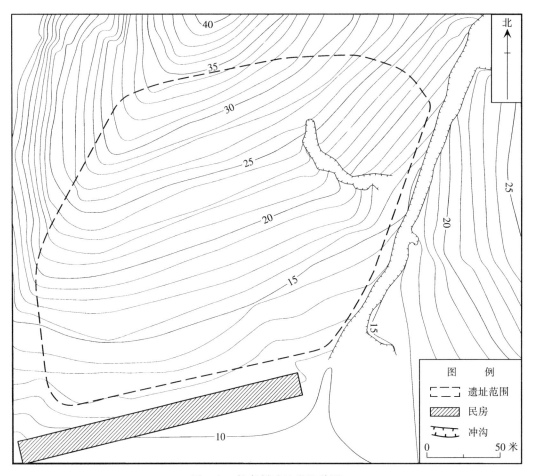

图二六　柳条村遗址微地貌图

2010年4月，中国社会科学院考古研究所东北工作队对其开展了全面仔细的考古调查。因修梯田，遗址破坏较为严重，地面采集了陶器、骨器、石器等遗物。

二　遗物分布与地层

在遗址地表上采集到较多的贝壳以及陶器、石器等遗物。根据遗物特点，遗址分为上、下两层。上层遗物数量较多，分布于整个遗址，下层遗物数量较少，主要分布于遗址中南部。（图二七）

三　采集遗物

（一）下层遗物

陶器均为夹砂红褐陶，含滑石，器形为筒形罐。纹饰以压印的竖压横排"之"字纹为主，

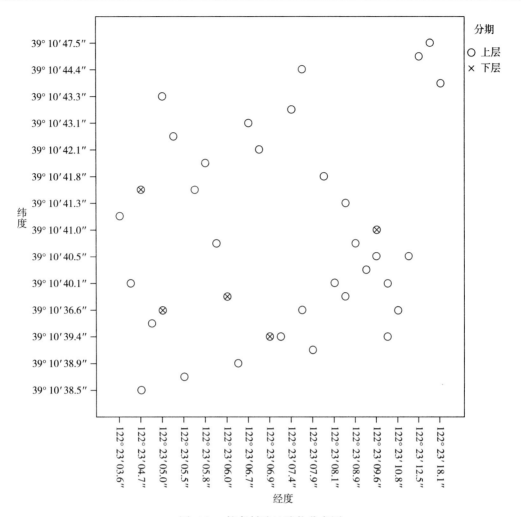

图二七　柳条村遗址遗物分布图

手制。

筒形罐　2 件。

A9∶1，口沿残片。夹砂红褐陶。直口，方唇，饰压印竖压横排"之"字纹，手制。（图二八，1）

B5∶1，腹部残片。夹砂红褐陶，含滑石。饰压印席纹，手制。厚 0.55 厘米。（图二八，2）

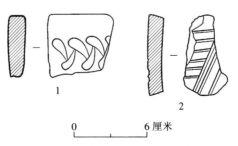

图二八　柳条村遗址下层采集陶器
1. 筒形罐口沿（A9∶1）　2. 筒形罐腹片（B5∶1）

（二）上层遗物

1. 陶器

均为夹砂红褐陶，含云母。纹饰有刻划纹，手制。

筒形罐　2件。

H5∶1，腹部残片。夹砂红褐陶，含云母。饰刻划平行线纹，纹饰规整、紧密，手制。厚0.65厘米。（图二九，1）

C4∶1，腹部残片。夹砂红褐陶，含云母。饰刻划"人"字纹，手制。厚0.6厘米。（图二九，2）

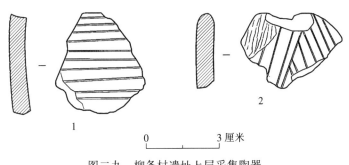

```
0            3厘米
```

图二九　柳条村遗址上层采集陶器
1、2. 筒形罐腹片（H5∶1、C4∶1）

2. 石器

采集的石器有斧、磨盘、磨棒、网坠、砧石和石器。

斧　共3件。

采∶2，残。磁铁石英石，灰褐色。磨制，平面呈梯形，横截面呈椭圆形，弧顶，刃部残。残长10、宽5.5、厚4.4厘米。（图三〇，1）

采∶9，残。大理岩，灰白色。通体磨光，表面较光滑，平面呈梯形，横截面呈椭圆形，弧顶，双面弧刃，两端残。残长10.7、宽5.9、厚2.9厘米。（图三〇，2）

C3∶1，残。玄武岩，灰白色，夹杂有红褐色斑点。磨制，横截面呈椭圆形，两端残。残长4.2、宽6.1、厚3.2厘米。（图三〇，3）

磨盘　1件。

采∶6，石榴白云片岩，青灰色，通体遍布黑点，表面粗糙。琢制，呈圆角长方形，中部微凹，有使用痕迹。长30.4、宽21.4、厚5.5厘米。（图三一，5）

磨棒　1件。

H4∶1，残。石英闪长玢岩，麻黄色。琢制，剖面呈不规则三角形，底部长期使用磨成平面。残长12.5、宽6.6、厚4.7厘米。（图三〇，4）

网坠　4件。分三型。

A型　2件。长条形。

E7∶1，角闪岩，青灰色。打制，腰部两侧有凹槽。长9.9、宽4.8、厚1.7厘米。（图

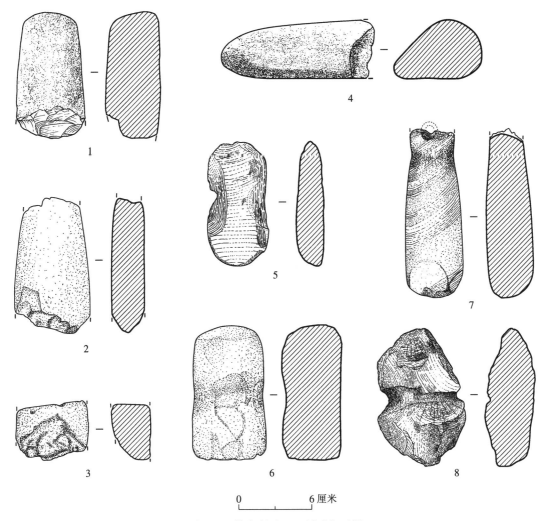

图三〇　柳条村遗址上层采集石器

1~3. 斧（采：2、采：9、C3：1）　　4. 磨棒（H4：1）　　5、6. A 型网坠（E7：1、采：1）　　7. B 型网坠（D2：1）　　8. C 型网坠（采：8）

三〇，5）

采：1，石榴二云片岩，灰色。磨制，腰部有一周凹槽，表面粗糙。长 10.7、宽 5.6、厚 4.4 厘米。（图三〇，6）

B 型　1 件。秤砣形。

D2：1，残。千枚岩，浅黄色并带自然纹理。磨制，天然卵石制成，靠近上端有一周凹槽，顶部穿孔处残断。残长 13.5、宽 4.7、厚 3.7 厘米。（图三〇，7）

C 型　1 件。亚腰形。

采：8，石榴二云片岩，灰白色。打制，腰部两侧加工成亚腰形。长 10.9、宽 7.3、厚 3.3 厘米。（图三〇，8）

砺石　3 件。分二型。

A 型　2 件。长条形。

采：4，石榴白云片岩，灰白色。磨制，平面略呈长方形，一面有使用后留下的圆形凹窝。长 12.9、宽 5.4、厚 3.7 厘米。（图三一，1）

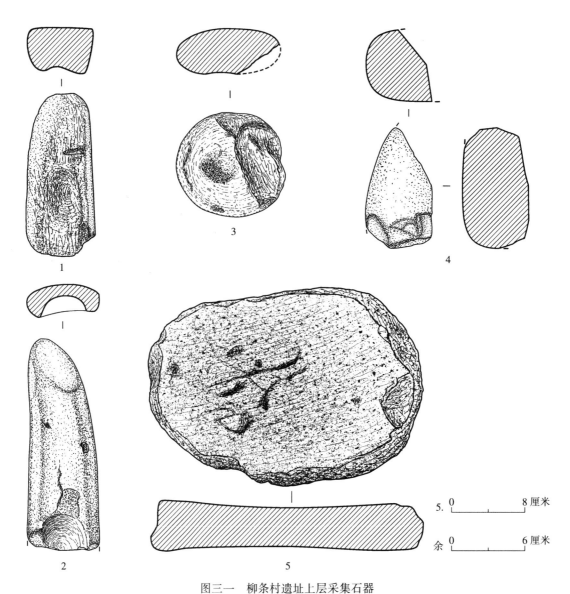

图三一　柳条村遗址上层采集石器

1、2. A 型砧石（采:4、采:7）　3. B 型砧石（采:5）　4. 石器（采:3）　5. 磨盘（采:6）

采:7，残。辉石闪长岩，青灰色。磨制，一端有明显断面，断面处有圆形凹窝。残长 16.9、宽 5.9、厚 2.7 厘米。（图三一，2）

B 型　1 件。扁卵形。

采:5，残。浅粒岩，浅黄色。磨制，直接利用卵石制成，平面、横截面呈椭圆形，两面有圆形凹窝。最大径 8.7、厚 3.8 厘米。（图三一，3）

残石器　1 件。

采:3，残。浅粒岩，青灰色。磨制，表面光滑。残长 9.6、残宽 5.4、厚 5.2 厘米。（图三一，4）

四　小结

遗址为典型的贝丘遗址，在地面上采集到较多贝壳、陶器及石器。遗址分为上、下两层。下层，筒形罐的器表饰压印"之"字纹，其特点与小珠山一期出土陶器相似①，推测其年代应属于小珠山一期文化。上层，筒形罐器表饰刻划"人"字纹，其特点与小珠山三期出土陶器相似，推测其年代应属于小珠山三期文化。

第十节　下和气沟遗址

一　遗址概况

遗址位于广鹿岛中南部、塘洼村南侧平地上。地理坐标为北纬 39°10′43.0″，东经 122°21′52.8″。遗址长约 165、宽约 95 米。遗址中部有一条南北向的较浅冲沟，东部有一条南北向的深沟。(图三二；图版九，3)

2010 年 4 月，中国社会科学院考古研究所东北工作队对其开展了全面仔细的考古调查。因修梯田，遗址破坏较为严重，地面采集到遗物较少，有陶器、石器及少量的瓷器等。

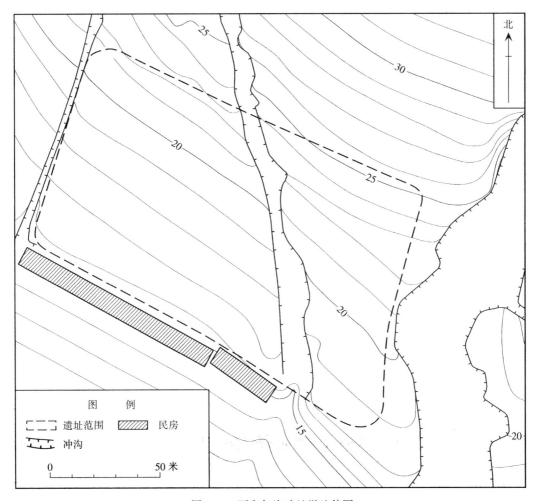

图三二　下和气沟遗址微地貌图

① 中国社会科学院考古研究所、辽宁省文物考古研究所、大连市文物考古研究所:《辽宁长海县小珠山新石器时代遗址发掘简报》,《考古》2009 年第 5 期。

二　遗物分布与地层

在遗址地表上采集到少量的陶片、瓷片、石器等遗物。根据遗物特点，遗址分为上、下两层。上层遗物零散分布在整个遗址，下层遗物数量较少，主要分布于遗址北部。（图三三）

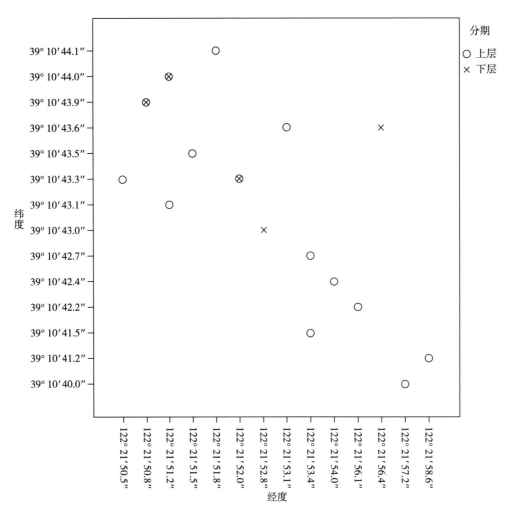

图三三　下和气沟遗址遗物分布图

三　采集遗物

（一）下层遗物

采集的遗物有石锛和石剑。

锛　1件。

采:1，残。辉绿岩，青灰色。磨制，平面呈长方形，弧顶，单面直刃，刃部残断。长5.6、宽3.9、厚1.4厘米。（图三四，1）

剑　1件。

B4:1，残。浅粒岩，灰白色。磨制，平面呈长条形，横截面呈椭圆形。长4.7、宽2.2、厚1.2厘米。（图三四，2）

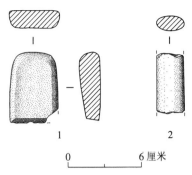

图三四　下和气沟遗址下层采集石器
1. 锛（采:1）　2. 剑（B4:1）

（二）上层遗物

采集遗物主要为瓷器和陶器残片，较为碎小。瓷器有碗、碟残片；陶片均为腹片，难以辨别器类。

碗　4 件。

B5:1，口沿残片。胎质灰白，较细薄，青白色釉。敞口，口沿外撇，弧腹，外壁饰花卉图案。口径 11 厘米。（图三五，1）

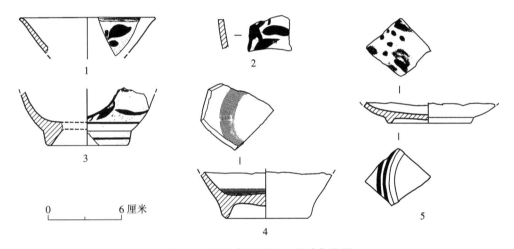

图三五　下和气沟遗址上层采集瓷器
1. 碗口沿（B5:1）　2. 腹片（采:4）　3. B 型碗底（采:5）　4. A 型碗底（采:2）　5. 碟（采:3）

采:4，腹部残片。胎质灰白，较细腻，青白色釉，釉面粗疏。外壁饰青花图案。（图三五，2）

还发现器底。分二型。

A 型　1 件。内底有涩圈。

采:2，器底。胎质灰白，较细腻，青白色釉，釉面粗疏，足尖无釉，呈火石红。圈足，挖足过肩，斜削足，内底有涩圈，外底中部有鸡心突。足径 6.7 厘米。（图三五，4）

B 型　1 件。内底无涩圈。

采:5，器底。胎质灰白，较细腻，青白色釉，足底无釉，呈火石红。圈足，足部、外壁近足处及碗内底部饰旋线纹，外壁饰青花图案，青花发色暗淡。足径 6.4 厘米。（图三五，3）

碟　1 件。

采：3，器底。胎质灰白，较细腻，釉色白中泛青，釉面粗疏，足底无釉。圈足，碟内底部饰青花图案。足径6.6厘米。（图三五，5）

四　小结

遗址分为上、下两层。下层，石剑、石锛与大嘴子文化第三期出土的石剑、石锛特点近似，推测其年代应属于双砣子三期文化[①]。上层，采集的瓷器内底有涩圈、外底部有鸡心突、削足、挖足过肩、露胎处呈火石红，上述特征与明清瓷器特征相近，推断其年代应属于明清时期。

第十一节　长寺山遗址

一　遗址概况

遗址位于广鹿岛中部、塘洼村长寺山北坡上。地理坐标为北纬39°11′22.0″，东经122°22′22.6″。遗址长约178、宽约128米。（图三六；图版一〇，1）

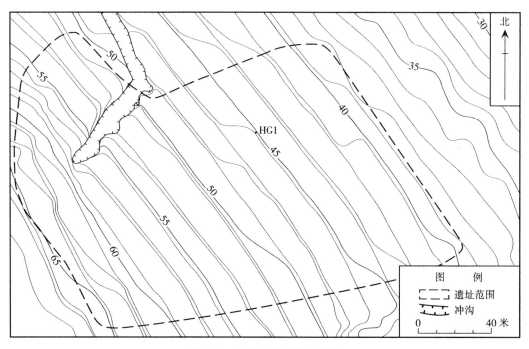

图三六　长寺山遗址微地貌图

2010年4月，中国社会科学院考古研究所东北工作队开展了全面仔细的考古调查。遗址保存状况一般，地表采集的遗物有陶器碎片、骨器、石器及少量瓷器碎片等。

二　遗物分布与地层

采集遗物较多，有陶器、瓷器和石器。根据遗物特点，遗址分为上、下两层。上层遗物主要分布在遗址中部与东北部，下层遗物遍布在遗址中部和西南部。（图三七）

---

① 大连市文物考古研究所：《大嘴子》，大连出版社，2000年。

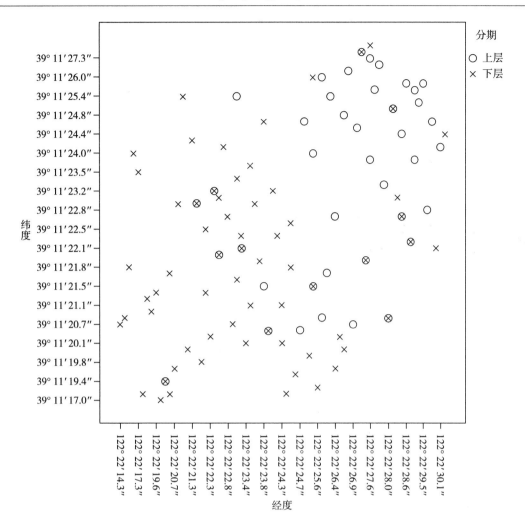

图三七 长寺山遗址遗物分布图

遗址中部留有一个自然断面，编号为 HG1。地层中也发现了陶器。根据陶器特点，自然断面出土陶器为下层文化遗物。根据土质土色和包含物的不同，HG1 堆积分为五层。（图三八）

第 1 层：耕土层。厚 0.26 ~ 0.37 米。

第 2 层：黄褐色土，土质细密，含少量细沙。厚 0.08 ~ 0.28 米。

第 3 层：灰褐土，土质疏松，含少量碎贝壳。厚 0.12 ~ 0.68 米。出土陶器，夹砂灰褐陶，器表施刻划纹。该层下有一灰坑，出土碎小陶片。

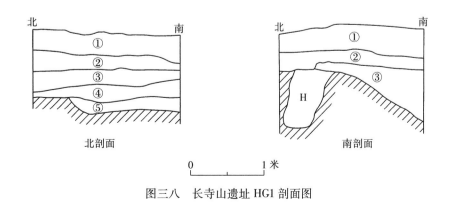

图三八 长寺山遗址 HG1 剖面图

第 4 层：褐土，土质细密、坚硬。厚 0.06 ~ 0.24 米。未发现遗物。

第 5 层：黄褐色土，土质疏松。厚 0 ~ 0.21 米。

三　采集遗物

（一）下层遗物

1. 陶器

夹砂灰褐陶为主，夹砂红褐陶次之。器形有鼓腹罐、甗和壶。可复原陶器仅有一件陶罐，其余陶片比较碎小。

鼓腹罐　3 件。

以夹砂灰褐陶为主，夹砂红褐陶较少。采集陶器主要为口沿、器底和陶片。

HG1③：1，夹砂灰褐陶。敛口，折沿，鼓腹，上腹部饰刻划菱形纹，菱形纹内饰刻划斜线网格纹，腹部有泥条竖耳。（图三九，1）

HG1③：2，夹砂灰褐陶。敛口，卷沿，尖圆唇，鼓腹，素面，手制。口径 9 厘米。（图三九，2；图版一〇，2）

J5：1，器底。夹砂红褐陶。平底，手制。底径 7.7 厘米。（图三九，3）

壶　1 件。

G1：1，口沿残片。夹砂红褐陶。圆唇。（图三九，4）

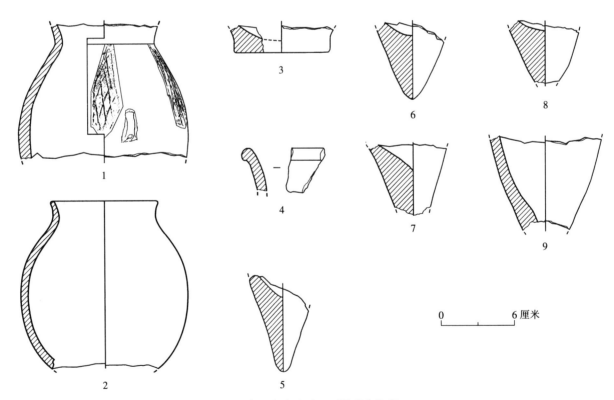

0　　　　　6 厘米

图三九　长寺山遗址下层采集陶器

1、2. 鼓腹罐（HG1③：1、HG1③：2）　3. 鼓腹罐器底（J5：1）　4. 壶（G1：1）

5 ~ 9. 甗足（采：8、采：9、采：10、采：11、采：12）

鬲　5件。

皆为夹砂红褐陶。采集遗物有鬲足和裆部陶片。

采:8，足部。夹砂红褐陶。锥状，实心，手制。（图三九，5；图版一〇，3）

采:9，足部。夹砂红褐陶。锥状，实心，足尖微残，手制。（图三九，6）

采:10，足部。夹砂红褐陶。锥状，实心，足尖残，手制。（图三九，7）

采:11，足部。夹砂红褐陶。锥状，实心，足尖残，手制。（图三九，8）

采:12，足部。夹砂红褐陶。袋状足，手制。（图三九，9）

2. 石器

采集的石器共8件，有石斧、刀、网坠、砧石、纺轮及柱形石器。

斧　2件。分二型。

A 型　1件。弧刃。

采:5，残。玄武岩，黑褐色。磨制，平面呈梯形，横截面呈椭圆形，弧背，双面弧刃，一侧残。残长10.4、宽4.7、厚2.8厘米。（图四〇，1）

B 型　1件。直刃。

采:4，残。浅粒岩，灰白色。磨制，平面呈梯形，横截面呈椭圆形，平顶，弧背，双面直刃，顶部略残。残长11.6、宽5.6、厚2.5厘米。（图四〇，2）

刀　2件。

采:1，残。板岩，黑褐色。磨制，弧背，单面弧刃，背部有两孔，双面对钻。残长9.2、宽4、厚0.6厘米。（图四〇，3）

采:2，残。板岩，黑褐色。磨制，单面刃，背部留有一孔，双面对钻，残损严重。残长9.6、残宽4、厚1厘米。（图四〇，4）

网坠　1件。

采:6，石榴二云片岩，灰白色。琢制，卵圆形，中间有一周凹槽。长9.1、宽6.6、厚3.2厘米。（图四〇，6）

砧石　1件。

采:3，浅粒岩，灰白色。平面呈不规则五边形，横截面呈长方形，一面有凹窝。长8、宽7.6、厚3.2厘米。（图四〇，7）

纺轮　1件。

T10:1，残。浅粒岩，灰白色。圆饼状，横截面呈长方形，单面穿孔。直径6、厚0.8、孔径0.9厘米。（图四〇，5）

柱形石器　1件。

采:7，残。角闪岩，黑褐色。圆柱形。残长7.1、直径3.6厘米。（图四〇，8）

（二）上层遗物

1. 陶器

多为泥质，少量夹砂，有灰陶及灰白陶，器类有盆、鋬耳，碎小陶片较多。

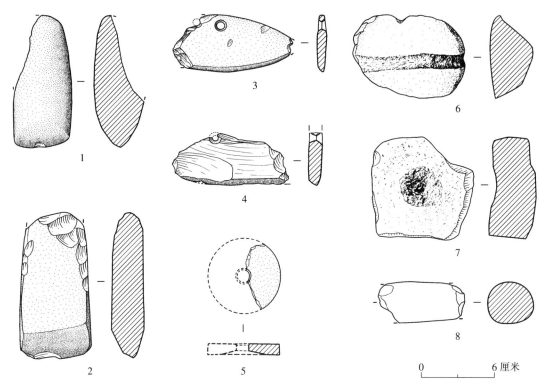

图四〇　长寺山遗址下层采集石器

1. A 型斧（采:5）　2. B 型斧（采:4）　3、4. 刀（采:1、采:2）　5. 纺轮（T10:1）　6. 网坠（采:6）
7. 砧石（采:3）　8. 柱形石（采:7）

盆　3 件。分二型。

A 型　2 件。折沿。根据唇部特点分二亚型。

Aa 型　1 件。唇下轮修一周凸棱。

D7:1，口沿残片。夹砂灰陶。圆唇，唇下轮修一周凸棱，轮制。（图四一，1）

Ab 型　1 件。唇上有凸棱。

C2:1，口沿残片。泥质灰陶。沿面宽平，沿面边缘轮修浅槽，唇上有凸棱，敞口，饰研磨暗弦纹，轮制。（图四一，2）

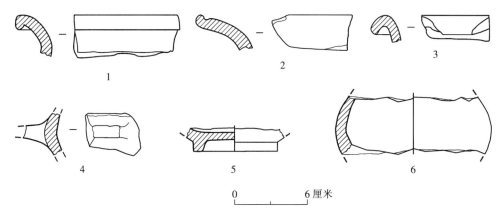

图四一　长寺山遗址上层采集陶、瓷器

1~3. 陶盆口沿（D7:1、C2:1、D9:1）　4. 陶鋬耳（B8:1）　5. 瓷碗底（D4:1）　6. 瓷鼓腹罐（E5:1）

B 型　1 件。卷沿。

D9：1，口沿残片。泥质灰白陶。卷沿，圆唇，轮制。（图四一，3）

錾耳　1 件。

B8：1，泥质灰白陶。宽带状，横錾耳，表面略凹，手制。残长 4.4、宽 3 厘米。（图四一，4）

2. 瓷器

罐　1 件。

E5：1，腹部残片。粗瓷，酱釉。鼓腹。（图四一，6）

碗　1 件。

D4：1，圈足。白色高岭土烧制而成。质地坚硬。（图四一，5）

四　小结

根据遗物特点，遗址分为上、下两层。下层，陶器以夹砂灰褐陶和夹砂红褐陶为主，发现陶甗和罐，罐肩部饰斜线和网状三角纹构成的几何纹。该类陶器分别与上马石上层出土的陶器近似，推测下层年代应属于上马石上层文化①。上层，折沿盆、卷沿盆分别与岫岩县邮电小区辽金遗址和朝阳西三家辽代遗址出土的盆类似②，推测上层年代应属于辽金时期。

下层与上层遗物分布范围稍有区别，下层遗物分布在遗址中部及西南部，上层遗物主要分布在遗址中部和东北部，推测辽金时期人类主要活动在平缓的平地上。

第十二节　小珠山遗址

一　遗址概况

遗址位于广鹿岛中部、塘洼村吴家屯西的小珠山东坡上，山顶较为平坦，最高点海拔为 28.6 米，东面有一条小河自北向南流入黄海。地理坐标为北纬 39°11′05.5″，东经 122°21′19.4″。遗址东距吴家村遗址 300 米。遗址为南北走向，北高南低，南北长约 100、东西宽约 50 米。（图四二；图版一一，1）

20 世纪 50 年代末和 60 年代初，旅顺博物馆多次对该遗址进行调查③。

1978 年，辽宁省博物馆、旅顺博物馆和长海县文化馆对其进行小规模试掘，并把遗址分为下、中、上层文化④。

2006、2008、2009 年，由中国社会科学院考古研究所东北工作队、辽宁省文物考古研究所、大连市文物考古研究所对该遗址进行再次发掘⑤，并把遗址细分为五个考古学文化。

---

① 辽宁省博物馆、旅顺博物馆、长海县文化馆：《长海县广鹿岛大长山岛贝丘遗址》，《考古学报》1981 年第 1 期。
② 鞍山市岫岩满族博物馆：《辽宁岫岩镇辽金遗址》，《北方文物》2004 年第 3 期。辽宁省文物考古研究所：《辽宁朝阳西三家辽代遗址发掘简报》，《北方文物》2009 年第 1 期。
③ 旅顺博物馆：《旅大市长海县新石器时代贝丘遗址调查》，《考古》1962 年第 7 期。
④ 辽宁省博物馆、旅顺博物馆、长海县文化馆：《长海县广鹿岛大长山岛贝丘遗址》，《考古学报》1981 年第 1 期。
⑤ 中国社会科学院考古研究所、辽宁省文物考古研究所、大连市文物考古研究所：《辽宁长海县小珠山新石器时代遗址发掘简报》，《考古》2009 年第 5 期。

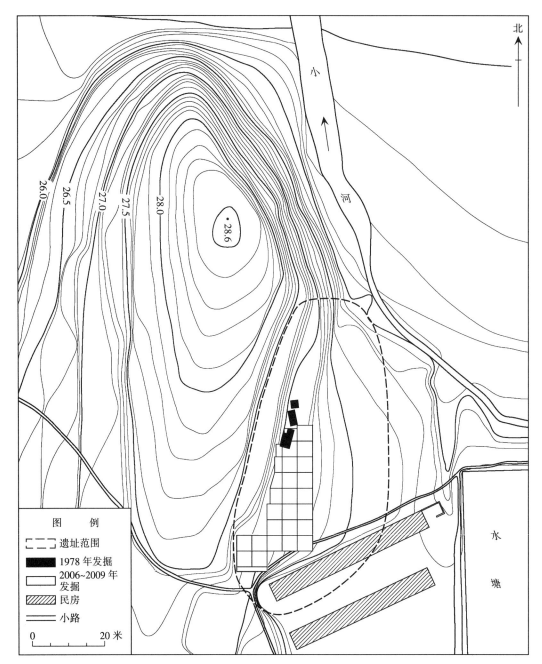

图四二　小珠山遗址微地貌图

二　遗物分布与地层

遗物分布较多，主要有陶片。经过 2006 年至 2009 年发掘，把遗址划分为小珠山一期至五期文化。

三　遗物

（一）一期遗物

1. 陶器

筒形罐　3 件。分二型。

A 型　2 件。夹砂陶，含滑石。

T1512⑱：1，口沿残片。夹砂红褐陶，含滑石。直口，圆唇，微弧腹。口沿下饰排列紧密的竖压横排"之"字纹，纹饰规整。口径 21.8、残高 13.8 厘米。（图四三，2；图版一一，2）

T1612⑮：2，夹砂褐陶，含滑石。直口，圆唇，微弧腹。口沿饰两周刻划弦纹，上腹部饰刻划席纹，下腹部饰三周竖压横排"之"字纹。口径 24.2、残高 22.5 厘米。（图四三，1；图版一一，3）

B 型　1 件。夹砂。

T1512⑲：1，夹砂红褐陶。直口，圆唇，微弧腹，平底。腹部饰数周刻划横线纹，纹饰不规整。口径 16.8、底径 6.7、高 17 厘米。（图四三，3；图版一一，4）

2. 石器

铲　1 件。

F13②：1，残。石英岩。磨制，平面形状为长方形，扁平，直刃，刃部有使用痕迹，顶部残。残长 7.6、残宽 8.8、厚 1 厘米。（图四三，4）

3. 玉器

斧　1 件。

T1512⑳：1，残。透闪石。磨制，顶部残损，横截面为近椭圆形，双面弧刃，两侧长边磨出平

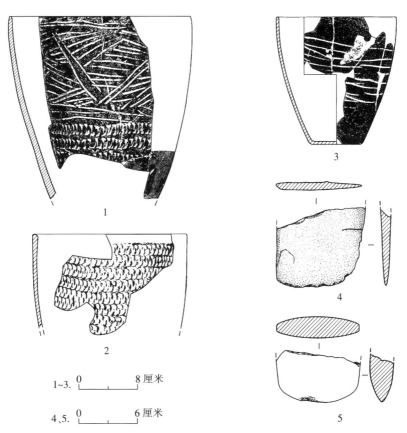

1~3.　0 ——— 8 厘米

4、5.　0 ——— 6 厘米

图四三　小珠山遗址一期器物

1、2. A 型陶筒形罐（T1612⑮：2A、T1512⑱：1）　3. B 型陶筒形罐（T1512⑲：1）　4. 石铲（F13②：1）　5. 玉斧（T1512⑳：1）

面，通体磨光。残长5.3、残宽8.9、厚2.4厘米。（图四三，5；图版一一，5）

（二）二期遗物

筒形罐　2件。分二型。

A型　1件。主体纹饰为席纹。

T1512⑪C：1，夹砂灰褐陶，含少量滑石。侈口，方唇，微弧腹。上腹部饰刻划席纹，中腹部饰刻划斜线纹，斜线纹之间填满不同方向的戳印纹，下腹部饰刻划席纹和戳印窝点纹组成的复合纹饰。器壁有穿孔。口径24、残高22.8厘米。（图四四，1；图版一二，1）

B型　1件。平行弦纹。

T1111⑧：1，口沿残片。夹砂灰褐陶，含少量滑石。侈口，圆唇，微弧腹。口沿下饰刻划平行弦纹叠加短竖线纹。器壁有穿孔。口径23.1、残高16.6厘米。（图四四，2；图版一二，2）

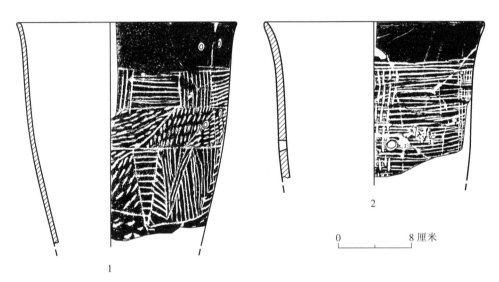

图四四　小珠山遗址二期陶器
1. A型筒形罐（T1512⑪C：1）　2. B型筒形罐（T1111⑧：1）

（三）三期遗物

筒形罐　5件。分四型。

A型　1件。主体纹饰为三角席纹。

T1513⑳：5，口沿残片。夹砂红褐陶，含大量云母。直口，大卷沿，圆唇，微弧腹。口沿下饰条块较小的刻划席纹，之下饰条块较大的刻划席纹。口径18、残高9.6厘米。（图四五，1；图版一二，3）

B型　1件。主体纹饰为平行弦纹。

T1011⑲：1，夹砂红褐陶，含大量云母。直口，卷沿，圆唇，直腹，平底。通体饰密集的刻划平行弦纹叠加短竖线纹。口径24.5、底径8.7、高26.8厘米。（图四五，2）

C型　1件。肩部饰蓖点纹和"人"字纹。

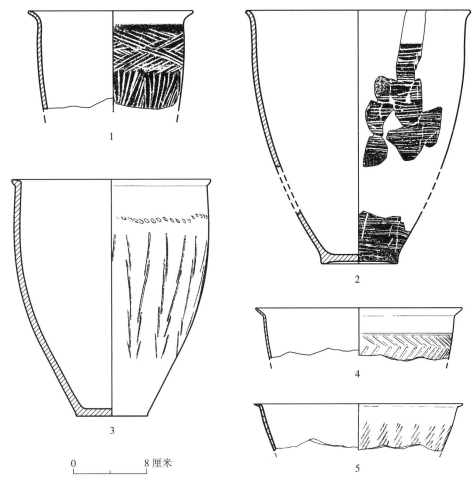

图四五　小珠山遗址三期陶器

1. A 型筒形罐（T1513⑳:5）　 2. B 型筒形罐（T1011⑲:1）　 3. C 型筒形罐（F1③:1）
4. D 型筒形罐（T1512⑦B:2）　 5. 口沿残片（T1512⑦B:1）

F1③:1，夹砂红褐陶，含云母。直口，圆唇，平折沿，微弧腹，平底。肩部饰一周箆点纹，之下饰刻划竖排"人"字纹。口径 22、高 25.2、底径 8 厘米。（图四五，3；图版一二，4）

D 型　 1 件。肩部饰弦纹和"人"字纹。

T1512⑦B:2，口沿残片。夹砂红陶，含云母。侈口，卷沿，尖圆唇。口沿下饰一周刻划弦纹，其下饰刻划横排"人"字纹。口径 23、残高 5.3 厘米。（图四五，4）

口沿残片　 1 件。

T1512⑦B:1，口沿残片。夹砂红褐陶，含云母。侈口，平折沿，尖圆唇，斜腹。肩部每隔一段距离饰刻划竖排短斜线纹。口径 23.1、残高 5 厘米。（图四五，5）

（四）四期遗物

1. 陶器

附加堆纹罐　 2 件。

T1512④C:1，口沿残片。夹砂褐陶，含大量云母，质地疏松。敛口，口沿处贴附加堆纹形成

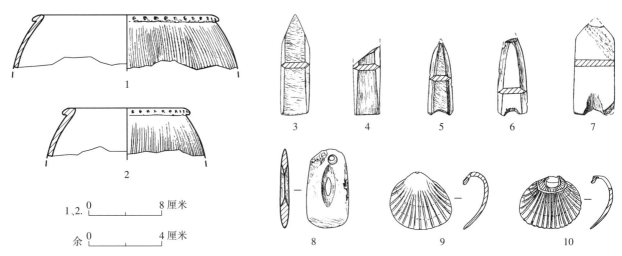

图四六　小珠山遗址四期器物

1、2. 附加堆纹陶罐（T1512④C：1、T1512④C：2）　　3~6. A 型石镞（T1112⑥：2、T1413⑥：9、T1311④：4、T1412⑦：5）
7. B 型石镞（T1311④：3）　　8. 玉坠（H1：4）　　9、10. 蚌饰（T1412③A：8、T1412③A：10）

叠唇，叠唇剖面近三角形，鼓腹。叠唇唇面上饰戳印窝纹，肩部饰细密的蓖划竖线纹。口径18.5、残高5.6厘米。（图四六，1）

T1512④C：2，口沿残片。夹砂褐陶，含少量云母，质地疏松。敛口，口沿处贴附加堆纹形成叠唇，叠唇剖面近三角形，鼓腹。叠唇唇面上饰戳印窝纹，肩部饰细密的蓖划竖线纹。口径11.6、残高5.2厘米。（图四六，2）

2. 石器

镞　5件。分二型。

A 型　4件。双脊。

T1112⑥：2，角页岩。磨制，横截面为扁六边形，双脊，尖锋，锋部无刃，镞身窄长。长5.3、宽1.6、厚0.3厘米。（图四六，3；图版一三，1）

T1413⑥：9，残。角页岩。磨制，横截面为扁六边形，双脊，锋部残，镞身窄长。残长3.6、宽1.5、厚0.3厘米。（图四六，4）

T1311④：4，角页岩。磨制，横截面为扁六边形，双脊，尖锋，锋部略有残损，镞身窄长。长3.9、宽1.4、厚0.3厘米。（图四六，5；图版一三，2）

T1412⑦：5，残。角页岩。磨制，横截面为扁六边形，双脊，锋部残，镞身窄长。残长4、宽1.6、厚0.3厘米。（图四六，6；图版一三，3）

B 型　1件。无脊。

T1311④：3，千枚岩。磨制，横截面为扁长方形，无脊，尖锋，锋部及底部略有残损，镞身较宽。残长4.8、宽2.2、厚0.4厘米。（图四六，7）

3. 玉器

坠　1件。

H1：4，透闪石。磨制，平面形状为椭圆形，中间厚，周边薄，近顶端有一单面钻小圆孔，器体中央有一纵向双面对磨形成的柳叶形长孔。柳叶形孔外长径2.2、短径0.7厘米，孔内长径1.9、

短径0.3厘米，顶端圆孔外径0.5、内径0.25厘米。器长4.2、宽2.3、厚0.5厘米。（图四六，8；图版一三，4）

4. 蚌器

蚌饰　2件。

T1412③A：8，毛蚶壳制成。壳顶钻孔，孔位置在顶端，孔部打磨成近圆形，壳内光滑，壳体有纵向纹理，顶端磨制光滑，边缘经磨制。长3.1、宽3.4、壁厚0.3、孔径0.3厘米。（图四六，9）

T1412③A：10，毛蚶壳制成。壳顶钻孔，孔位置在顶端，孔部打磨成近圆形，壳内光滑，壳体有纵向纹理，边缘经磨制。残长2.8、宽3.3、壁厚0.2、孔径0.7厘米。（图四六，10；图版一三，5）

（五）五期遗物

折沿鼓腹罐　3件。分二型。

A 型　2件。窄沿，剖面近三角形。

T1212③：15，口沿残片。夹砂黑褐陶，含少量云母，质地细密。敛口，口外附加截面近三角形的泥条而形成平折沿，尖圆唇，鼓腹。肩部饰三周凹弦纹。器表磨光。口径17.8、残高4厘米。（图四七，1）

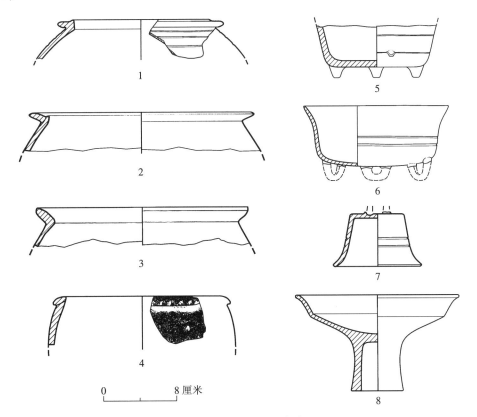

图四七　小珠山遗址五期陶器

1、2. A型折沿鼓腹罐（T1212③：15、T1212③：2）　3. B型折沿鼓腹罐（T1212③：5）　4. 附加堆纹罐（T1313③：20）
5. 鼎（T1313③：18）　6. 三环足器（F9⑤：3）　7. 器盖（T1513⑥：4）　8. 豆（T1211③：19）

T1212③:2，口沿残片。夹砂黑褐陶，质地细密。敛口，圆唇，唇外附加截面呈三角形的泥条而形成双唇，溜肩，鼓腹。口径23.8、残高4厘米。（图四七，2）

B型　1件。宽沿，剖面扁平形。

T1212③:5，口沿残片。夹砂黑褐陶。敛口，尖圆唇，唇外附加截面呈三角形的泥条而形成折沿，溜肩，鼓腹。器表磨光。口径22.2、残高3.9厘米。（图四七，3）

附加堆纹罐　1件。

T1313③:20，口沿残片。夹砂褐陶，含大量云母，质地疏松。微敛口，口沿处贴附加堆纹形成叠唇，叠唇剖面近三角形，鼓腹。叠唇唇缘上饰刻划缺口。口径16.8、残高5.2厘米。（图四七，4）

鼎　1件。

T1313③:18，夹砂黑褐陶，质地细密坚硬。直腹，平底，锥状足。腹部饰凹弦纹，之下贴有盲鼻。器表磨光。残高5.6厘米。（图四七，5）

三环足器　1件。

F9⑤:3，夹细砂黑陶，质地细密坚硬。侈口，圆唇，斜腹，环状足。腹部饰两周凹弦纹。器表磨光。口径16、残高6.3厘米。（图四七，6；图版一三，6）

豆　1件。

T1211③:19，夹砂黑褐陶，质地细密坚硬。敞口，尖圆唇，折腹，细柄，喇叭状圈足。豆柄上饰凹弦纹。器表磨光。口径18.2、高10.2厘米。（图四七，8；图版一三，7）

器盖　1件。

T1513⑥:4，夹砂黑陶，质地细密坚硬。平顶，腹部呈喇叭状，环钮。腹部饰两周凹弦纹。器表磨光。口径9.9、残高5.8厘米。（图四七，7；图版一三，8）

四　小结

通过遗址调查和发掘，将遗址划分为五期文化。一期，陶器以夹砂红褐陶和黑褐陶为主，多含滑石，器类绝大多数为筒形器，器表主要饰压印或刻划"之"字纹和席纹。二期，陶器以夹砂灰褐陶为主，含滑石，主要器类为筒形罐，器表多饰刻划席纹或弦纹。三期，分为早、晚两段。早段，陶器以夹砂红褐陶为主，含大量云母，器类以筒形罐为主，通体饰刻划席纹或弦纹，纹饰规整。晚段，陶器仍以夹砂红褐陶为主，器类以筒形罐为主，大多饰刻划纹，纹饰不甚规整。早、晚两段均发现鼎、鬶、甗、彩陶壶等大汶口文化因素陶器。四期，陶器以附加堆纹罐为主，含云母，器表饰附加堆纹和刻划纹。五期，陶器以折沿鼓腹罐、附加堆纹罐为主，还出土鼎、三环足器、豆、圈足盘等山东龙山文化因素陶器。

第十三节　吴家村遗址

一　遗址概况

遗址位于广鹿岛中部、塘洼村吴家屯东丘陵台地上，西距小珠山遗址300米，台地平坦宽阔，

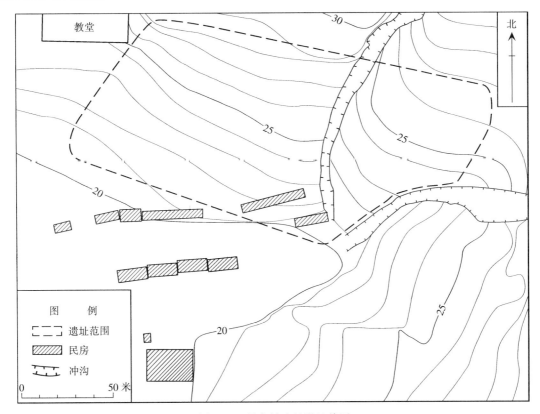

图四八　吴家村遗址微地貌图

遗址保存状况较好。地理坐标为北纬 39°11′18.3″，东经 122°21′55.5″。遗址东西长约 190、南北宽约 100 米。（图四八；图版一四，1）

20 世纪 50 年代末和 60 年代初，旅顺博物馆多次对该遗址进行调查。采集了石器、陶器残片等遗物[1]。

1978 年，辽宁省博物馆、旅顺博物馆和长海县文化馆曾经对遗址进行了小规模的调查和试掘，遗址年代为小珠山中层文化[2]。

2006、2008、2010 年，中国社会科学院考古研究所、辽宁省文物考古研究所、大连市文物考古研究所再次对该遗址进行了发掘[3]。为了进一步了解吴家村遗址的文化属性和遗址分布情况，2010 年 4 月中国社会科学院考古研究所东北工作队对其周边开展了全面仔细的考古调查。

遗址内采集遗物有陶器、石器、兽骨等。

二　遗物分布与地层

在遗址地表上采集到较多的贝壳以及陶器、石器等遗物。根据遗物特点，遗址分为上、中、下三层。下层和上层遗物遍布整个遗址，下层遗物较多。中层遗物发现较少，主要分布在遗址东南部。（图四九）

---

[1]　旅顺博物馆：《旅大市长海县新石器时代贝丘遗址调查》，《考古》1962 年第 7 期。
[2]　辽宁省博物馆、旅顺博物馆、长海县文化馆：《长海县广鹿岛大长山岛贝丘遗址》，《考古学报》1981 年第 1 期。
[3]　中国社会科学院考古研究所、辽宁省文物考古研究所、大连市文物考古研究所：《辽宁长海县小珠山新石器时代遗址发掘简报》，《考古》2009 年第 5 期。

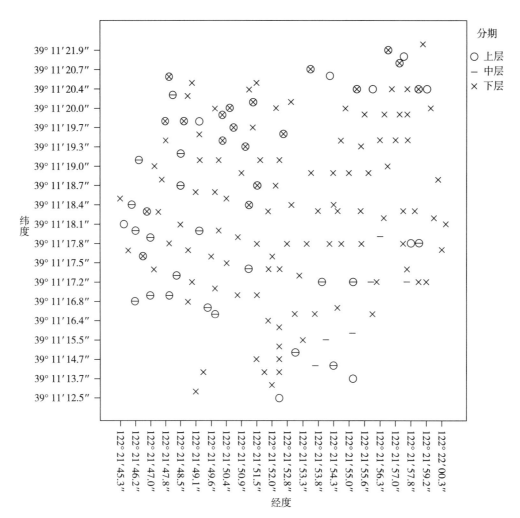

图四九　吴家村遗址遗物分布图

三　采集遗物

（一）下层遗物

1. 陶器

均为夹砂陶，含云母，陶色以红褐色为主，灰褐色次之。器类以筒形罐为主，还有少量杯、鬶残片。陶片大多碎小，无可复原器物。

筒形罐　15 件。

17B2：1，口沿残片。夹砂灰褐陶，含云母。微侈口，尖圆唇，手制。器壁厚 0.25 厘米。（图五〇，1）

11F5：3，口沿残片。夹砂红褐陶，含云母。直口，尖圆唇，口沿外饰一周刻划弦纹，弦纹下饰刻划平行斜线纹，斜线纹之间饰短竖线纹，手制。器壁厚 0.3 厘米。（图五〇，2）

11F5：1，口沿残片。夹砂灰褐陶，含云母。直口，尖圆唇，口沿外饰刻划的短斜线纹，手制。器壁厚 0.5 厘米。（图五〇，3）

17E2：1，器底。夹砂灰褐陶，含云母。平底，手制。底径 4.2 厘米。（图五〇，5）

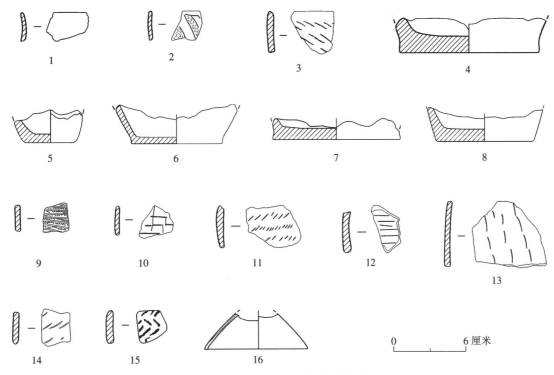

图五〇　吴家村遗址下层采集陶器

1~3. 筒形罐口沿（17B2:1、11F5:3、11F5:1）　　4~8. 筒形罐底（11F1:1、17E2:1、11H6:2、11D8:1、11F3:1）

9~15. 筒形罐腹片（11F7:2、17E3:1、11B3:1、11F2:1、11I4:1、11D9:1、11F5:2）　　16. 器盖（11G7:1）

11F1:1，器底。夹砂红褐陶，含云母。平底，手制。底径11.4厘米。（图五〇，4）

11H6:2，器底。夹砂红褐陶，含云母。平底，手制。底径7.9厘米。（图五〇，6）

11D8:1，器底。夹砂红褐陶，含云母。平底，手制。底径10.4厘米。（图五〇，7）

11F3:1，器底。夹砂红褐陶，含云母。平底，手制。底径7.9厘米。（图五〇，8）

11F7:2，腹部残片。夹砂红褐陶，含云母。饰刻划平行横线纹，横线纹之间饰蓖点纹，手制。器壁厚0.3厘米。（图五〇，9）

17E3:1，腹部残片。夹砂红褐陶，含云母。饰刻划不规则网格纹，手制。器壁厚0.45厘米。（图五〇，10）

11B3:1，腹部残片。夹砂红褐陶，含云母。饰刻划短斜线纹，手制。器壁厚0.5厘米。（图五〇，11）

11F2:1，腹部残片。夹砂灰褐陶，含云母。饰刻划平行斜线纹，手制。器壁厚0.5厘米。（图五〇，12）

11I4:1，腹部残片，夹砂红褐陶，含云母。饰刻划短斜线纹，手制。器壁厚0.45厘米。（图五〇，13）

11D9:1，腹部残片。夹砂红褐陶，含云母。饰刻划短斜线纹，手制。器壁厚0.3厘米。（图五〇，14）

11F5:2，腹部残片。夹砂灰褐陶，含云母。饰刻划"人"字纹，手制。器壁厚0.65厘米。（图五〇，15）

鬲　2件。

11F6：1，鬲鋬。夹砂红褐陶，含少量云母。胎质较薄，宽带鋬，手制。（图五一，1）

11B8：1，鬲足。夹砂红褐陶，含云母。锥形，残断，手制。（图五一，2）

杯　1件。

11H4：1，底部。夹砂红褐陶，含云母。平底，手制。底径2.9厘米。（图五一，4）

器盖　1件。

11G7：1，夹砂红褐陶，含云母。喇叭形，手制。器壁厚0.5厘米。（图五〇，16）

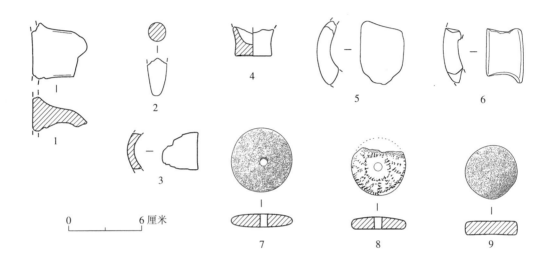

图五一　吴家村遗址下层采集陶器

1. 鬲鋬（11F6：1）　2. 鬲足（11B8：1）　3、5、6. 器耳（11F7：1、17B4：1、11G5：1）　4. 杯底（11H4：1）
7、8. 纺轮（17采：3、11G2：1）　9. 陶饼（11E7：1）

器耳　3件。

11F7：1，桥状横耳。夹砂红褐陶，含云母。手制。厚0.65厘米。（图五一，3）

17B4：1，桥状横耳。夹砂红褐陶，含云母。手制。厚0.95厘米。（图五一，5）

11G5：1，桥状横耳。夹砂红褐陶，含云母。手制。厚1厘米。（图五一，6）

纺轮　2件。

17采：3，夹砂红褐陶，含云母。圆饼状，素面，手制。直径5.1、厚1、孔径0.7厘米。（图五一，7）

11G2：1，残。夹砂灰褐陶，含云母。圆饼状，饰戳印刺点纹，呈放射状，手制。直径4.4、厚1、孔径0.6厘米。（图五一，8）

陶饼　1件。

11E7：1，夹砂红褐陶，含云母。素面，手制。直径4.3、厚1厘米。（图五一，9）

2. 石器

采集的石器主要有斧、锤、凿、网坠、磨石、纺轮及石器。

斧　2件。

17采：2，残。辉长岩，青色。磨制，平面呈圆角梯形，横截面呈扁椭圆形，平顶，双面弧

刃，刃部略残。长 10.1、宽 5.7、厚 3.3 厘米。（图五二，1）

11E9：1，残。蚀变辉绿岩，青灰色。磨制，平面呈圆角梯形，横截面呈扁椭圆形，弧顶，双面弧刃，刃部略残。长 9.7、宽 4.9、厚 3.3 厘米。（图五二，2）

锤　1 件。

17E4：1，残。大理岩，淡黄色。利用卵石制成，一端有明显砸痕，顶部残。残长 9.8、宽5.6、厚 3.9 厘米。（图五二，7）

凿　1 件。

17F1：1，燧石，黑褐色。磨制，平面呈不规则四边形，横截面呈圆角长方形，磨制精细，刃部

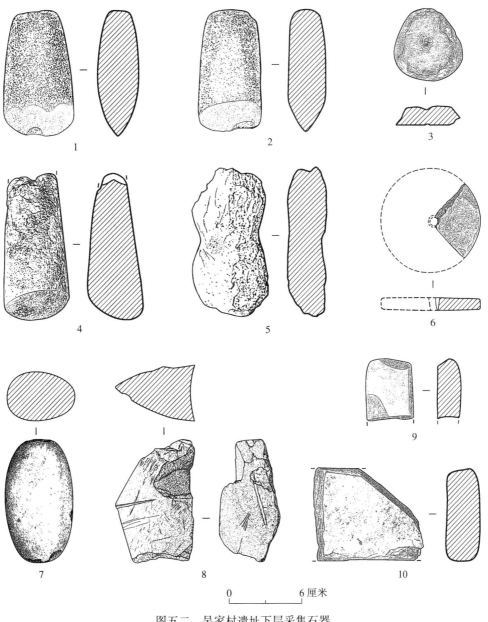

图五二　吴家村遗址下层采集石器

1、2. 斧（17 采：2、11E9：1）　　3、6. 纺轮（17F3：1、1704：1）　　4. A 型网坠（11 采：2）　　5. B 型网坠（17 采：1）

7. 锤（17E4：1）　　8. 磨石（17E9：1）　　9. 凿（17F1：1）　　10. 残石器（17E7：1）

残。残长 4.9、宽 3.9、厚 1.9 厘米。（图五二，9）

网坠 2 件。分二型。

A 型 1 件。秤砣形。

11 采：2，残。石榴白云片岩，灰褐色。磨制，上窄下宽，顶部穿孔处残断。残长 11.7、宽 4.9、厚 3.8 厘米。（图五二，4）

B 型 1 件。长条形。

17 采：1，石榴白云片岩，含大量云母，灰白色。琢制，腰部两侧有凹槽。长 11.8、宽 6.1、厚 2.7 厘米。（图五二，5）

磨石 1 件。

17E9：1，残。千枚岩，土黄色。磨制，平面呈不规则多边形，横截面呈不规则四边形，有两个磨面，磨面处各有一线形细槽，应为长期磨制骨针、骨锥时留下的痕迹。残长 9.8、宽 6.7、厚 4.4 厘米。（图五二，8）

纺轮 2 件。

17F3：1，残。浅粒岩，灰白色。双面穿孔未透。直径 5.7、厚 1.4 厘米。（图五二，3）

17O4：1，残。大理岩，灰白色。横截面呈圆角长方形，有穿孔断面，仅存约四分之一。直径 8.3、厚 0.9 厘米。（图五二，6）

残石器 1 件。

17E7：1，残。大理岩，灰白色。一面有加工痕迹。残长 8.9、宽 7.3、厚 2.7 厘米。（图五二，10）

（二）中层遗物

1. 陶器

采集陶器主要为罐耳。

罐耳 4 件。

A 型 2 件。钉状器耳。

11F4：1，夹细砂红褐陶。横截面呈圆形，手制。（图五三，1）

17I5：1，夹细砂灰褐陶。横截面呈圆形，手制。（图五三，2）

B 型 1 件。桥状横耳。

11H6：1，夹砂红褐陶。（图五三，3）

C 型 1 件。圆锥状器耳。

11H2：1，夹砂红褐陶，含云母。手制。（图五三，4）

2. 石器

仅采集一件，为青铜短剑加重器。

网坠 1 件。

11 采：1，细砂岩，灰褐色。平面呈梭形，中间有一道浅凹槽。长 7.6、宽 3.2、厚 2.9 厘米。（图五三，5；图版一四，2）

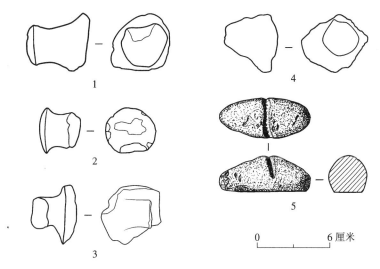

图五三　吴家村遗址中层采集陶、石器

2、A 型陶罐耳（11F4：1、17I5：1）　3．B 型陶罐耳（11H6：1）　4. C 型陶罐耳（11H2：1）　5. 石网坠（11 采：1）

（三）上层遗物

采集遗物均为陶器。陶器均为泥质，陶色有黑褐色、黑色和白色，器类主要有盆、甑。

盆　2 件。

11D2：1，口沿残片。泥质黑褐陶。宽折沿斜直上翘，唇部下垂回折，沿面轮修研磨暗弦纹，轮制。（图五四，1）

17I1：1，口沿残片。泥质白陶。折沿，圆唇，唇下轮修一周凸棱，轮制。（图五四，2）

甑　1 件。

17C5：1，底部残片。泥质黑陶。平底，磨光，残断处有孔。（图五四，3）

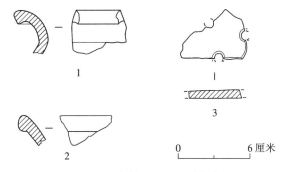

图五四　吴家村遗址上层采集陶器

1、2. 盆口沿（11D2：1、17I1：1）　3. 甑底（17C5：1）

四　兽骨

采集兽骨可辨物种主要为梅花鹿。经鉴定的兽骨部位有：梅花鹿髌骨、距骨和中型哺乳动物盆骨、肱骨、脊椎骨、肢骨、距骨、胫骨碎块等①。（图五五）

———————————

① 吕鹏、Anne Tresset、袁靖：《广鹿岛和洪子东贝丘遗址调查和试掘出土动物遗骸的鉴定和研究》，见本书第五章第二节。

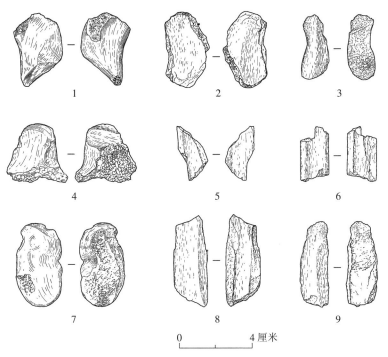

图五五　吴家村遗址采集兽骨

1. 梅花鹿（髋骨，11 采:3）　2. 中型哺乳动物（盆骨，11 采:4）　3. 中型哺乳动物（肱骨，11 采:5）　4. 中型哺乳动物（脊椎，11 采:6）
5. 中型哺乳动物（肢骨，17 采:2）　6. 中型哺乳动物（跖骨，17 采:3）　7. 梅花鹿（距骨，11 采:7）　8、9. 中型哺乳动物（胫骨，11 采:8、11 采:9）

五　小结

通过调查的遗址特点，遗址可分为上、中、下三层。下层，筒形罐、鬶与郭家村下层、小珠山三期出土陶器相似，推断下层年代应属于小珠山三期文化①。中层，罐耳与上马石上层出土遗物相似，推测中层年代应属于上马石上层文化。上层，折沿盆、甑底分别与岫岩县邮电小区遗址和长兴辽金遗址中出土的同类陶器类似②。2008 年东北工作队在该遗址还揭露了一座完整的辽金时期石砌火炕遗迹，是目前辽东半岛辽金时期保存完整、结构清楚的火炕遗存。根据上述情况，推断上层年代应属于辽金时期。

上述三层文化中，下层文化遗物分布最广，数量较多，推测遗址的主体年代为小珠山三期文化。通过 2008 年至 2010 年的发掘，证实了这一点。

第十四节　袁屯西遗址

一　遗址概况

遗址位于广鹿岛中部、塘洼村袁屯的耕地上，平坦宽阔。地理坐标为北纬 39°11′23.2″，东经

---

① 辽宁省博物馆、旅顺博物馆:《大连市郭家村新石器时代遗址》,《考古学报》1984 年第 3 期。辽宁省博物馆、旅顺博物馆、长海县文化馆:《长海县广鹿岛大长山岛贝丘遗址》,《考古学报》1981 年第 1 期。
② 鞍山市岫岩满族博物馆:《辽宁岫岩镇辽金遗址》,《北方文物》2004 年第 3 期。辽宁省文物考古研究所:《辽宁朝阳西三家辽代遗址发掘简报》《北方文物》2009 年第 1 期。

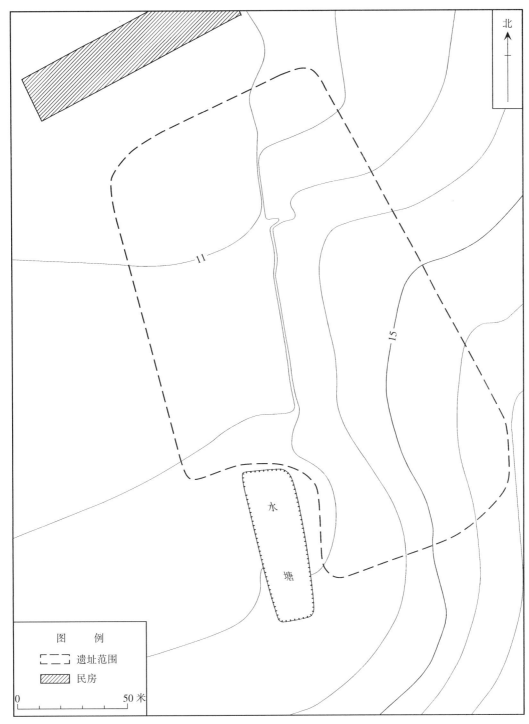

图五六 袁屯西遗址微地貌图

122°21′38.6″。遗址呈南北走向，长约218、宽约116米。（图五六；图版一五，1）

2010年12月，中国社会科学院考古研究所东北工作队对该遗址进行了调查。遗址保存状况不良，地面采集遗物较少，采集物有陶器、瓷器、板瓦碎片。

二 遗物分布与地层

在遗址地表上采集到陶器、瓷器以及数量极多的布纹板瓦。根据遗物特点，判断其均为同期

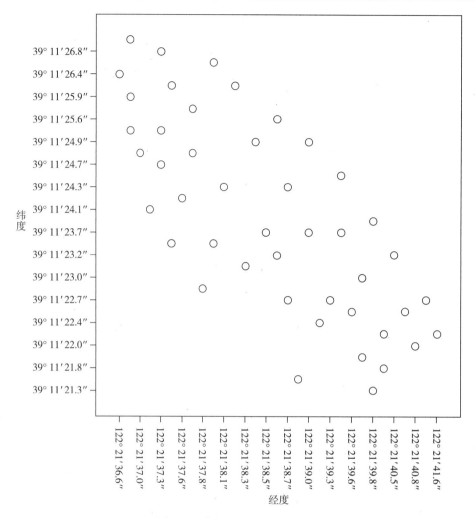

图五七　袁屯西遗址遗物分布图

遗物。遗物遍布整个遗址。（图五七）

三　采集遗物

1. 陶器

盆　2 件。

采:1，口沿残片。泥质黑褐陶。大卷沿，尖圆唇，磨光。（图五八，1）

采:2，器底。泥质灰褐陶。平底。底径 22.8 厘米。（图五八，3）

2. 瓷器

碗　1 件。

采:4，器底。胎质灰白，较细腻，青白色釉，内底有涩圈。外壁饰青花图案，青花发色暗淡。（图五八，4）

瓷片　1 件。

采:3，胎质灰白，较细腻，酱色釉。外壁饰弦纹。（图五八，2）

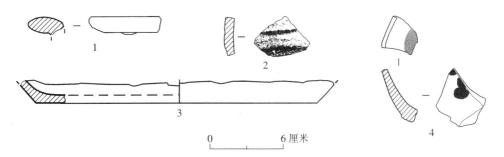

图五八　袁屯西遗址采集陶、瓷器
1. 陶盆口沿（采:1）　2. 瓷片（采:3）　3. 陶盆底（采:2）　4. 瓷碗（采:4）

3. 板瓦

碎片较多，且特征基本一致，选取典型标本描述。

B6:1，残。泥质青灰陶。内侧粗布纹，外侧素面。厚约1.3厘米。（图五九，1）

C5:1，残。泥质青灰陶。内侧粗布纹，外侧素面。厚约1.4厘米。（图五九，2）

F6:1，残。泥质青灰陶。内侧粗布纹，外侧素面。厚约1.5厘米。（图五九，3）

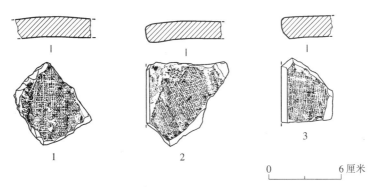

图五九　袁屯西遗址采集陶质建筑材料
1~3. 板瓦（B6:1、C5:1、F6:1）

四　小结

在地面采集了陶器、瓷器、布纹瓦。其中，陶、瓷器均较为碎小，无可复原器物。瓷碗内底有涩圈、露胎处呈火石红，具有明清时期瓷碗特征，故推测遗址年代应属于明清时期。

第十五节　娘娘庙遗址

一　遗址概况

遗址位于广鹿岛北部、塘洼村山地南坡上。地理坐标为北纬39°11′59.0″，东经122°21′05.3″。遗址呈东西向，长约11.5、宽约10.5米。（图六〇；图版一五，2）

2010年12月，中国社会科学院考古研究所东北工作队对其开展了全面仔细的考古调查。地面采集到许多寺庙建筑材料，有瓦当、砖等。

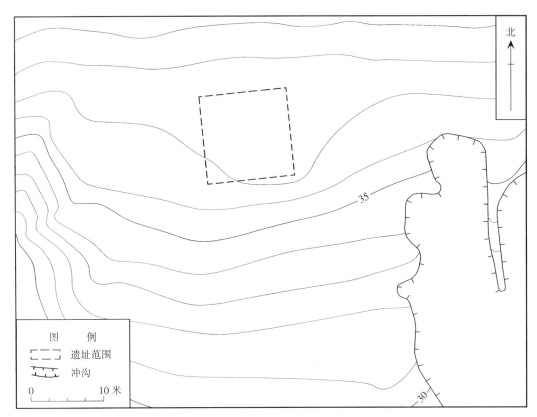

图六〇　娘娘庙遗址微地貌图

二　遗物分布与地层

采集遗物较少，但在地面上发现残留的建筑遗迹。包括建筑基址和长石条，建筑基址为长方形，长11.5、宽10.5米。在基址的东北侧和西北角上各有2件长石条，每件石条长2、宽约0.5米，每件石条的两端有2个圆孔，直径约5厘米。发现砖、瓦、滴水等建筑材料。

三　采集遗物

遗址内发现有建筑材料。采集遗物数量较少，分布较零散。（图六一）

建筑基址内和周围散落大量的瓦片和灰砂砖碎块。调查时在基址南侧的沟槽内发现有瓦当、方砖、筒瓦、板瓦、走兽残件等建筑材料。砖瓦皆为泥质灰陶，烧制火候较高。瓦当和兽面纹制作精细，纹饰清晰。遗物遍布于整个遗址。

板瓦　2件。

采:6，残。泥质青灰陶。外侧光素。长18.6、残宽17.2、厚1.6厘米。（图六二，1；图版一六，1）

采:10，残。泥质青灰陶。内侧粗布纹，布纹有缝接痕迹，外侧光素。（图六二，2）

筒瓦　1件。

采:8，残。泥质青灰陶。模制。（图六二，4）

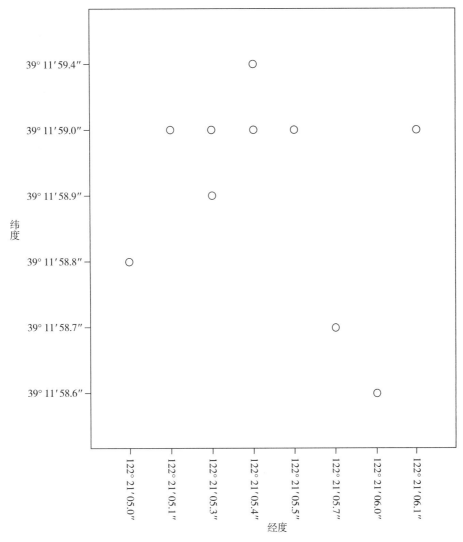

图六一 娘娘庙遗址遗物分布图

滴水 1 件。

采：3，残。泥质灰陶。滴水上有"常富"两字。边缘呈波浪状，模制。（图六二，3；图版一六，2）

瓦当 2 件。

采：1，残。泥质青灰陶。虎头纹瓦当，兽面刻有"王"字，模制。（图六二，5）

采：5，残。泥质青灰陶。虎头纹瓦当，兽面刻有"王"字，模制。（图六二，6；图版一六，3）

鸱吻 1 件。

采：2，残。泥质青灰陶。一面为兽面雕塑，一面较平，应为模制。（图六三，1；图版一六，4）

嘲风 1 件。

采：4，残。泥质青灰陶。陶塑，应为嘲风残件。（图六三，2）

砖 3 件。

采：7，残。泥质灰陶，烧制火候较高。一面雕刻有几何纹。残长 12.4、残宽 9.6、厚 4.4 厘米。（图六三，3；图版一六，5）

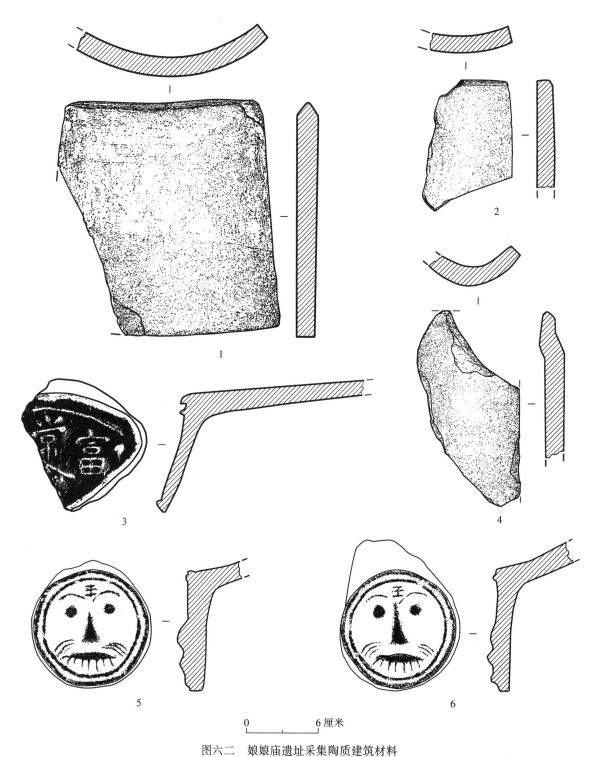

图六二　娘娘庙遗址采集陶质建筑材料

1、2. 板瓦（采:6、采:10）　3. 滴水（采:3）　4. 筒瓦（采:8）　5、6. 瓦当（采:1、采:5）

　　E3:1，残。泥质灰陶。正面呈盝盖状剖面为梯形，残长 11.2、宽 13、厚 5.4 厘米。（图六三，4；图版一六，6）

　　采:9，残。泥质青灰陶，烧制火候较高。部面为长方形。残长 22.8、宽 12.8、厚 5.2 厘米。（图六三，5）

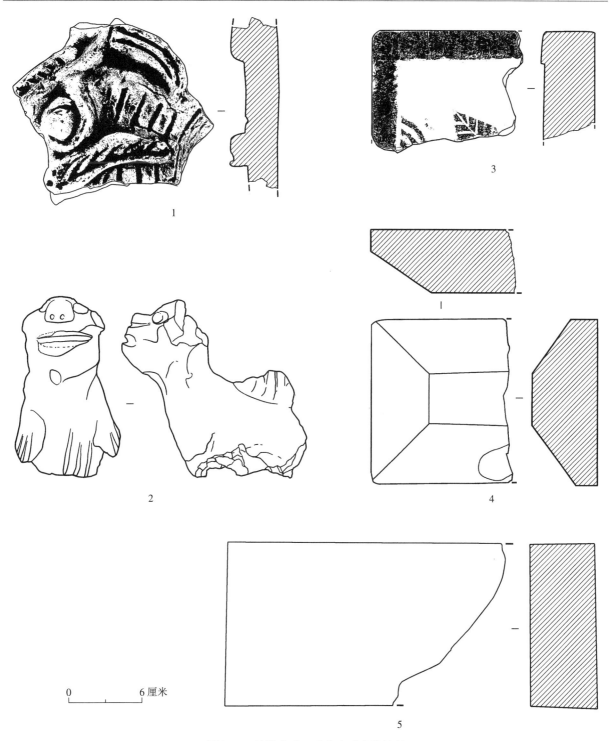

图六三 娘娘庙遗址采集陶质建筑材料
1. 鸱吻（采：2） 2. 嘲风（采：4） 3~5. 砖（采：7、E3：1、采：9）

四 小结

在建筑遗迹周围发现砖、瓦、滴水、嘲风等建筑材料。其中，板瓦、筒瓦小而薄，内侧有粗布纹。砖则尺寸小、火候高，瓦当饰兽面纹，滴水上有"常富"文字。其砖瓦制作、纹饰和文字风格均带有显著的清代特征，推测娘娘庙为一处清代寺庙遗址。

第十六节 盐场遗址

一 遗址概况

遗址位于广鹿岛西北部、塘洼村的耕地上，平坦宽阔。地理坐标为北纬 39°11′42.4″，东经 122°21′00.1″。遗址呈东西走向，东西长约 162、南北宽约 96 米。（图六四；图版一七，1）

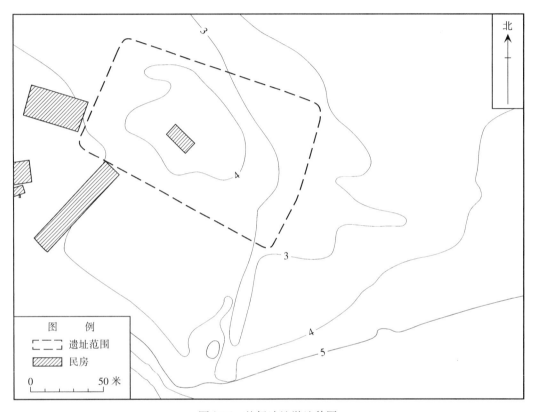

图六四　盐场遗址微地貌图

2010 年 12 月，中国社会科学院考古研究所东北工作队对该遗址进行了调查。遗址破坏较为严重，采集遗物较少，有陶器、瓷器、板瓦碎片。

二 遗物分布与地层

在遗址地表上采集遗物有陶器、瓷器以及板瓦。根据遗物特点，判断其均为同期遗物。遗物遍布整个遗址。（图六五）

三 采集遗物

1. 陶器

采集陶器均为罐的口沿残片。

罐 2 件。

C1：1，口沿残片。泥质灰陶。微敛口，卷沿，圆唇。口径 26 厘米。（图六六，1）

F3：1，口沿残片。泥质灰褐陶。直口，平沿，方圆唇。口径 19.2 厘米。（图六六，2）

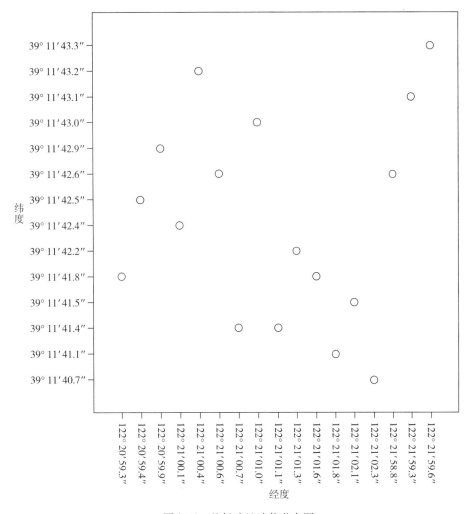

图六五　盐场遗址遗物分布图

2. 瓷 器

瓷器有罐、瓶的残片。

罐　1 件。

G3∶1，口沿残片。胎质褐色，较细腻，器表施酱色釉。微侈口，尖圆唇，轮制。口径 15.8 厘米。（图六六，3）

瓶　1 件。

F1∶1，口沿残片。胎质黑褐色，较细腻，器表施黑色釉。侈口，圆唇，束颈较短，手制。口径 4.2 厘米。（图六六，4）

3. 板 瓦

采集较多的板瓦，但多为碎片。

E1∶1，残。泥质青灰陶。内侧粗布纹，外侧素面。厚 1.8 厘米。（图六七）

四　小结

采集的陶器和瓷器较为碎小，无可复原器物。罐、瓶等特点与明清时期出土陶、瓷器特征相似。该遗址采集数量较多的板瓦残片，根据其纹饰等特点，推测该遗址的年代应属于明清时期。

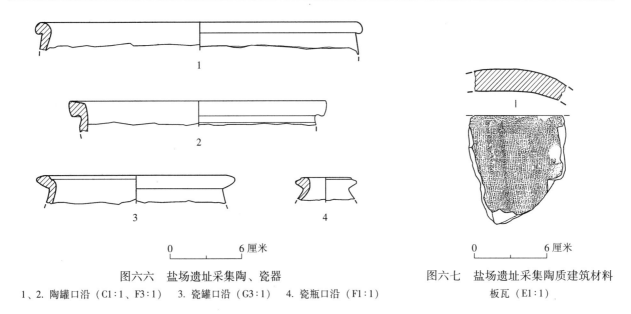

图六六　盐场遗址采集陶、瓷器

1、2.陶罐口沿（C1∶1、F3∶1）　3.瓷罐口沿（G3∶1）　4.瓷瓶口沿（F1∶1）

图六七　盐场遗址采集陶质建筑材料

板瓦（E1∶1）

第十七节　西北屯遗址

一　遗址概况

遗址位于广鹿岛西部、沙尖村西南海岸的缓坡台地上，平坦宽阔，遗址中间有较矮的冲沟。地理坐标为北纬39°10′43.8″，东经122°19′23.4″。遗址东西长187、南北宽96米。（图六八；图版一七，2）

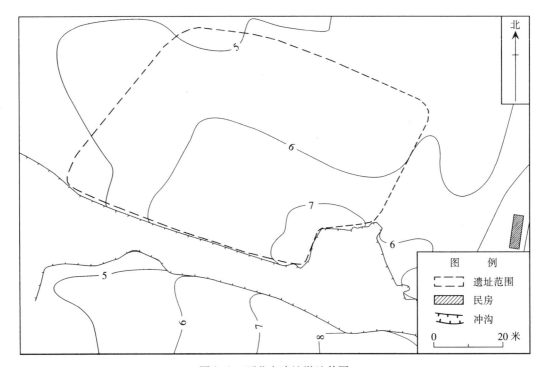

图六八　西北屯遗址微地貌图

2010 年 12 月，中国社会科学院考古研究所东北工作队对该遗址进行了调查。遗址保存状况不良，地面采集遗物较少，有陶器、瓷器、板瓦碎片。

二　遗物分布与地层

在遗址地表上采集到陶器、瓷器。根据遗物特点，遗址分为上、下两层。上、下层遗物数量均较多，遍布整个遗址。（图六九）

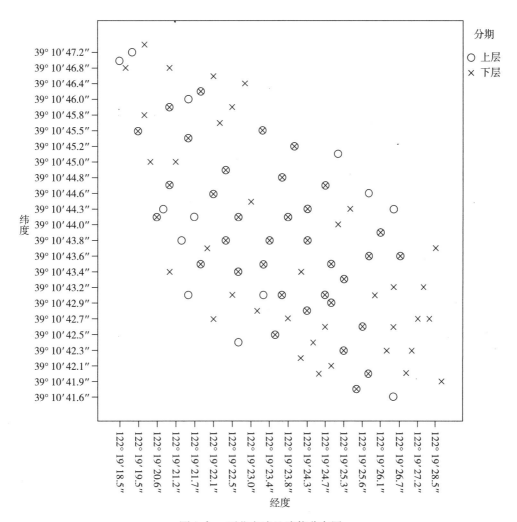

图六九　西北屯遗址遗物分布图

三　采集遗物

（一）下层遗物

遗址采集的下层遗物主要是陶器和瓷器。陶器均为泥质，陶色多灰色，器类有盆、器耳，大多碎小，无可复原器物。

1. 陶器

高领罐　1 件。

D4：1，口沿残片。泥质灰褐陶。直口，高直领微外撇，手制。（图七〇，1）

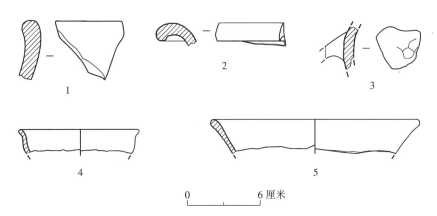

图七〇　西北屯遗址下层采集陶、瓷器
1. 陶高领罐（D4：1）　2. 陶盆口沿（D5：1）　3. 陶鏊耳（E2：1）　4. 瓷碗口沿（F11：1）　5. 瓷盘口沿（I12：1）

盆　1件。

D5：1，口沿残片。泥质灰陶。卷沿，圆唇，轮制。（图七〇，2）

鏊耳　1件。

E2：1，泥质灰陶。锥状耳，残断，手制。（图七〇，3）

2. 瓷器

碗　1件。

F11：1，口沿残片。胎质较薄，釉面呈乳白色。敞口，圆唇，弧腹。口径10厘米。（图七〇，4）

盘　1件。

I12：1，口沿残片。胎质较薄，釉面呈乳白色。敞口，尖圆唇，斜腹。口径17厘米。（图七〇，5）

（二）上层遗物

遗址内采集的上层遗物以瓷器为主，还有少量陶器，器类主要为碗，大多碎小，无可复原器物。

碗　7件。

F4：1，口沿残片。胎质灰白，较细腻，青白色釉。敞口，口沿外撇，尖圆唇，弧腹。外壁饰青花图案，青花发色暗淡。口径12厘米。（图七一，1）

B6：1，口沿残片。胎质灰白，较细腻，青白色釉。敞口，圆唇，弧腹。外壁饰花卉图案，青花发色暗淡。口径11厘米。（图七一，3）

F9：1，口沿残片。胎质灰白，较细腻，青白色釉。敞口，圆唇。内壁口沿下饰两道弦纹，外壁饰花卉图案。口径11厘米。（图七一，2）

E8：2，器底。胎质灰白，较细腻，青白色釉。圈足，足底无釉，内底有涩圈。外壁饰花卉图案，青花发色暗淡。足径8厘米。（图七一，5）

E9：1，器底。胎质灰白，较细腻，灰白色釉，釉面粗疏。圈足，足底无釉，内底有涩圈，外底中部有鸡心突。足径7.1厘米。（图七一，4）

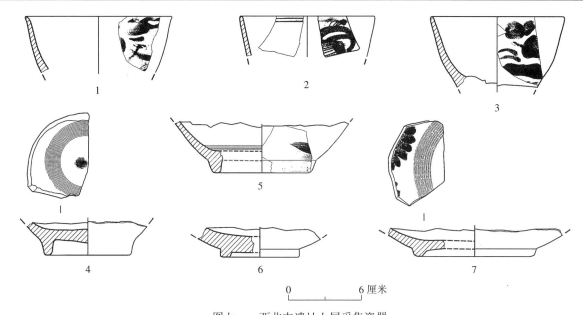

图七一 西北屯遗址上层采集瓷器

1~3. 碗口沿（F4:1、F9:1、B6:1） 4、5. 碗底（E9:1、E8:2） 6、7. 盘底（E4:1、E8:1）

盘 2件。

E4:1，器底。胎质灰白，较细腻，豆青色釉。圈足，平削。足径6.5厘米。（图七一，6）

E8:1，器底。胎质灰白，较细腻，青白色釉。圈足，平削，足底无釉，内底有涩圈。内壁饰花卉图案，青花发色暗淡。足径9.9厘米。（图七一，7）

四 小结

遗址分为上、下两层。下层所见的高领罐、卷沿盆与岫岩县邮电小区辽金遗址所出极为相似，且这一时期采集瓷器胎质较粗[1]。根据以上特征，推断下层年代应属于辽金时期。上层所见的瓷碗釉较辽金时期更为肥厚，碗底圈足，斜削足，内底部有涩圈，外底部有鸡心突，露胎处呈火石红，上述特点具有明清时期瓷碗特征。另外，所采集的数量较多的布纹瓦，其纹饰与明清时期相符。故判断上层年代应属于明清时期。

第十八节 大张屯遗址

一 遗址概况

遗址位于广鹿岛西部、沙尖村耕地上，平坦宽阔。地理坐标为北纬39°10′46.7″，东经122°19′49.5″。遗址东西长187、南北长198米。（图七二；图版一八，1）

2010年11月，中国社会科学院考古研究所东北工作队对该遗址进行了调查。遗址保存状况不良，地面采集遗物较少，采集物有陶器、瓷器、板瓦碎片。

---

① 鞍山市岫岩满族博物馆：《辽宁岫岩镇辽金遗址》，《北方文物》2004年第3期。

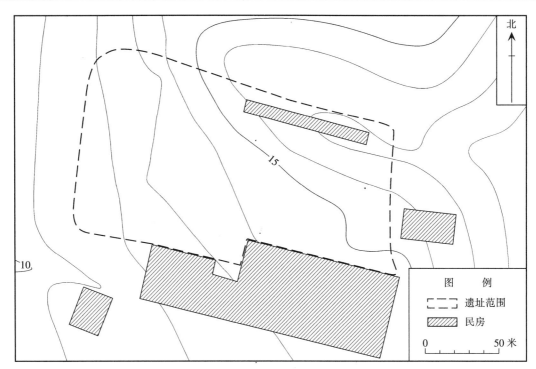

图七二　大张屯遗址微地貌图

二　遗物分布与地层

在遗址地表上采集到陶器、瓷器以及数量较多的瓦片。根据遗物特点，遗址分为上、下两层。上层遗物数量较多，遍布整个遗址，下层遗物数量较少。（图七三）

三　采集遗物

（一）下层遗物

采集遗物以陶器为主，大多为泥质灰陶，器类有盆、罐耳及甑残片，大多碎小，无可复原器物。

盆　1件。

G4∶1，口沿残片。泥质灰陶。敞口，折沿，沿面宽平，沿面边缘轮修浅槽，唇上有凸棱，口部饰研磨暗弦纹，轮制。（图七四，1）

罐耳　1件。

F7∶1，泥质灰褐陶。环状器耳。（图七四，3）

甑　1件。

D12∶1，底部残片。泥质灰陶。平底，残断处有孔。（图七四，2）

（二）上层遗物

采集遗物以瓷器及数量较多的板瓦为主。瓷器主要采集口沿和底部残片，均较为碎小，无可复原器物。

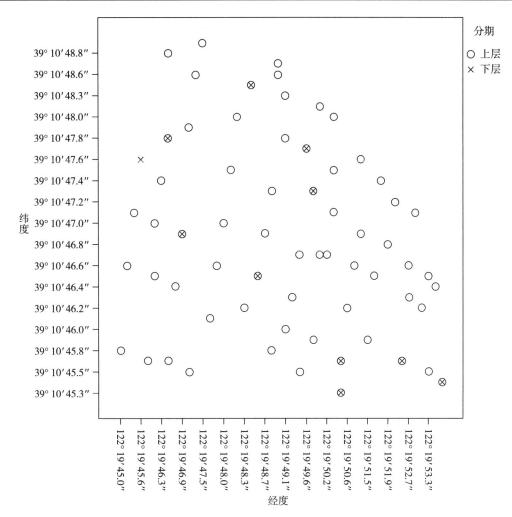

图七三　大张屯遗址遗物分布图

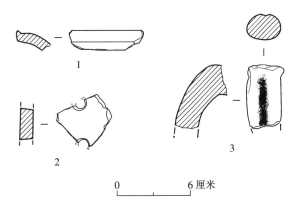

图七四　大张屯遗址下层采集陶器

1. 盆口沿（G4：1）　　2. 甑底（D12：1）　　3. 罐耳（F7：1）

1. 瓷器

以碗为主，盘次之，均为残片。

碗　3 件。

A2：1，口沿残片。胎质灰白，较细腻，青白色釉。敞口，尖圆唇，弧腹。外壁饰花卉图案，青花发色暗淡。口径 12 厘米。（图七五，1）

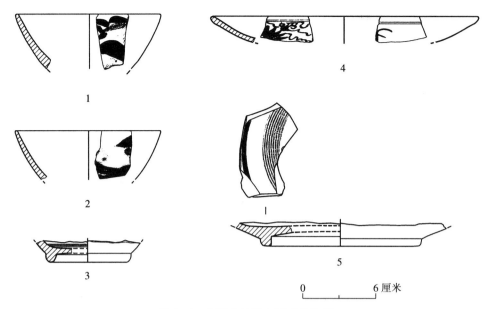

图七五　大张屯遗址上层采集瓷器

1、2. 碗口沿（A2∶1、D3∶1）　3. 碗底（E9∶1）　4. 盘口沿（D11∶1）　5. 盘底（C2∶1）

　　D3∶1，口沿残片。胎质灰白，较细腻，青白色釉。敞口，尖圆唇，弧腹。外壁饰花卉图案，青花发色暗淡。口径12厘米。（图七五，2）

　　E9∶1，器底。胎质灰白，较细腻，青白色釉。圈足，足底无釉，内底有涩圈。足径6.8厘米。（图七五，3）

　　盘　2件。

　　D11∶1，口沿残片。胎质灰白，较细腻，青白色釉。敞口，圆唇。盘内口沿饰两道弦纹，内壁饰花卉图案，外壁口沿下饰两道弦纹，腹壁饰青花图案。口径22厘米。（图七五，4）

　　C2∶1，器底。胎质灰白，较细腻，青白色釉。圈足，平削，足墙微敛，足底无釉，呈火石红，底内心有涩圈。足径13厘米。（图七五，5）

　　2. 板瓦

　　采集板瓦数量较多，整体特征一致，选取典型标本描述。

　　C12∶1，残。泥质青灰陶。内侧粗布纹，外侧素面。厚约1.35厘米。（图七六，1）

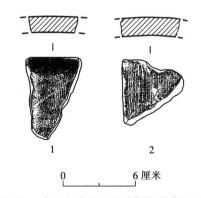

图七六　大张屯遗址上层采集陶质建筑材料

1、2. 板瓦（C12∶1、D9∶1）

D9:1，残。泥质青灰陶。内侧粗布纹，外侧素面。厚约 1.4 厘米。（图七六，2）

四 小结

遗址分为上、下两层。采集遗物大多碎小，无可复原器物。下层，折沿盆、罐耳、甗与岫岩县邮电小区、长兴辽金遗址所出陶器相似[1]，推断下层年代应属于辽金时期。上层，采集瓷器以碗为主，胎质较细，灰白色胎，青白色釉面，具有明显的清初瓷器特征。碗为斜削足，内底部有涩圈，露胎处呈火石红，与明清时期瓷碗特征近似，推断上层年代应属于明清时期。

上层遗物发现较多，分布也广，遗址主体年代应为明清时期。

第十九节 蛎碴岗遗址

一 遗址概况

遗址位于广鹿岛西南部、沙尖村王屯西北 200 米的南台山北坡开阔的台地上。地理坐标为北纬 39°10′27.0″，东经 122°20′01.6″。遗址呈西北—东南走向，长约 254、宽约 238 米。（图七七；图版一八，2）

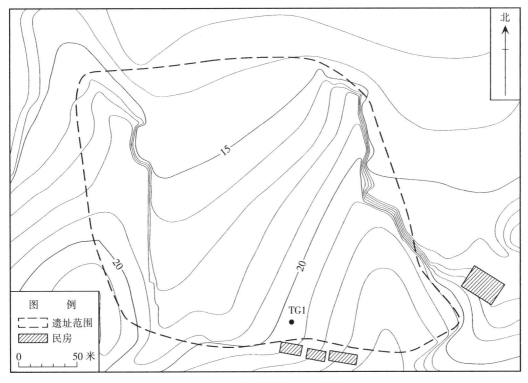

图七七 蛎碴岗遗址微地貌图

---

① 鞍山市岫岩满族博物馆：《辽宁岫岩镇辽金遗址》，《北方文物》2004 年第 3 期。辽宁省文物考古研究所、岫岩满族博物馆：《辽宁岫岩县长兴辽金遗址发掘简报》，《考古》1999 年第 6 期。

　　遗址由旅顺市文物队 1973 年 10 月文物普查时发现。1978 年 10 月，辽宁省博物馆、旅顺博物馆等对其进行了小规模试掘①。出土器物有石器、骨器、贝器、陶器。

　　2010 年 4 月，中国社会科学院考古研究所东北工作队对其开展了全面仔细的考古调查。遗址保存较好，地面采集到大量陶器、石器等。为了进一步明确该遗址的文化属性，2011 年春季进行了小面积的试掘。

二　遗物分布与地层

　　在遗址地表上采集到较多的贝壳以及陶器、石器等遗物。根据遗物特点，遗址分上、下两层。上、下层遗物数量较多，遍布整个遗址。（图七八）

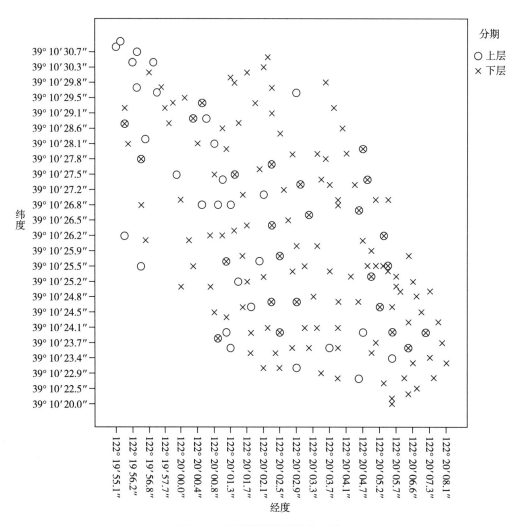

图七八　蛎碴岗遗址遗物分布图

---

　　①　辽宁省博物馆、旅顺博物馆、长海县文化馆：《长海县广鹿岛大长山岛贝丘遗址》，《考古学报》1981 年第 1 期。

三　采集遗物

（一）下层遗物

1. 陶器

遗址内采集陶器均为夹砂陶，陶色以红褐色为主，黑褐色次之，器类主要有折沿鼓腹罐、附加堆纹罐、卷沿鼓腹罐、瓮、鼎。采集的罐类主要有口沿、罐底残片及数量较多的腹部残片。腹部残片大多碎小，无可复原器物。

折沿鼓腹罐　10 件。分二型。

A 型　2 件。斜折沿。

F9：1，口沿残片。夹砂红褐陶。敛口，斜折沿，圆唇，手制。口径 15.6 厘米。（图七九，1）

采：16，口沿残片。夹砂红褐陶。敛口，斜折沿，尖圆唇，手制。口径 15.6 厘米。（图七九，2）

B 型　1 件。平折沿。

H12：1，口沿残片。夹砂黑褐陶。敛口，平折沿，尖唇，手制。口径 13 厘米。（图七九，3）

还发现腹部残片及器底。

D6：1，腹部残片。夹砂红褐陶，含云母。饰刻划斜线纹，手制。器壁厚 0.5 厘米。（图七九，4）

C5：1，腹部残片。夹砂红褐陶，含云母。饰刻划"人"字纹，手制。器壁厚 0.7 厘米。（图七九，5）

E6：2，腹部残片。夹砂红褐陶。饰刻划斜线网格纹，手制。器壁厚 0.6 厘米。（图七九，6）

F5：1，器底。夹砂黑褐陶，含少量云母。假圈足，手制。底径 5.6 厘米。（图七九，7）

采：17，器底。夹砂红褐陶，含云母。假圈足，圈足和腹部结合处有凹痕，手制。底径 7.9 厘米。（图七九，8）

N4：1，器底。夹砂红褐陶。平底，手制。底径 5.8 厘米。（图七九，9）

采：14，器底。夹砂黑褐陶。平底，手制。底径 6.8 厘米。（图七九，10）

附加堆纹罐　2 件。

L7：1，口沿残片。夹砂红褐陶。敛口，叠唇，手制。（图七九，11）

F6：1，口沿残片。夹砂红褐陶。敛口，唇外附加截面呈三角形的泥条而形成假叠唇，叠唇上刻划三角形缺口，手制。（图七九，14）

卷沿鼓腹罐　1 件。

E5：1，口沿残片。夹砂黑褐陶。敛口，卷沿，尖唇，手制。口径 15.9 厘米。（图七九，13）

瓮　1 件。

采：15，口沿残片。夹砂红褐陶，含少量云母。敛口，折沿，唇残，手制。器壁厚 0.55 厘米。（图七九，12）

鼎　2 件。

采：18，器底。夹砂红褐陶。平底，薄厚均匀，足残，手制。底径 14.7 厘米。（图七九，16）

U5：1，足部。夹砂黑褐陶。凿形足，手制。残高 3.4 厘米。（图七九，15）

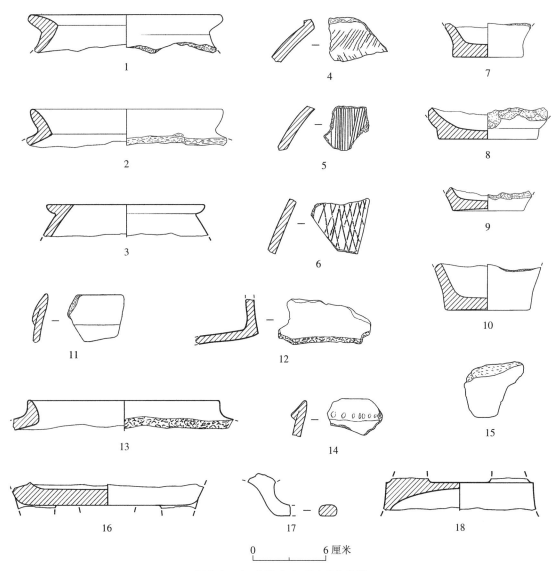

0   6厘米

图七九　蛎碴岗遗址下层采集陶器

1、2. A 型折沿鼓腹罐（F9：1、采：16）　3. B 型折沿鼓腹罐（H12：1）　4～6. 折沿鼓腹罐腹片（D6：1、C5：1、E6：2）
7～10. 折沿鼓腹罐罐底（F5：1、采：17、N4：1、采：14）　11、14. 附加堆纹罐（L7：1、F6：1）　12. 瓮（采：15）
13. 卷沿鼓腹罐（E5：1）　15. 鼎足（U5：1）　16. 鼎（采：18）　17. 三环足器（D3：1）　18. 器盖（E5：2）

三环足器　1 件。

D3：1，夹砂黑褐陶。环足，手制。（图七九，17）

器盖　1 件。

E5：2，夹砂灰褐陶。平顶，圆形，边缘处有器纽残断痕迹，中间薄，边缘厚，手制。顶部直径 12 厘米。（图七九，18）

2. 石器

采集的石器主要有镞、斧、网坠、砧石、磨石、石球及半成品。

镞　3 件。分二型。

A 型　1 件。平底。

采：12，角页岩，青黑色。磨制，横截面呈扁六边形，双脊，双刃，尖锋稍残。长 3.1、宽

1.2、厚0.3厘米。（图八〇，1）

B型 1件。凹底。

E6:1，泥质灰岩，青绿色。磨制，横截面呈扁六边形，双脊，双刃，尖锋稍残。残长3.2、宽1.4、厚0.3厘米。（图八〇，2）

残片 1件。未分型。

C1:1，残。泥岩，青绿色。磨制，横截面呈扁六边形，双脊，双刃，两端残。残长2.8、宽1.8、厚0.4厘米。（图八〇，3）

斧 8件。分二型。

A型 1件。弧刃。

采:8，残。辉绿岩，青灰色。磨制，平面呈梯形，横截面呈椭圆形，双面弧刃，顶端残。残长7.6、宽7.5、厚4.2厘米。（图八〇，4）

B型 1件。直刃。

C1:2，残。斜长角闪岩，灰褐色。通体磨光，横截面呈长方形，双面直刃，顶部残。残长8.1、残宽5、厚2厘米。（图八〇，5）

残片 6件。未分型。

I7:1，残。辉绿岩，青灰色。磨制，表面光滑，横截面呈椭圆形，两端残。残长7.5、残宽4、厚2.8厘米。（图八〇，6）

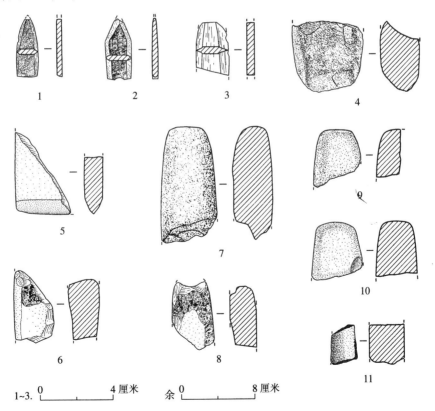

图八〇 蛎碴岗遗址下层采集石器

1. A型镞（采:12） 2. B型镞（E6:1） 3. 镞（C1:1） 4. A型斧（采:8） 5. B型斧（C1:2）

6~11. 斧（I7:1、采:4、采:6、采:1、采:3、采:5）

采：4，残。辉绿岩，青灰色。磨制，平面呈梯形，横截面呈椭圆形，弧顶，刃部残。残长12、宽6、厚3.9厘米。（图八〇，7）

采：6，残。角闪岩，灰褐色。磨制，平面呈梯形，横截面呈椭圆形，两端残。残长6.8、宽4.2、厚2.8厘米。（图八〇，8）

采：1，残。辉绿岩，青灰色。磨制，平面呈梯形，弧顶，刃部残。残长6.5、宽4.9、厚3.5厘米。（图八〇，9）

采：3，残。蚀变辉绿岩，青灰色。磨制，平面呈梯形，横截面呈椭圆形，弧顶，刃部残。残长6.1、宽5.5、厚4.4厘米。（图八〇，10）

采：5，残。辉绿岩，青灰色。磨制，横截面呈长方形，两端残。残长4.3、宽2.9、厚3.8厘米。（图八〇，11）

网坠　2件。分二型。

A型　1件。长条形。

采：2，大理岩，灰白色。磨制，腰部有较深的沟槽，四面有凹窝。长11.4、宽5、厚4.2厘米。（图八一，1）

B型　1件。不规则形。

采：10，细砂岩，浅黄色。磨制，腰部两侧有凹槽。长6.5、宽2.7、厚2.5厘米。（图八一，2）

砧石　1件。

采：7，残。辉绿岩，青灰色。磨制，平面呈不规则四边形，横截面呈椭圆形，一面有圆形凹窝，直径约4.2厘米。残长5.6、宽6.6、厚4.2厘米。（图八一，6）

磨石　2件。分二型。

A型　1件。平面形状呈三角形。

采：9，细砂岩，浅黄色。磨制，平面形状呈三角形，横截面呈三角形，有一磨面，磨面平整。长7.8、宽5.7、厚3.1厘米。（图八一，8）

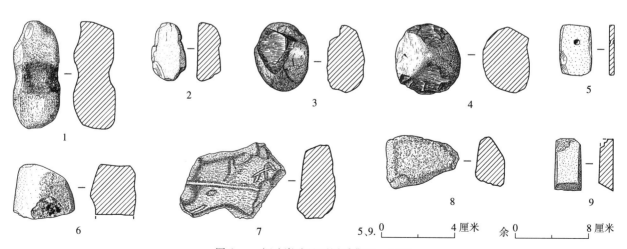

图八一　蛎碴岗遗址下层采集石、玉器

1. A型石网坠（采：2）　　2. B型石网坠（采：10）　　3、4. 石球（采：11、C4：1）　　5. 石器半成品（采：13）　　6. 砧石（采：7）
7. B型磨石（采：19）　　8. A型磨石（采：9）　　9. 玉凿（采：20）

B 型　1 件。平面呈不规则多边形。

采：19，残。细砂岩，灰白色。磨制，平面呈不规则多边形，横截面呈不规则四边形，磨面处有一线形细槽，应为长期磨制骨针、骨锥时留下的痕迹。残长 11.8、宽 7.9、厚 3.1 厘米。（图八一，7）

石球　2 件。

C4：1，玄武岩，青灰色。打制，为不规则球体，周围有琢痕。直径 7 厘米。（图八一，4）

采：11，玄武岩，青灰色。打制，为扁球体。直径 6 厘米。（图八一，3）

石器半成品　1 件。

采：13，泥质灰岩，青绿色。磨制，片状，平面呈长方形，两面穿孔，未穿透。推测为石坠半成品。长 2.7、宽 1.7、厚 0.3 厘米。（图八一，5）

3. 玉器

凿　1 件。

采：20，透闪石—阳起石。磨制精良，表面光滑，平面呈长方形，横截面呈梯形，单面直刃。残长 2.7、宽 1.4、厚 0.8 厘米。（图八一，9；图版二〇，1）

（二）上层遗物

采集陶器有罐耳。

罐耳　4 件。根据罐耳特点分三型。

A 型　2 件。柱状器耳。

K8：1，夹砂灰褐陶。横截面呈圆角方形，手制。长 5.7、宽 4.3、厚 3.6 厘米。（图八二，1）

K9：1，夹砂红褐陶。横截面呈圆角方形，手制。长 5.9、宽 4.7、厚 5.4 厘米。（图八二，2）

B 型　1 件。环状器耳。

K11：1，夹砂灰褐陶。手制。（图八二，3）

C 型　1 件。桥状横耳。

采：21，夹砂灰褐陶。手制。（图八二，4）

四　小结

遗址为典型的贝丘遗址，在地面上采集到较多贝壳及陶器、石器。遗址分为上、下两层。下层，折沿鼓腹罐、附加堆纹罐及卷沿鼓腹罐与小珠山五期出土陶器相似，推测下层年代应属于小珠山五期文化[1]。上层，陶器主要有罐，柱状把手具有明显的上马石上层文化特征，推测上层年代应属于上马石上层文化[2]。

---

[1] 辽宁省博物馆、旅顺博物馆、长海县文化馆：《长海县广鹿岛大长山岛贝丘遗址》，《考古学报》1981 年第 1 期。中国社会科学院考古研究所、辽宁省文物考古研究所、大连市文物考古研究所：《辽宁长海县小珠山新石器时代遗址发掘简报》，《考古》2009 年第 5 期。

[2] 辽宁省博物馆、旅顺博物馆、长海县文化馆：《长海县广鹿岛大长山岛贝丘遗址》，《考古学报》1981 年第 1 期。

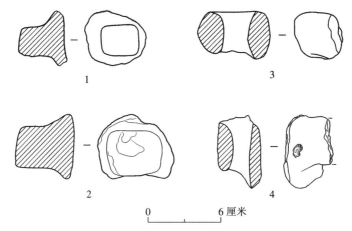

图八二　蛎碴岗遗址上层采集陶器

1、2. A 型罐耳（K8∶1、K9∶1）　3. B 型罐耳（K11∶1）　4. C 型罐耳（采∶21）

第二十节　南山遗址

一　遗址概况

遗址位于广鹿岛西南部、沙尖村王屯西南的南台山西北坡地上，东、西两侧有冲沟，南距南山遗址 200 米。地理坐标为北纬 39°10′19.2″，东经 122°19′58.7″。遗址呈南北走向，南北长约 238、东西宽约 78～135 米。（图八三；图版一九，1）

2010 年 4 月，中国社会科学院考古研究所东北工作队对其开展了全面仔细的考古调查。因修梯田，遗址破坏较为严重，地面采集到的遗物有陶器、石器等。

二　遗物分布与地层

在遗址地表上采集到陶器、石器等遗物。根据遗物特点，判断其均为同期遗物。遗物遍布在整个遗址。（图八四）

三　采集遗物

1. 陶器

以夹砂灰褐陶为主，有少量夹砂红褐陶。陶片较多，大多都比较碎小。采集的陶器主要为鼓腹罐的残片。

罐 14 件。

I4∶1，腹部残片。夹砂灰褐陶。饰斜线网格三角纹，纹饰排列规整，手制。（图八五，1）

采∶1，器底。夹砂灰褐陶。平底，器底内壁抹光，手制。底径 8.1 厘米。（图八五，3）

K4∶1，器底。夹砂灰褐陶。平底，手制。底径 11 厘米。（图八五，5）

H3∶3，器底。夹砂灰褐陶。平底，手制。底径 8.8 厘米。（图八五，4）

还发现 10 件罐耳。

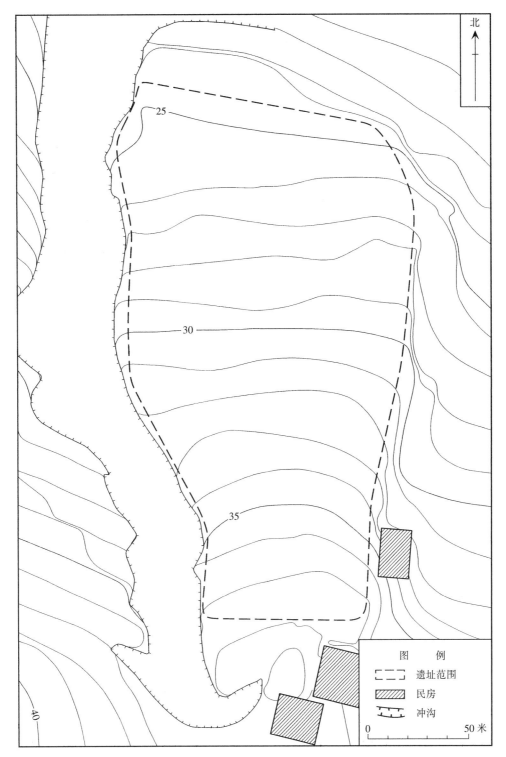

图八三 南山遗址微地貌图

罐耳的形状比较有特点，根据罐耳形状分三型。

A 型　8 件。柱状器耳。根据横耳纹饰分二个亚型。

Aa 型　6 件。素面。

B3：1，夹砂灰褐陶。横截面呈圆角方形，扁圆柱状，手制。（图八五，6；图版二〇，2）

C4：1，夹砂红褐陶。手制。（图八五，7；图版二〇，3）

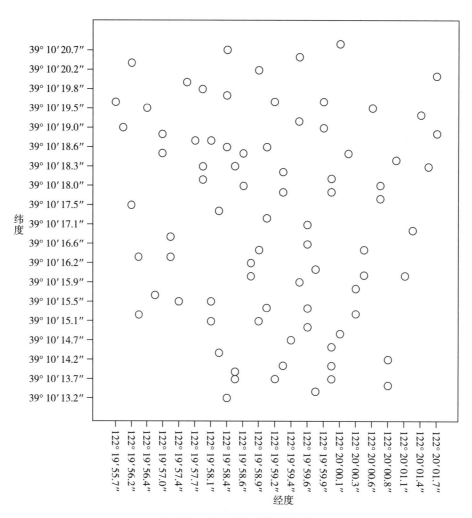

图八四　南山遗址遗物分布图

F2：1，夹砂灰褐陶。横截面呈圆角方形，圆柱状，末端较平，手制。（图八五，8；图版二〇，4）

H3：1，夹砂灰褐陶。横截面呈圆角方形，扁圆柱状，手制。（图八五，9）

J3：1，夹砂灰褐陶。横截面呈圆角方形，扁圆柱状，手制。（图八五，10）

采：4，夹砂红褐陶。横截面呈椭圆形，扁圆柱状，手制。（图八五，11；图版二〇，5）

Ab 型　2件。饰刻划"十"字纹。

采：3，夹砂灰褐陶。饰刻划"十"字纹，纹饰明显，手制。（图八五，12；图版二〇，6）

H3：2，夹砂灰褐陶。手制。（图八五，13；图版二〇，7）

B 型　1件。方锥状器耳。

F3：1，夹砂灰褐陶。手制。（图八五，14）

C 型　1件。桥状横耳。

A4：1，夹砂灰褐陶。手制。（图八五，15）

鼓腹罐　1件。

L8：1，口沿残片。夹砂红褐陶。敛口，卷沿，鼓腹，手制。（图八五，2）

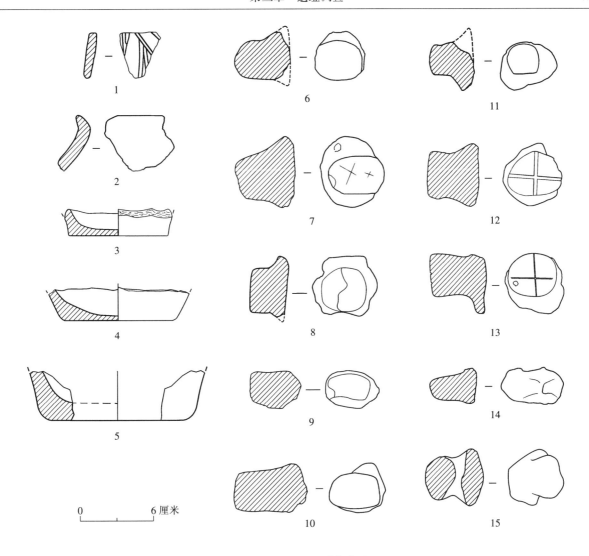

图八五　南山遗址采集陶器

1. 罐腹部残片（I4:1）　2. 鼓腹罐口沿（L8:1）　3~5. 罐底（采:1、H3:3、K4:1）　6~11. Aa 型柱状器耳（B3:1、C4:1、F2:1、H3:1、J3:1、采:4）　12、13. Ab 型柱状器耳（采:3、H3:2）　14. B 型方锥状器耳（F3:1）　15. C 型桥状横耳（A4:1）

2. 石器

磨石　2件。

采:2，细砂岩，灰白色。磨制，平面为不规则长方形，横截面呈三角形，有两个磨面，一面磨平，一面微凹，均有磨痕。长 12.3、宽 7.1、厚 4.3 厘米。（图八六，1）

F4:1，残。石英细砂岩，灰色。磨制，平面与横截面呈长方形，有两个磨面，一面有沟痕，一面有线形细槽，应为长期磨制骨针、骨锥时留下的痕迹。长 3.96、宽 2.5、厚 3 厘米。（图八六，2）

方形石器　1件。

H7:1，辉石闪长岩，黑褐色。磨制，平面呈长方形，弧背，底部和两侧平滑，器形规整。长 6.1、宽 3.7、厚 1.8 厘米。（图八六，3）

四　小结

遗物中的陶器，陶质以夹砂灰褐陶为主，器形主要为平底罐，有柱状器耳和桥状横耳。纹

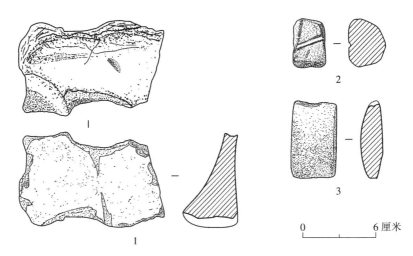

图八六　南山遗址采集石器

1、2. 磨石（采：2，F4：1）　3. 方形石器（H7：1）

饰有斜线网格三角纹等几何纹。以上特点与上马石上层陶器近似，推测该遗址应属于上马石上层文化[1]。

第二十一节　南窑遗址

一　遗址概况

遗址位于广鹿岛西南部、沙尖村王屯西南的南台山北坡台地上，北距蛎碴岗遗址 300 米。该地因当地村民修梯田翻土时挖出许多房址红烧土块，误认为是窑址，而将这一带称为"南窑"。地理坐标为北纬 39°10′14.1″，东经 122°20′08.9″，海拔 36 ~ 39 米。遗址东西长 75、南北宽约 53 米。（图八七；图版一九，2）

1978 年，辽宁省博物馆、旅顺博物馆和长海县文化馆对遗址进行小规模发掘，年代为小珠山上层文化[2]。

2010 年 4 月，中国社会科学院考古研究所东北工作队对其开展了全面仔细的考古调查。遗址保存较好，地表暴露有大量红烧土块，应为修梯田时挖出。采集到陶器和石器。为了进一步明确遗址的文化属性，2010 年冬季进行了小面积的试掘。

二　遗物分布与地层

在遗址地表上采集到较多的贝壳以及陶器、石器等遗物，采集陶器大多碎小，没有可复原器物。根据遗物特点，遗址分为上、下两层。下层遗物数量较多，遍布整个遗址；上层遗物数量较少，主要分布在遗址东北部。（图八八）

---

① 辽宁省博物馆、旅顺博物馆、长海县文化馆：《长海县广鹿岛大长山岛贝丘遗址》，《考古学报》1981 年第 1 期。

② 辽宁省博物馆、旅顺博物馆、长海县文化馆：《长海县广鹿岛大长山岛贝丘遗址》，《考古学报》1981 年第 1 期。

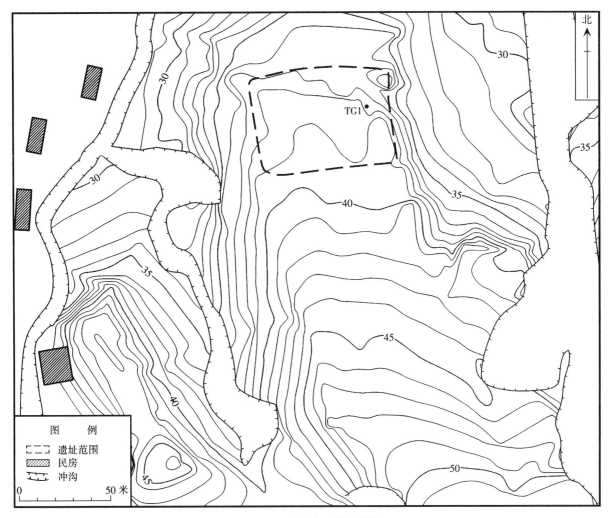

图八七 南窑遗址微地貌图

三 采集遗物

（一）下层遗物

1. 陶器

均为夹砂陶，陶色以黑褐陶为主，红褐陶次之，器形有卷沿鼓腹罐、折沿鼓腹罐和豆。纹饰以弦纹为主。

卷沿鼓腹罐 3件。

A2：1，口沿残片。夹砂黑褐陶。敛口，卷沿，圆唇，手制，轮修。（图八九，1）

采：6，口沿残片。夹砂黑褐陶。敛口，卷沿，圆唇，轮制。口径8.8厘米。（图八九，2）

采：17，口沿残片。夹砂黑褐陶。敛口，卷沿，尖圆唇，手制，轮修。口径16厘米。（图八九，3）

折沿鼓腹罐 19件。

A3：1，口沿残片。夹砂黑褐陶。敛口，平折沿，圆唇，口沿下饰凹弦纹，手制。（图八九，4）

采：1，腹部残片。夹砂黑褐陶。饰平行弦纹。（图八九，5）

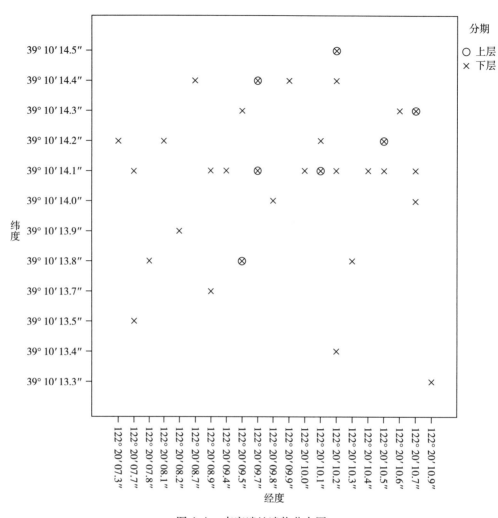

图八八　南窑遗址遗物分布图

采：4，腹部残片。夹砂黑褐陶。饰平行弦纹，手制。（图八九，6）

采：8，腹部残片。夹砂黑褐陶。饰平行弦纹，轮制。（图八九，7）

采：9，腹部残片。夹砂黑褐陶。饰平行弦纹。（图八九，8）

采：2，腹部残片。夹砂黑褐陶。饰平行弦纹、乳丁纹，手制。（图八九，9）

采：5，腹部残片。夹砂黑褐陶。饰竖向刻划纹。（图八九，10）

采：12，腹部残片。夹砂黑褐陶。饰弦纹、乳丁纹，手制。（图八九，11）

采：13，腹部残片。夹砂黑褐陶。饰斜线网格纹，手制。（图八九，12）

采：16，腹部残片。夹砂黑褐陶。饰纵向平行线纹。（图八九，13）

采：26，器底。夹砂黑褐陶，含云母。平底，手制。底径6.5厘米。（图八九，15）

采：3，器底。夹砂红褐陶。平底，手制。底径9.2厘米。（图八九，16）

采：11，器底。夹砂红褐陶。平底，手制。底径12.6厘米。（图八九，14）

采：19，器底。夹砂黑褐陶。平底，手制。底径6厘米。（图八九，17）

采：23，器底。夹砂黑褐陶。平底，手制。底径5.9厘米。（图八九，18）

采：24，器底。夹砂黑褐陶。平底，手制。底径9.2厘米。（图八九，19）

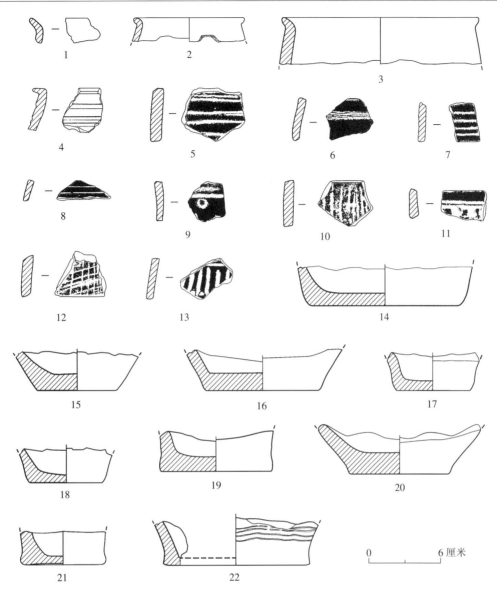

图八九　南窑遗址下层采集陶器

1~3. 卷沿鼓腹罐（A2：1、采：6、采：17）　　4~13. 折沿鼓腹罐（A3：1、采：1、采：4、采：8、采：9、采：2、采：5、采：12、采：13、采：16）　　14~22. 折沿鼓腹罐罐底（采：11、采：26、采：3、采：19、采：23、采：24、采：30、B1：1、采：10）

采：30，器底。夹砂红褐陶。平底，手制。底径8.2厘米。（图八九，20）

采：10，器底。夹砂黑褐陶。平底，近底缘处饰平行弦纹，手制。底径12厘米。（图八九，22）

B1：1，器底。夹砂黑褐陶。平底，底部折棱明显，手制。底径6.6厘米。（图八九，21）

豆　5件。分二型。

A型　1件。折腹。

C2：1，豆盘。夹砂黑褐陶。尖唇，腹部饰一周弦纹。（图九〇，1）

B型　2件。弧腹。

采：22，豆盘。夹砂黑褐陶。腹部饰两组弦纹，手制。（图九〇，2）

采：7，豆圈足。夹砂黑褐陶。手制，轮修。底径21.8厘米。（图九〇，3）

采：20，豆圈足。夹砂黑褐陶。饰平行弦纹，手制，轮修。底径18厘米。（图九〇，4）

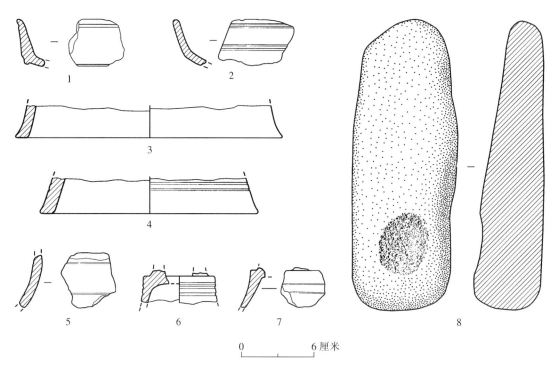

0 ———— 6 厘米

图九〇　南窑遗址下层采集陶、石器
1. A 型陶豆（C2∶1）　2. B 型陶豆（采∶22）　3～5. 陶豆圈足（采∶7、采∶20、采∶21）
6、7. 陶器盖（采∶18、采∶28）　8. 砧石（采∶29）

采∶21，豆圈足。夹砂黑褐陶。饰凹弦纹，手制。（图九〇，5）

器盖　2 件。

采∶18，夹砂黑褐陶。平顶，喇叭状，环纽，饰平行弦纹，手制。（图九〇，6）

采∶28，夹砂黑褐陶。平顶，喇叭状，环纽，饰平行弦纹，手制。（图九〇，7）

2. 石器

砧石　1 件。

采∶29，石英岩。平面呈长方形，横截面呈梯形，直接利用自然石块制成，一端有使用痕迹。长 22.9、宽 8.6、厚 5.4 厘米。（图九〇，8）

（二）上层遗物

1. 陶器

有夹砂灰褐陶、夹砂黑褐陶和夹砂红褐陶。器形有鼓腹罐和甗。纹饰有圆圈纹、弦纹、按窝纹。以轮制为主。

罐　3 件。

根据罐底形状分二型。

A 型　2 件。平底。

采∶25，夹砂红褐陶。手制。底径 12.7 厘米。（图九一，1）

采∶27，夹砂灰褐陶。手制。底径 7.1 厘米。（图九一，2）

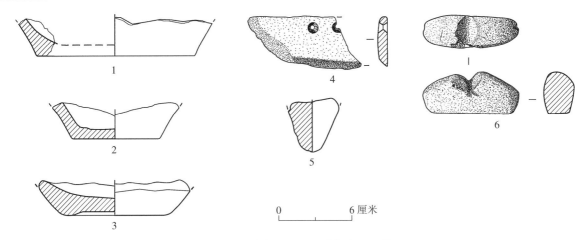

图九一 南窑遗址上层采集陶、石器

1、2. A 型陶罐底（采:25、采:27） 3. B 型陶罐底（A1:1） 4. 石刀（采:14） 5. 陶鬲足（采:15） 6. 石网坠（采:31）

B 型 1 件。凹底。

A1:1，夹砂灰褐陶。手制。底径 8.4 厘米。（图九一，3）

鬲 1 件。

采:15，鬲足。夹砂灰褐陶。锥足，实心，手制。（图九一，5）

2. 石器

刀 1 件。

采:14，残。千枚岩，灰褐色。磨制，直背，弧刃，背上有两孔，双面对钻，一侧残。长 7.2、宽 4.2、厚 0.8 厘米。（图九一，4）

网坠 1 件。

采:31，石榴二云片岩，灰白色。平面呈扁椭圆形，顶部中间有凹沟。长 8、宽 3.4、厚 2.52 厘米。（图九一，6；图版二○，8）

四 小结

遗址为典型的贝丘遗址，在地表上采集较多贝壳及陶器、石器等遗物。遗址分为上、下两层。下层，卷沿鼓腹罐、折沿鼓腹罐与折腹豆的特征具有小珠山五期特点，推测下层年代应属于小珠山五期文化。上层，鬲足与上马石上层陶器近似，推测上层年代应属于上马石上层文化。

第二十二节 寺儿沟遗址

一 遗址概况

遗址位于广鹿岛南部、沙尖村南台屯高丘地的西北面缓坡上，东、西两侧为冲沟。地理坐标为北纬 39°09′48.8″，东经 122°21′12.4″。遗址南北长 200、东西约 160 米。（图九二；图版二一，1）

2010 年 12 月，中国社会科学院考古研究所东北工作队对其开展了全面仔细的考古调查。遗址保存较好，地面采集到许多瓦当、砖等寺庙建筑材料。

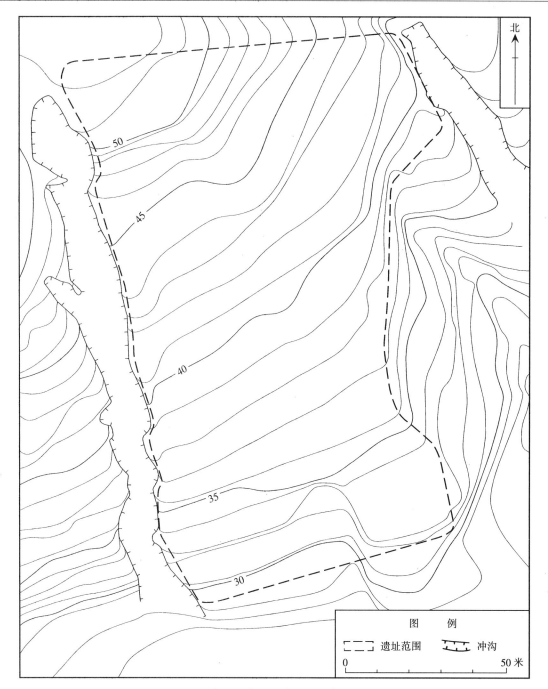

图九二　寺儿沟遗址微地貌图

二　遗物分布与地层

在遗址地表上采集到瓷器和瓦、砖等建筑构件。根据遗物特点，判断其均为同期遗物。遗物遍布整个遗址。（图九三）

三　采集遗物

1. 瓷　器

包括瓶、碗等。

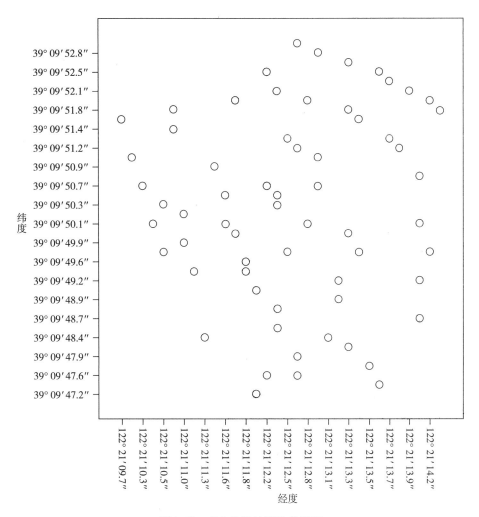

图九三　寺儿沟遗址遗物分布图

瓶　1件。

T5：1，口沿残片。施褐色釉。口径4.2厘米。（图九四，1）

碗　1件。

采：1，器底。胎质粗疏，内部施褐色釉，外部露胎。浅圈足。底径9厘米。（图九四，2）

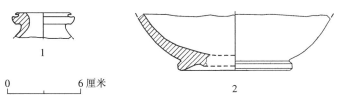

图九四　寺儿沟遗址采集瓷器
1. 瓶口沿（T5：1）　2. 碗（采：1）

2. 建筑材料

以泥质灰陶为主，有少量夹砂灰陶。主要有砖、筒瓦、板瓦等建筑材料。筒瓦、砖的体形较大。有一部分材料饰龙鳞等纹饰，应是建筑雕塑的一部分。

板瓦　3件。

残片较多，比较完整的标本有3件。

I1：1，泥质灰陶。外侧光素，内侧布纹。（图九五，1）

W1：1，泥质灰陶。外侧光素，内侧布纹。（图九五，2）

采：5，泥质灰陶。外侧光素，内侧布纹。（图九五，3；图版二一，2）

筒瓦　8件。

泥质灰陶，横剖面呈半圆形。碎片较多，采集到8件，其中5件相对完整。

S6：4，残。一端有舌状榫头。（图九五，6；图版二二，1）

T7：1，残。中间厚，侧缘薄，内侧粗布纹，外侧光素。残长36.5、宽17.5厘米。（图九五，4；图版二二，2）

T7：2，残。中间厚，侧缘薄，内侧粗布纹，外侧光素。残长37、宽17厘米。（图九五，5）

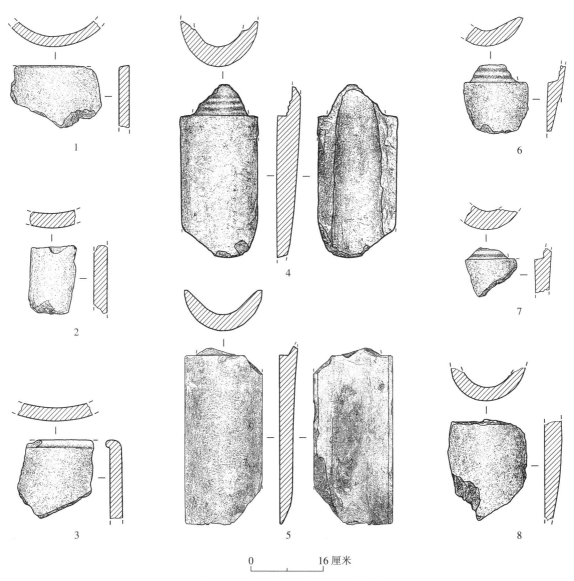

0　　　　　　16厘米

图九五　寺儿沟遗址采集陶质建筑材料

1～3. 板瓦（I1：1、W1：1、采：5）　4～8. 筒瓦（T7：1、T7：2、S6：4、U5：2、U5：1）

U5:1，残。中间厚，侧缘薄，内侧布纹，外侧光素，一端有舌榫头。残长 19.5、宽 18 厘米。（图九五，8）

U5:2，残。中间厚，侧缘薄，内侧布纹，外侧光素，一端有舌榫头。（图九五，7）

滴水 3 件。

采:4，残。泥质灰陶。呈弧带形，正面饰弧形弦纹，弦纹中间有平行凹窝纹。（图九六，1；图版二二，3）

S7:1，残。泥质灰陶。呈弧带形，正面饰弧形弦纹，弦纹中间有平行凹窝纹。（图九六，3；图版二二，4）

采:3，残。泥质灰褐陶。边缘呈圆弧形，正面饰弦纹。（图九六，2）

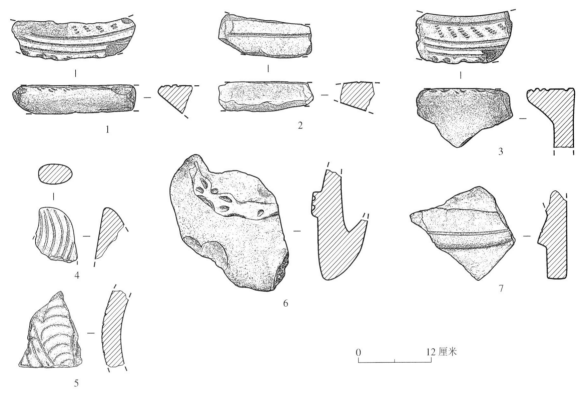

图九六 寺儿沟遗址采集陶质建筑材料
1～3. 滴水（采:4、采:3、S7:1） 4～7. 鸱吻（S6:2、S6:3、采:2、S7:2）

鸱吻 4 件。

S6:2，残。泥质灰陶。饰龙鳞纹，应为鸱吻残件。（图九六，4；图版二二，5）

S6:3，残。泥质灰陶。饰龙鳞纹，应为鸱吻残件。（图九六，5；图版二二，6）

采:2，残。泥质灰陶。正面为圆弧形，上有堆塑花纹，背面中空。（图九六，6）

S7:2，残。泥质灰褐陶。正面有三个折面，上饰弦纹。（图九六，7；图版二二，7）

砖 4 件。

泥质灰陶，正面有凹槽。

T7:3，正面有 6 道凹槽。残长 27.5、宽 20.4、厚 7 厘米。（图九七，1；图版二一，3）

S6:1，残。正面有 6 道凹槽。残长 15、宽 19、厚 7.5 厘米。（图九七，2）

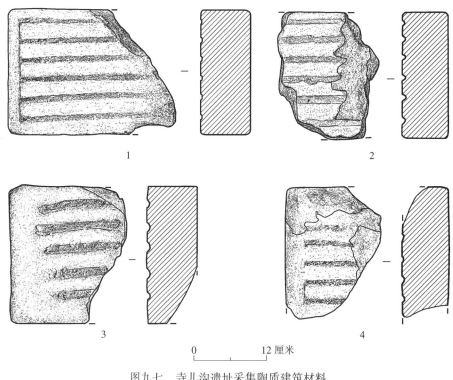

图九七　寺儿沟遗址采集陶质建筑材料

1~4. 砖（T7：3、S6：1、S6：5、S7：3）

S6：5，残。正面有 5 道凹槽。残长 18.4、宽 21.6、厚 7.5 厘米。（图九七，3）

S7：3，残。正面有 6 道凹槽。（图九七，4）

石构件　1 件。

T7：4，方形石构件，残。青灰色。正面有 11 道凿痕，侧面有 9 道凿痕。残长 20、残宽 14、高 11.5 厘米。（图九八，1）

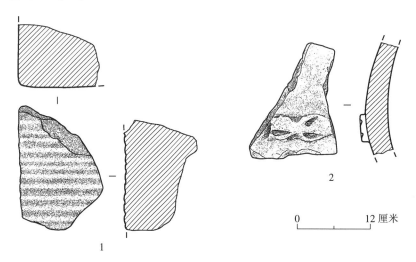

图九八　寺儿沟遗址采集建筑材料

1. 石构件（T7：4）　2. 不明陶质建筑构件（T7：5）

不明建筑构件 1 件。

T7∶5，泥质红褐陶。正面弧形，上有堆塑花纹。（图九八，2）

四 小结

遗物均在沟内断面处采集。建筑遗物整体风格比较粗犷。砖块大而厚重，上有凹槽；筒瓦中间厚、侧缘薄，有舌状榫头；建筑材料中有龙鳞纹的鸱吻残件，纹饰粗犷。以上特征与辽金时期建筑风格近似。其中，滴水特点与岫岩县长兴遗址十分相似①。

第二十三节 南台山遗址

一 遗址概况

遗址位于广鹿岛西南部、沙尖村南山屯南台山主峰（海拔 251.7 米）上，地理坐标为北纬 39°09′42.5″，东经 122°20′09.4″。（图九九）

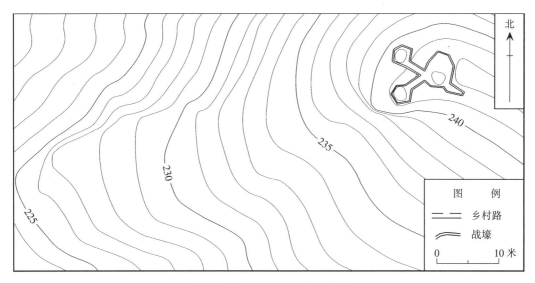

图九九 南台山遗址微地貌图

2011 年 12 月，中国社会科学院考古研究所东北工作队对其开展了全面仔细的考古调查。

二 采集遗物

现存北墙和南墙一部分，墙体均为火山岩垒砌，北墙长 10、南墙长约 3、残高 0.6～0.9 米。（图版二三，1、2）

遗址地表没有采集到遗物。

---

① 辽宁省文物考古研究所、岫岩满族博物馆：《辽宁岫岩县长兴辽金遗址发掘简报》，《考古》1999 年第 6 期。

三 小结

据考，明代广鹿岛有王家屯，因王家屯南山上有烽燧（明代辽东将有烽燧的地方称为"岛"），古人称该地为"王家山岛"，后人称该地为南台山①。也有一说认为王家山岛是广鹿岛旧名。王家山岛名称始见于《明史·日本传》。明代永乐年间，驻守广鹿岛的明军曾于此举火报警，把倭寇将犯的信息传到辽东大陆，使侵犯倭寇有来无回。《明史》对此有明确记载。

根据文献判断，该遗址为明清时期的烽火台遗址，始建于永乐年间，系明代海防设施。

---

① 广鹿乡志编纂委员会：《广鹿乡志》，黑龙江人民出版社，2010年。

第四章 遗址试掘

第一节 柳条沟东山遗址

一 概况

遗址位于广鹿岛东部、柳条村的东山山顶上，东面临海，南与东水口遗址相邻。（参见图一七）

中国社会科学院考古研究所东北工作队于 2010 年 4 月对其开展了全面仔细的考古调查。为了解遗址的文化面貌和文化属性，2011 年 4 月 16 ~ 17 日在遗址中心山顶进行试掘，布探沟一条，编号为 TG1，南北长 2、东西宽 1 米。

二 地层

TG1 文化层仅一层。（图一〇〇）

含大量贝壳的灰褐土，土质松散。贝壳含量为 95%，贝壳绝大多数为牡蛎，较碎。堆积倾斜，北低南高，分布整个探方。厚 0.14 ~ 0.25 米。主要出土陶器，有罐口沿、腹片等，饰压印"之"字纹。

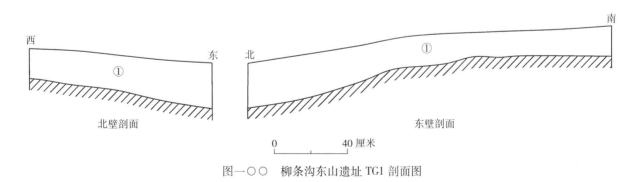

图一〇〇 柳条沟东山遗址 TG1 剖面图

三 试掘遗物

探沟内文化层只有一层，出土遗物主要为陶器，还有兽骨。

陶器均为夹砂陶，陶色以红褐色为主，占 88%；黑褐色次之，占 12%。陶片比较碎小，没有可复原器物。根据陶片可辨认出器形，均为筒形罐。饰压印的竖压横排"之"字纹。皆为手制。

筒形罐　4件。

TG1①：1，腹部残片。夹砂红褐陶，含滑石。饰压印的竖压横排"之"字纹，压印较深，手制。厚0.6厘米。（图一〇一，1）

TG1①：4，腹部残片。夹砂红褐陶，含滑石。饰压印的竖压横排"之"字纹，纹饰规整，手制。厚0.55厘米。（图一〇一，2）

TG1①：2，腹部残片。夹砂红褐陶，含滑石。饰压印的竖压横排"之"字纹，压印较深，手制。厚0.4厘米。（图一〇一，3）

TG1①：3，器底。夹砂黑褐陶，含滑石。平底，手制。（图一〇一，4）

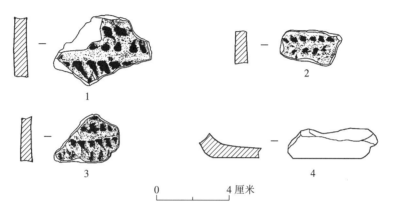

0　　　　　　4厘米

图一〇一　柳条沟东山遗址试掘出土陶器

1~3. 筒形罐腹片（TG1①：1、TG1①：4、TG1①：2）　4. 筒形罐罐底（TG1①：3）

四　小结

遗址为典型的贝丘遗址，其探沟内出土较多贝壳及陶器。筒形罐与小珠山一期出土陶器相似。推测该遗址年代应属于小珠山一期文化。

第二节　门后遗址

一　概况

遗址位于广鹿岛东端、塘洼村大架山北侧高处台地上，东面临海。（参见图一四）

中国社会科学院考古研究所东北工作队于2010年4月对其开展了全面仔细的考古调查。为了解遗址的文化面貌和文化属性，同年4月20~21日在遗址西侧高处进行试掘，布探沟一条，编号为TG1，东西长2、南北宽1米。

二　地层

根据土质土色和包含物的不同，TG1堆积分为四层。（图一〇二）

第1层：耕土层，含少量贝壳的灰褐土，土质较硬。贝壳含量为15%～20%，贝壳为牡蛎，较碎。分布于整个探方，西北高东南低。厚0.1～0.14米。包含物有陶器、蚌器。

第2层：黄褐土贝壳层，土质松。贝壳含量为30%，贝壳多数为牡蛎。分布于整个探方，西

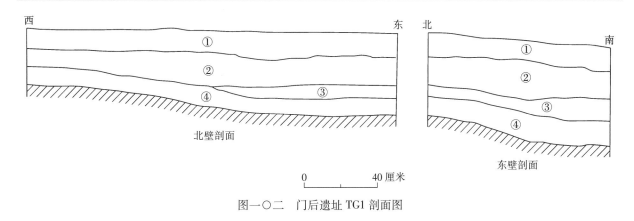

图一〇二　门后遗址 TG1 剖面图

北高东南低。距地表深 0.18 ~ 0.3、厚 0.08 ~ 0.20 米。包含物有陶器、贝壳。陶器制法为手制，陶质以夹砂红褐陶为主，含大量滑石。

第 3 层：灰土贝壳层，土质松。贝壳含量为 35%，贝壳种类多为牡蛎。分布于探方东部，倾斜堆积，西高东低。距地表深 0.3 ~ 0.42、厚 0 ~ 0.12 米。包含物有陶器、兽骨、贝壳。陶器制法为手制，陶质以夹砂红褐陶为主，含大量滑石，饰压印"之"字纹。探方东半侧有大量的兽骨。

第 4 层：黄褐土层，土质稍硬。倾斜堆积，西北高东南低。距地表深 0.31 ~ 0.52、厚 0.09 ~ 0.14 米。主要出土陶器。陶器制法为手制，陶质以夹砂红褐陶为主，含大量滑石，饰压印"之"字纹。

第 2 层至第 4 层为文化层。根据各地层出土遗物特点看，应属同期遗物。

三　试掘遗物

通过试掘，发现了少量陶片。陶器均为筒形罐。

筒形罐　4 件。

TG1③:1，口沿残片。夹砂红褐陶，含滑石。直口，尖圆唇，口沿下饰三排压印的竖压横排"之"字纹，纹饰规整、紧密，压印较深，手制。（图一〇三，1）

TG1①:1，腹部残片。夹砂红褐陶，含滑石。饰压印的竖压横排"之"字纹，纹饰规整、紧密，压印较深，手制。壁厚 0.55 厘米。（图一〇三，2）

TG1①:2，腹部残片。夹砂红褐陶，含滑石。饰压印的平行斜线纹，纹饰规整、排列紧密，压印较深，手制。壁厚 0.35 厘米。（图一〇三，3）

TG1③:2，腹部残片。夹砂灰褐陶，含滑石。饰三排压印的竖压横排"之"字纹，纹饰规整，手制。壁厚 0.5 厘米。（图一〇三，4）

四　兽骨

探方第三层发现了大量兽骨。共获取动物遗骸 99 件[①]。出土动物遗骸包括软体动物和脊椎动物，具体种属包括脉红螺、疣荔枝螺、僧帽牡蛎、长牡蛎、牡蛎 B、小型鹿科动物（原麝、獐或小鹿）、狍、中型鹿科动物（梅花鹿或马鹿）、麋鹿等 9 种。（图一〇四）

---

① 参见本书第五章第二节。

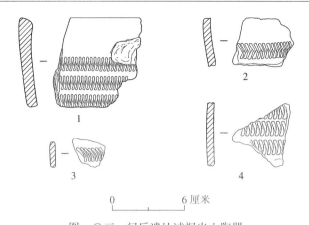

0　　　　　　6厘米

图一〇三　门后遗址试掘出土陶器

1. 筒形罐口沿（TG1③∶1）　　2~4. 筒形罐腹片（TG1①∶1、TG1①∶2、TG1③∶2）

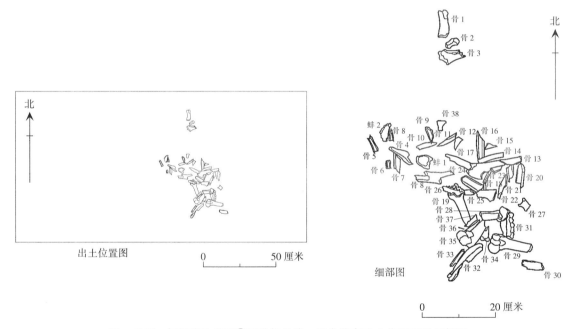

图一〇四　门后遗址 TG1③层动物骨骼、贝类遗存出土位置图及细部图

五　小结

遗址为典型的贝丘遗址，探沟内出土较多的贝壳、兽骨及少量陶片。陶片均碎小，没有可复原器物。探沟内出土陶器与小珠山一期陶器特征相似。推测该遗址应属于小珠山一期文化。

第三节　邹南屯遗址

一　概况

遗址位于广鹿岛东部、塘洼村邹南屯宽阔的平地上，现为耕地。

2010 年 11 月，中国社会科学院考古研究所东北工作队对该遗址进行调查时，遇到当地农民在遗址范围内挖菜窖，窖内发现陶片。以菜窖为基础进行了试掘，布探沟一条，编号为 TG1，南北长 2、东西宽 1 米。

二　地层

根据土质土色和包含物的不同，TG1 堆积分为四层。（图一〇五）

第 1 层：耕土层。厚 0.05 ~ 0.32 米。该层下有 H1。灰坑内未见到遗物。

第 2 层：红褐土层，土质疏松，倾斜堆积。厚 0.05 ~ 0.22 米。出土碎小陶片，均为筒形罐残片。

第 3 层：灰褐土层，土质疏松。厚 0.1 ~ 0.27 米。

第 4 层：褐土层，含少量红烧土块。厚 0.03 ~ 0.14 米。出土碎小陶片，夹砂红褐陶，均为筒形罐残片。

第 2 层至第 4 层为文化层。根据各地层出土遗物特点看，应属同期遗物。

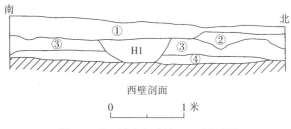

图一〇五　邹南屯遗址 TG1 剖面图

三　试掘遗物

采集遗物均为陶器，为 TG1 内所出。以夹砂红褐陶为主。多为碎小陶片，可辨器形为筒形罐。

筒形罐　3 件。

TG1④：1，口沿残片。夹砂红褐陶。微侈口，圆唇，手制。（图一〇六，1）

TG1②：1，口沿残片。夹砂红褐陶。微侈口，圆唇，手制。（图一〇六，2）

TG1④：2，器底。夹砂红褐陶。平底，手制。底径为 6.8 厘米。（图一〇六，3）

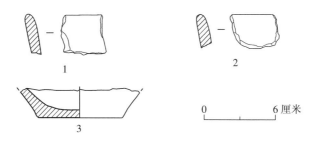

图一〇六　邹南屯遗址试掘出土陶器
1、2. 筒形罐口沿（TG1④：1、TG1②：1）　3. 筒形罐底（TG1④：2）

四　小结

探沟内出土陶器均为夹砂红褐陶片，胎质较薄，其特点与小珠山三期陶器十分接近，遗址年代应属小珠山三期文化。

第四节　蛎碴岗遗址

一　概况

遗址位于广鹿岛西南部、沙尖村王屯西北200米的南台山北坡开阔的台地上。（参考图七七；图版二四，1）

中国社会科学院考古研究所东北工作队于2011年4月对其开展了全面仔细的考古调查。为了解遗址的文化面貌和文化属性，2011年4月13～16日在遗址东南部进行试掘，布探沟一条，编号为TG1，南北长2、东西宽1米。

二　地层

根据土质土色和包含物的不同，TG1堆积分为五层。（图一○七）

第1层：耕土层，含少量贝壳的灰褐土，土质较疏松。贝壳含量为20%～30%，贝壳为牡蛎，较碎。分布于整个探方，近水平堆积。厚0.21～0.31米。包含物有陶器、蚌器。

第2层：含较多贝壳的灰土层，土质松。贝壳含量为90%，多数为牡蛎。分布于整个探方，堆积略微倾斜，北高南低。距地表深0.25～0.51、厚0.07～0.25米。包含物有陶器、贝壳。陶器制法为手制，陶质多为夹砂黑褐陶，有折沿鼓腹罐、壶、豆等陶片。

第3层：含较多贝壳的黄土层，土质松。贝壳含量为80%，多数为碎小牡蛎。分布于探方南部，倾斜堆积，北高南低。距地表深0.39～0.61、厚0～0.13米。包含物有陶器、贝壳。陶器多为

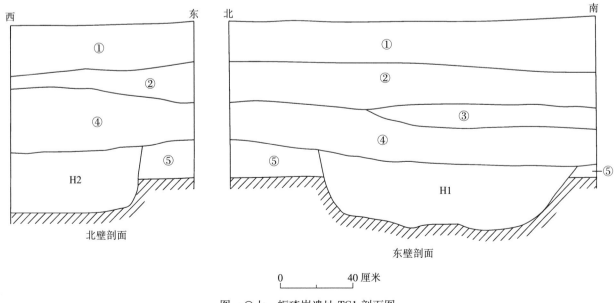

图一○七　蛎碴岗遗址 TG1 剖面图

黑褐或红褐陶，有折沿鼓腹罐陶片。

第4层：黄褐土层，土质稍硬，含有大量烧土块及烧土颗粒。出土少量陶片及木炭，倾斜堆积，北高南低，距地表深0.63~0.8、厚0.12~0.34米。包含物有陶器、烧土。陶器多为夹砂红褐或黑褐陶，有折沿鼓腹罐、附加堆纹罐、带领鼓腹罐、豆等残片。此层下有H1、H2。

第5层：黄土层，土质松。分布于整个探方，水平堆积。距地表深0.82~0.88、厚0.05~0.22米。包含物有陶器。陶器多为夹砂红褐或黑褐陶，有折沿鼓腹罐、附加堆纹罐、器盖。

第2层至第5层为文化层。根据各地层出土遗物特点看，应属于同期遗物。

三 遗迹

H1

位于蛎碴岗遗址TG1的东南部，大部分压于东壁之下。开口于TG1第4层下，打破第5层。从暴露部分看平面应为圆角方形，斜直壁，坑底不平。坑内堆积层为灰褐色土，土质较松，包含物有少量陶片。坑口距地表0.68~0.8米，暴露部分坑口长1.42、宽0.62米，底部长1.2、宽0.57米，深0.18~0.35米。（图一〇八）

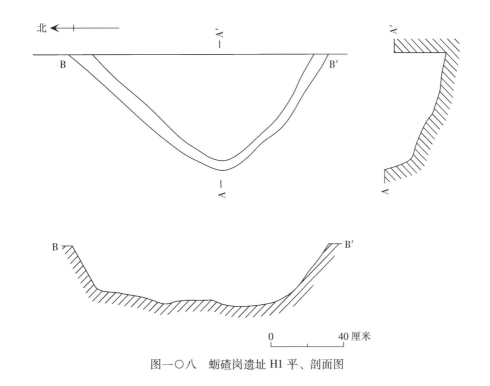

图一〇八 蛎碴岗遗址H1平、剖面图

H2

位于蛎碴岗遗址TG1的西北角，大部分压于北壁、西壁之下。开口于TG1第4层下，打破第5层。从暴露部分看平面应为圆形，斜直壁，平底。坑内堆积层为贝壳灰土，土质松，包含物有陶片、贝壳。坑口距地表0.65~0.68米，暴露部分坑口长0.72、宽0.33米，底部长0.66、宽0.25米，深0.32米。（图一〇九）

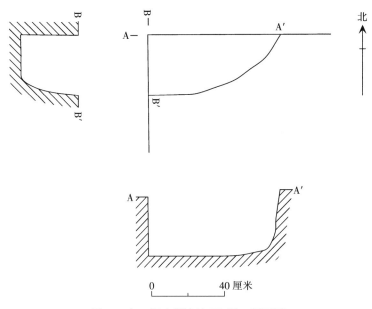

图一〇九　蛎碴岗遗址 H2 平、剖面图

四　试掘遗物

探沟面积小，出土遗物较少。绝大多数为陶器，石器只有一件。还出土有兽骨。第 5 层出土较多的红烧土块。

1. 陶器

出土陶器均为夹砂陶，以红褐色为主，黑褐色次之。探沟内第 2 层至第 5 层的陶器特征基本相同。器形有折沿鼓腹罐、附加堆纹罐、侈口鼓腹罐、带领鼓腹罐、豆、鼎、壶、器盖；其中罐占大多数，豆次之，其他较少。

折沿鼓腹罐　21 件。分二型。

A 型　9 件。斜折沿。

H2：1，口沿残片。夹砂红褐陶。敛口，斜折沿，圆唇，手制。口径 21.1 厘米。（图一一〇，1）

TG1②：4，口沿残片。夹砂黑褐陶。敛口，斜折沿，圆唇，手制。口径 18.9、器壁厚 0.55 厘米。（图一一〇，2）

TG1②：5，口沿残片。夹砂红褐陶。敛口，斜折沿，圆唇，手制。口径 16.4、器壁厚 0.6 厘米。（图一一〇，3）

H2：2，口沿残片。夹砂黑褐陶。敛口，斜折沿，尖唇，手制。口径 13.8 厘米。（图一一〇，4）

TG1⑤：2，口沿残片。夹砂红褐陶。敛口，斜折沿，尖唇，手制。口径 14.9 厘米。（图一一〇，5）

TG1⑤：3，口沿残片。夹砂红褐陶。敛口，斜折沿，尖唇，手制。口径 15.8 厘米。（图一一〇，6）

TG1②：8，口沿残片。夹砂黑褐陶。敛口，斜折沿，圆唇，手制。口径 14.2 厘米。（图一一〇，7）

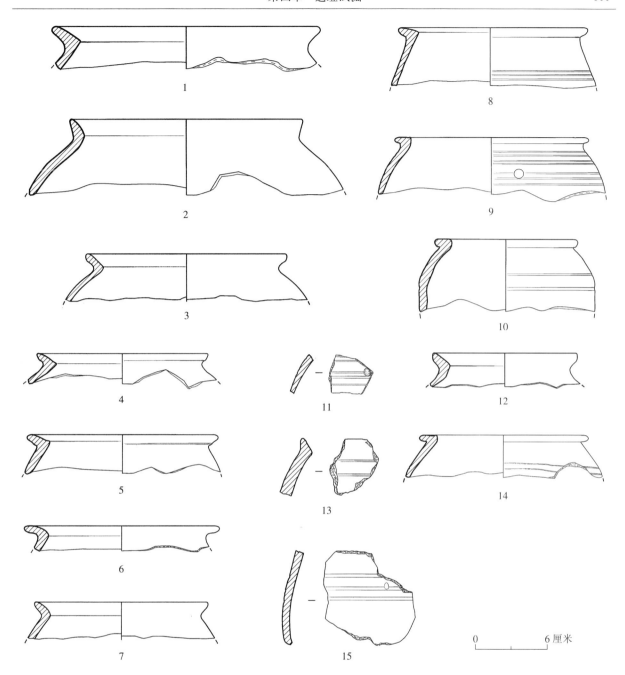

图一一〇　蛎碴岗遗址试掘出土陶器

1~8、12. A 型折沿鼓腹罐（H2：1、TG1②：4、TG1②：5、H2：2、TG1⑤：2、TG1⑤：3、TG1②：8、TG1③：1、TG1④：2）　9、10、14. B 型折沿鼓腹罐（TG1②：3、TG1②：2、TG1②：6）　11、15. 腹部残片（TG1②：13、TG1①：1）　13. 侈口鼓腹罐（TG1②：11）

　　TG1③：1，口沿残片。夹砂黑陶，颜色纯黑，胎为灰褐色。敛口，斜折沿，尖唇，肩部饰三周凹弦纹，表面磨光，手制。口径 15.7、器壁厚 0.41 厘米。（图一一〇，8）

　　TG1④：2，口沿残片。夹砂红褐陶。敛口，斜折沿，圆唇，手制。口径 12 厘米。（图一一〇，12）

　　B 型　3 件。平折沿。

　　TG1②：3，口沿残片。夹砂红褐陶。敛口，平折沿，尖唇，肩部饰弦纹，弦纹上加饰乳丁纹，手制。口径 16.1、器壁厚 0.4 厘米。（图一一〇，9）

TG1②：2，口沿残片。夹砂黑褐陶。敛口，平折沿，圆唇，肩部饰两周凹弦纹，磨光，手制。口径11.4、器壁厚0.8厘米。（图一一〇，10）

TG1②：6，口沿残片。夹砂黑褐陶。敛口，平折沿，肩部饰两周凹弦纹，磨光，手制。口径13.9、器壁厚0.7厘米。（图一一〇，14）

还发现腹部残片及器底。

TG1①：1，腹部残片。夹砂黑褐陶。饰数周凹弦纹，手制。器壁厚0.5厘米。（图一一〇，15）

TG1②：13，腹部残片。夹砂黑褐陶。饰弦纹，弦纹上加饰乳丁纹，磨光，手制。器壁厚0.4厘米。（图一一〇，11）

TG1③：2，器底。夹砂黑褐陶。平底，手制。底径10.1厘米。（图一一一，1）

TG1②：12，器底。夹砂红褐陶。平底，手制。底径4.8厘米。（图一一一，2）

TG1③：3，器底。夹砂红褐陶。平底，手制。底径9.8厘米。（图一一一，3）

TG1④：5，器底。夹砂红褐陶。平底，手制。底径8.9厘米。（图一一一，5）

TG1④：6，器底。夹砂红褐陶。平底，手制。底径5.9厘米。（图一一一，4）

H2：7，器底。夹砂黑褐陶。平底，手制。底径8.9厘米。（图一一一，6）

H2：6，器底。夹砂黑褐陶。假圈足，手制。底径8.7厘米。（图一一一，7）

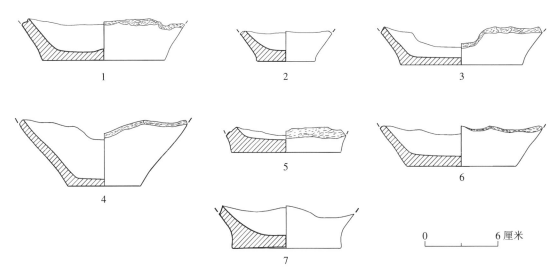

0   6厘米

图一一一　蛎碴岗遗址试掘出土陶器
1～7. 折沿鼓腹罐罐底（TG1③：2、TG1②：12、TG1③：3、TG1④：6、TG1④：5、H2：7、H2：6）

附加堆纹罐　3件。

H1：2，口沿残片。夹砂红褐陶。直口，叠唇，叠唇上饰短斜线刻划纹。（图一一二，1）

TG1⑤：1，口沿残片。夹砂红褐陶。口沿下饰一周附加堆纹，附加堆纹上饰短斜线刻划纹，并在肩腹饰纵向附加堆纹，附加堆纹上有窝纹。（图一一二，2）

TG1④：7，腹部残片。夹砂红褐陶。腹部饰刻划网格纹，下腹部有一周附加堆纹，上饰较细的刻划网格纹，手制。（图一一二，3）

侈口鼓腹罐　1件。

TG1②：11，口沿残片。夹砂黑褐陶。侈口，尖唇，肩部饰两周凹弦纹，磨光，手制。器壁厚

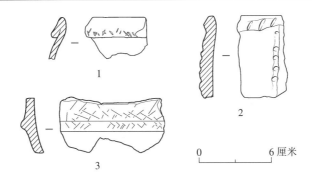

图一一二 蛎碴岗遗址试掘出土陶器
1~3. 附加堆纹罐（H1：2、TG1⑤：1、TG1④：7）

0.8 厘米。（图一一〇，13）

带领鼓腹罐 3 件。分二型。

A 型 2 件。高领。

H2：4，口沿残片。夹砂红褐陶。侈口，圆唇，领部饰一周弦纹，手制。口径 19.8 厘米。（图一一三，1）

TG1④：1，口沿残片。夹砂黑褐陶。侈口，圆唇，领部饰一周弦纹，手制。口径 21.2 厘米。（图一一三，2）

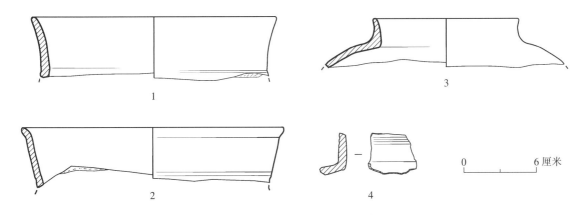

图一一三 蛎碴岗遗址试掘出土陶器
1、2. A 型带领鼓腹罐（H2：4、TG1④：1） 3. B 型带领鼓腹罐（H1：1） 4. 壶（TG1②：7）

B 型 1 件。矮领。

H1：1，口沿残片。夹砂红褐陶。微侈口，圆唇，手制。口径 12 厘米。（图一一三，3）

壶 1 件。

TG1②：7，口沿残片。夹砂黑褐陶。直颈，颈部饰两周凹弦纹，手制。（图一一三，4）

豆 6 件。

TG1②：10，豆盘。夹砂黑褐陶。折腹，口沿下饰一周凸弦纹。口径 15.7 厘米。（图一一四，1）

TG1④：4，豆圈足。夹砂黑褐陶。饰平行弦纹，磨光，手制。底径 17.6 厘米。（图一一四，2）

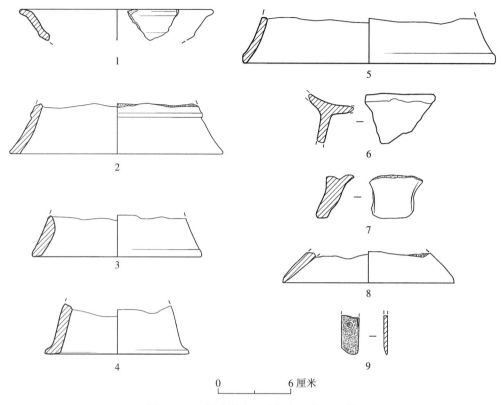

图一一四　蛎碴岗遗址试掘出土陶、石器

1. 陶豆盘（TG1②：10）　　2~5. 陶豆圈足（TG1④：4、TG1④：3、TG1②：9、H2：3）　　6. 陶豆柄（TG1④：8）
7. 陶鼎足（H2：8）　　8. 陶器盖（TG1⑤：4）　　9. 石器半成品（TG1②：1）

TG1④：3，豆圈足。夹砂黑褐陶。磨光，手制。底径 14 厘米。（图一一四，3）

TG1②：9，豆圈足。夹砂黑褐陶。磨光，手制，有轮修痕迹。底径 12 厘米。（图一一四，4）

H2：3，豆圈足。夹砂红褐陶。手制，有轮修痕迹。底径 20.1 厘米。（图一一四，5）

TG1④：8，豆柄。夹砂红褐陶，含少量云母。手制。（图一一四，6）

鼎　1 件。

H2：8，鼎足。夹砂黑褐陶。扁凿形，外撇，足底磨平，手制。足高 4.3 厘米。（图一一四，7）

器盖　1 件。

TG1⑤：4，口沿残片。夹砂黑褐陶，含云母。覆盘形，手制。口径 14.1 厘米。（图一一四，8）

2. 石器

石器只有 1 件。

半成品　1 件。

TG1②：1，角页岩。棕色。磨制，片状，平面略呈长方形，上端有一单面钻孔，未穿透。残长 3.1、宽 1.4 厘米。（图一一四，9）

五　小结

遗址为典型的贝丘遗址，探沟内出土较多贝壳及陶器。陶器较为碎小，没有可复原器物。探沟内第 2 层至第 5 层的文化特征基本相同，折沿鼓腹罐、附加堆纹罐、侈口鼓腹罐、带领鼓腹罐等与小珠山五期出土陶器相似，推断该遗址主体文化面貌应为小珠山五期文化。

第五节　南窑遗址

一　概况

遗址位于广鹿岛西南部、沙尖村王屯南台山北坡台地上，北距蛎碴岗遗址 300 米。（参考图八七）

中国社会科学院考古研究所东北工作队于 2010 年 4 月对其开展了全面仔细的考古调查。为确认遗址的文化面貌和文化属性，2010 年 12 月 19 日在遗址的东部进行试掘，布探沟一条，编号为 TG1，南北长 1、东西宽 2 米。

二　地层

根据土质土色和包含物的不同，TG1 堆积分为四层。（图一一五）

第 1 层：耕土层，灰褐土，土质较疏松。分布于整个探方，近水平堆积。厚 0.08 ~ 0.12 米。包含物有陶器、蚌器。

第 2 层：扰土层，为灰土，土质松。贝壳含量为 5%。包含物有陶片、瓷片、贝壳。分布于整个探方，略倾斜堆积，西北高东南低。距地表深 0.24 ~ 0.27、厚 0.13 ~ 0.27 米。

第 3 层：扰土层，黑褐土层，含较多红烧土块，土质松。分布于整个探方，倾斜堆积，北高南低。距地表深 0.36 ~ 0.41、厚 0.08 ~ 0.14 米。包含物有陶器、瓦片。

第 4 层：黄褐土层，土质松。水平堆积。距地表深 0.47 ~ 0.52、厚 0.07 ~ 0.15 米。出土少量碎小陶片，主要为夹砂红褐陶片。

上述层位中，仅第 4 层为文化层。

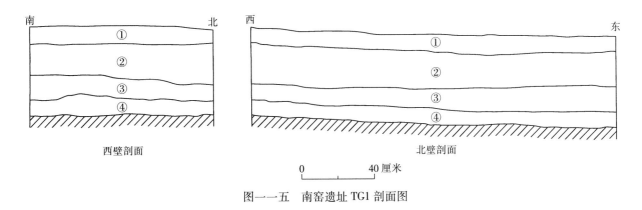

图一一五　南窑遗址 TG1 剖面图

三　试掘遗物

探沟内出土遗物极少，仅出土陶纺轮 1 件。

纺轮　1 件。

TG1②:1，夹砂黑褐陶。圆饼状，横截面呈长方形，中间穿孔未透，素面，手制。直径5.7、厚1.1、孔径1厘米。（图一一六）

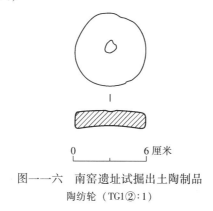

0　　　　　　　　6厘米

图一一六　南窑遗址试掘出土陶制品
陶纺轮（TG1②:1）

四　小结

遗址为典型的贝丘遗址，探沟内发现较多贝壳及少量陶片。通过试掘，发现其保存状态不佳，未发现与史前时代窑址相关遗迹。从20世纪70年代末试掘和此次调查遗物分析，遗址年代应属于小珠山五期文化和上马石上层文化。

第六节　洪子东遗址

一　概况

遗址位于洪子东岛西端、临海高台坡地上，海拔11~18米。西侧与广鹿岛东水口遗址隔海相望，岛之间直线距离约1千米。（参考图二四；图版二四，2）

中国社会科学院考古研究所东北工作队于2010年4月对其展开了全面仔细的考古调查。为了解遗址的文化面貌和文化属性，2010年12月和2011年4月在遗址中部进行试掘，布探沟一条，编号为TG1，南北长2、东西宽1米。

二　地层

根据土质土色和包含物的不同，TG1堆积分为八层。（图一一七）

第1层：耕土层，土质稍硬。为灰土碎贝壳层，含少量贝壳。分布于整个探方，倾斜堆积，东高西低。厚0.14~0.21米。包含物有陶器、蚌器。

第2层：贝壳灰土层，贝壳占90%，土质松。分布于探方的南部，倾斜堆积，东北高西南低。距地表深0.16~0.42、厚0~0.27米。包含物有陶器、贝壳。陶器有附加堆纹陶片，多为夹砂黑褐陶，贝壳种类多为牡蛎。

第3层：贝壳层，土质松。贝壳占100%，贝壳种类多为牡蛎。分布于整个探方，倾斜堆积，东北高西南低。距地表深0.36~0.64、厚0.14~0.5米。出土陶器有附加堆纹陶片，多为夹砂红褐陶。在此层下有Z1。

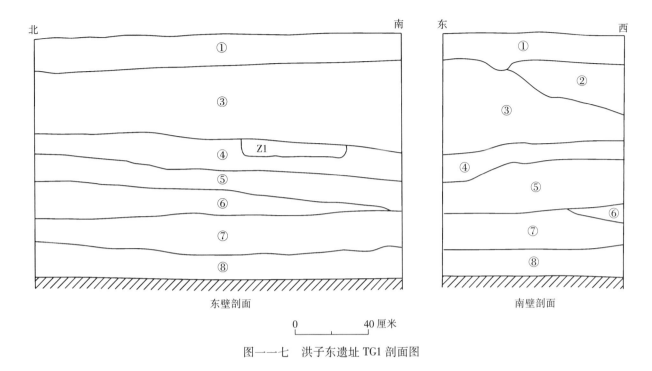

北　　　　　　　　　　　南　　東　　　　　　　　西

东壁剖面　　　　　　　　　南壁剖面

0　　　　40 厘米

图一一七　洪子东遗址 TG1 剖面图

第4层：黑土碎贝壳层，土质稍硬。贝壳占25%。分布于探方的西南部、东北部，倾斜堆积，北高南低。距地表深0.42~0.8、厚0.1~0.19米。出土陶器多为夹砂红褐陶和黑褐陶，有附加堆纹陶片。

第5层：贝壳黄土层，土质松。贝壳占95%。分布于整个探方，倾斜堆积，北高南低。距地表深0.76~0.96、厚0.11~0.27米。出土陶器多为夹砂红褐陶和黑褐陶，陶器制法为手制，纹饰为附加堆纹。

第6层：灰褐碎贝壳层，土质松。贝壳占60%。分布于探方东北部、西南部，倾斜堆积，北高南低。距地表深0.91~2、厚0~0.22米。出土陶器多为夹砂红褐陶、黑褐陶，陶器制法为手制。

第7层：灰黑土层，土质稍硬。含少量贝壳。分布于整个探方，倾斜堆积，北高南低。距地表深1.05~1.15、厚0.13~0.22米。出土陶器多为夹砂红褐陶和灰褐陶，制法为手制，器类有附加堆纹罐和鼓腹罐，纹饰为附加堆纹。

第8层：黄褐土层，土质坚硬。分布于整个探方，水平堆积。距地表深1.22~1.31、厚0.1~0.2米。出土陶器、石器。陶器有附加堆纹陶片，多为夹砂红褐陶。

第2层至第8层为文化层。根据各地层出土遗物特点看，应属同期遗物。

三　遗迹

Z1

位于TG1的东南部，部分压于东壁之下。开口于第3层下，打破第4层。暴露部分较好，为地面土灶。从暴露部分看平面呈圆形，直壁，平底。灶内堆积层为灰褐色土，土质较松，未发现遗物。暴露部分长0.57、宽0.26米，灶内堆积灰烬厚7~9厘米。（图一一八）

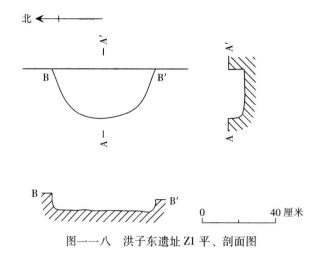

图一一八　洪子东遗址 Z1 平、剖面图

四　试掘遗物

探沟面积小，出土遗物较少。绝大多数为陶器，石器仅 1 件。

1. 陶器

陶器以夹砂红褐陶为主。碎小陶片较多。可辨器形有附加堆纹罐和鼓腹罐。出土罐的口沿、器底、残片等。

附加堆纹罐　3 件。分二型。

A 型　2 件。唇部施纹。

TG1②：2，口沿残片。夹砂红褐陶。微敛口，叠唇，唇上饰刻划竖线纹，手制。（图一一九，1）

TG1④：1，口沿残片。夹砂红褐陶。微敛口，叠唇，唇上饰窝纹，手制。（图一一九，2）

B 型　1 件。唇部素面。

TG1②：1，夹砂红褐陶。微敛口，叠唇，腹微鼓，平底，手制。口径 9.5、底径 6、高 12.4 厘米。（图一一九，4；图版二四，3）

还发现器底。

TG1⑦：4，夹砂红褐陶。平底，手制。底径 4.96 厘米。（图一一九，3）

鼓腹罐　2 件。

TG1⑦：1，口沿残片。夹砂灰褐陶。敛口，折沿，尖圆唇，手制。（图一一九，5）

TG1⑦：3，器底。夹砂灰褐陶。平底，手制。底径 12.3 厘米。（图一一九，6）

2. 石器

网坠　1 件。

TG1⑦：2，玄武岩，青灰色。磨制，卵圆形，天然卵石制成，靠近上端有一周凹槽。长 8.2、宽 5.7、厚 3.84 厘米。（图一一九，7）

五　小结

探沟内出土的陶器较少，第 2 层至第 8 层的陶器特征基本相同。出土陶器以夹砂红褐陶为主，

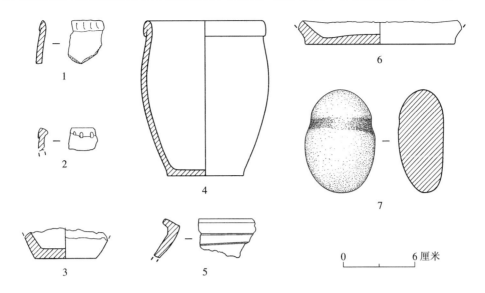

图一一九　洪子东遗址试掘出土陶、石器

1、2. A 型附加堆纹陶罐（TG1②:2、TG1④:1）　3. 附加堆纹陶罐器底（TG1⑦:4）　4. B 型附加堆纹陶罐（TG1②:1）　5. 鼓腹
陶罐口沿（TG1⑦:1）　6. 鼓腹陶罐器底（TG1⑦:3）　7. 石网坠（TG1⑦:2）

器形有附加堆纹罐和鼓腹罐，多为平底，其特征与上马石上层遗址陶器近似，年代应属于上马石上层文化。

2011、2013 年，中国社会科学院考古研究所东北工作队为了解遗址的文化内涵，对该遗址进行正式发掘。根据遗物特点，遗址文化分属于小珠山五期、双砣子三期、上马石上层文化。但此次小规模试掘仅发现上马石上层文化遗存。

第七节　朱家村遗址

一　概况

遗址位于广鹿岛东北部塘洼村朱家屯，在临海的较高台地上，遗址东、南、北三面环海。（参考图四）

中国社会科学院考古研究所东北工作队于 2011 年 1 月对其展开了全面仔细的考古调查。为了解遗址的文化面貌和文化属性，2011 年 12 月 6 ~ 8 日在遗址东部、山顶中部进行试掘，布探沟一条，编号为 TG1，南北长 2、东西宽 1 米。

二　地层

根据土质土色和包含物的不同，TG1 堆积分为十二层。（图一二○；图版二五，1）

第 1 层：耕土层，含少量贝壳的黄褐土，土质松散。贝壳含量为 30% ~ 40%，贝壳多为牡蛎。分布于整个探方，堆积略微倾斜，北高南低。厚 0.1 ~ 0.2 米。出土夹砂陶片、彩绘陶片。

第 2 层：灰褐土贝壳层，土质疏松。贝壳含量为 70% ~ 80%，贝壳多为牡蛎，较碎小。探方内仅西部无此层分布，堆积略微倾斜，东高西低，距地表深 0.1 ~ 0.2、厚 0.06 ~ 0.2 米。包含物有贝壳、兽骨、鱼骨。出土陶器，有鼓腹罐、豆、彩绘陶片。

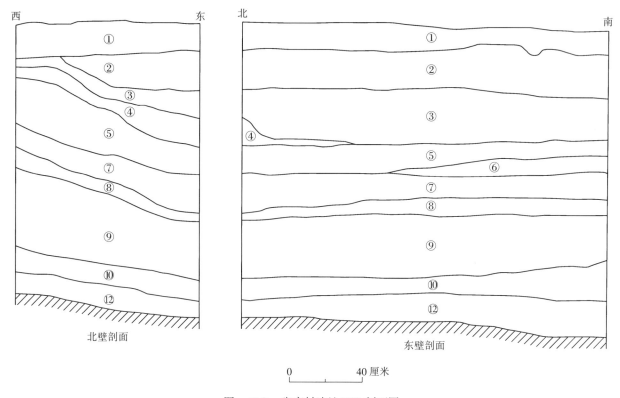

图一二○　朱家村遗址 TG1 剖面图

第 3 层：黄色风化石，土质松散。分布于整个探方，堆积略微倾斜，北高南低。距地表深 0.2～0.35、厚 0.04～0.3 米。出土豆、彩绘陶片。

第 4 层：贝壳层，土质疏松。贝壳含量为 95%，贝壳种类较多，但多为牡蛎，还有螺、蚬子。分布于探方西北部，堆积倾斜，北高南低。距地表深 0.18～0.64、厚 0～0.18 米。包含物有贝壳、兽骨、鱼骨、木炭。出土鼓腹罐、彩绘陶片。

第 5 层：黄色风化石层，土质松散。探方内仅西南角未分布，堆积略微倾斜，西北高东南低。距地表深 0.28～0.64、厚 0.08～0.3 米。出土豆残片。

第 6 层：黄土贝壳层，土质疏松。贝壳含量为 60%，贝壳多为牡蛎。分布于探方东南部，堆积略微倾斜，南高北低。距地表深 0.38～0.8、厚 0～0.1 米。包含物有贝壳、兽骨、鱼骨。出土瓮、碗和彩绘陶片。

第 7 层：灰土碎贝壳层，土质疏松。贝壳含量为 70%，贝壳多为牡蛎。分布于整个探方，堆积略微倾斜，西北高东南低。距地表深 0.44～0.8、厚 0.14～0.21 米。出土少量碎小陶片。

第 8 层：黑褐土，土质稍硬。贝壳含量为 15%，多为牡蛎碎壳。分布于整个探方，堆积略微倾斜，西北高东南低。距地表深 0.64～1、厚 0.04～0.1 米。包含物有少量贝壳、兽骨。出土豆、碗、彩绘陶片和玉斧。

第 9 层：灰褐土夹贝壳层，土质稍硬。贝壳含量为 50%，多为牡蛎。分布于整个探方，堆积略微倾斜，西高东低。距地表深 0.58～1.06、厚 0.24～0.42 米。包含物有贝壳、兽骨、鱼骨、木炭红烧土碎块。出土陶器、石器、蚌饰。陶器有鼓腹罐、碗、豆、彩绘陶片。还出土石刀、蚌饰等。该层下有 ZD1。

第10层：褐土夹杂红烧土碎块，土质紧密，稍黏。分布于整个探方，堆积略微倾斜，西高东低。距地表深 1～1.34、厚 0.1～0.26 米。包含物有兽骨、木炭陶片、红烧土碎块。出土豆、碗、器盖、彩绘陶片和石刀。

第11层：贝壳层，土质疏松。贝壳含量为 90%，多为牡蛎。仅在探方西处分布，堆积较薄。距地表深 1.22～1.24、厚 0～0.06 米。包含物有贝壳、鱼骨。

第12层：黄褐土层，土质稍硬。分布于整个探方，堆积略微倾斜，西高东低。距地表深 1.24～1.42、厚 0.07～0.22 米。包含物有兽骨、木炭。出土鼓腹罐、彩绘陶片和石锤。

第2层至第12层为文化层。根据各地层出土遗物特点看，应属同期遗物。

三 遗迹

ZD1

位于遗址中部略偏北，TG1 的北部，部分压于 TG1 北壁下。开口于 TG1 第 9 层，打破第 10 层。从暴露部分看平面应为椭圆形，斜壁，西壁处呈台状，锅底。柱洞在柱洞坑中心略偏东处。柱洞内堆积层为灰褐土，土质疏松，堆积略微倾斜，西厚东薄。包含物有少量陶片、兽骨、鱼骨。开口距地表深 1.28 米，外径长径 0.21、短径 0.2、内径长径 0.11、短径 0.1、深 0.28 米。（图一二一）

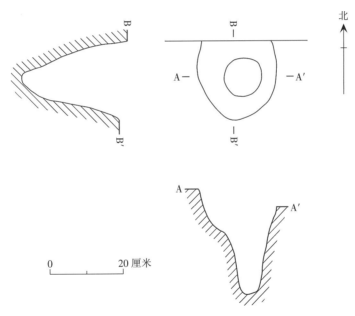

图一二一 朱家村遗址 ZD1 平、剖面图

四 试掘遗物

探沟面积较小，出土遗物包含陶器、石器、玉器以及兽骨、贝壳，还发现有数量较多的红烧土。

1. 陶器

均为夹砂陶，多夹细砂，以黑陶为主，黑褐陶、红褐陶次之，大多磨光，还有彩绘陶。均为陶片，没有可复原陶器，器形以鼓腹罐为主，有少量壶、豆、碗等。探沟内第 2 层至第 12 层的陶器特征基本相同。

彩绘陶　71 件。

探沟内从第 1 层至第 12 层大部分有彩绘陶出土，可辨彩绘陶共 72 件，均为残片，无可复原器物。这些彩绘陶都是在陶器烧好以后才彩绘的，因而颜色容易脱落。彩绘主要为红、白、黄三种颜色组成的几何形图案，可辨图案主要为菱形、方形、条形、三角形、锯齿形等。大部分为黑底红彩或红白彩，另有少数红底黄彩陶片。每个文化层出土的彩绘陶器特征无明显差异。（图一二二；图版二五；2、3；图版二六，1～7）

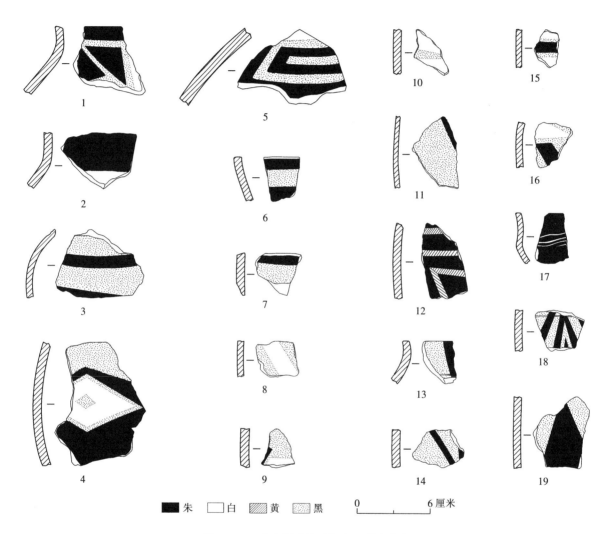

图一二二　朱家村遗址试掘出土彩绘陶片

1～19. TG1⑥:7、TG1⑧:6、TG1⑫:7、TG1⑨:12、TG1⑥:6、TG1⑨:15、TG1⑨:11、TG1⑨:16、TG1⑨:17、TG1⑥:5、TG1②:6、TG1⑨:13、TG1③:1、TG1⑩:9、TG1⑥:3、TG1⑥:4、TG1⑥:8、TG1⑫:6、TG1⑥:9

探沟内第 1 层出土 1 件，为黑底红彩；第 2 层出土 3 件，均为黑底红彩；第 3 层出土 4 件，均为黑底红彩；第 4 层出土 5 片，其中黑底红彩 4 件，黑底白彩 1 件；第 6 层出土 15 件，其中黑底红彩 8 件，黑底白彩 2 件，黑底红白彩 5 件；第 8 层出土 4 件，其中黑底白彩 1 件，黑底红彩 2 件，黑底红白彩 1 件；第 9 层出土 26 件，黑底红彩 12 件，黑底白彩 1 件，黑底红白彩 6 件，红底黄彩 3 件，另有内彩 4 件，其中红彩 3 件，白彩 1 件；第 10 层出土 4 件，其中黑底红彩 3 件，红底黄彩 1 件；第 12 层出土 9 件，其中黑底红彩 8 件，黑底白彩 1 件。

鼓腹罐 18件。

口沿共17件。根据颈部特点分二型。

A型 9件。短颈鼓腹罐。

Aa型 6件。尖唇或尖圆唇，侈口，短颈。

TG1④：1，口沿残片。磨光黑陶。侈口，尖圆唇，口沿下约2厘米处饰平行弦纹，手制。口径8、器壁厚0.6厘米。（图一二三，1）

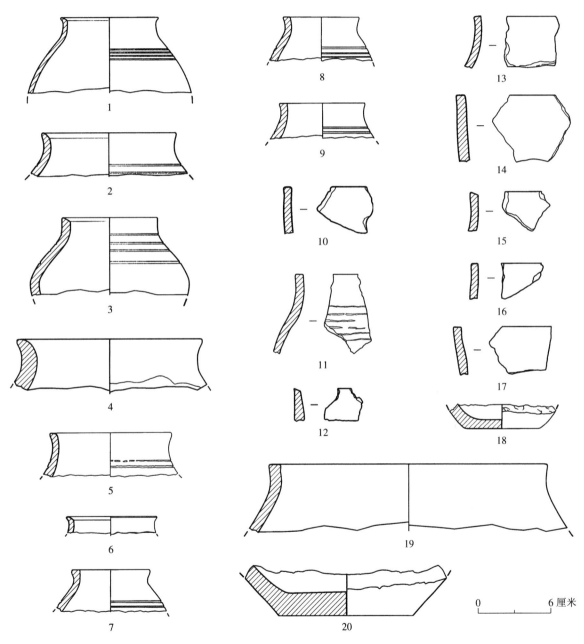

图一二三 朱家村遗址试掘出土陶器

1~6. Aa型鼓腹罐口沿（TG1④：1、TG1②：4、TG1②：5、TG1①：2、TG1⑩：1、TG1⑦：1） 7~9. Ab型鼓腹罐口沿（TG1②：3、TG1⑨：1、TG1⑨：2） 10~17. B型鼓腹罐口沿（TG1④：2、TG1⑤：1、TG1⑧：2、TG1⑫：1、TG1⑫：2、TG1⑫：3、TG1⑫：4、TG1⑧：3） 18. 鼓腹罐器底（TG1⑩：5） 19. 瓮口沿（TG1①：1） 20. 瓮器底（TG1⑥：1）

TG1②：4，口沿残片。磨光黑陶。侈口，尖圆唇，口沿下约 2 厘米处饰弦纹，手制。口径 11、器壁厚 0.4 厘米。（图一二三，2）

TG1⑦：1，口沿残片。磨光黑陶。侈口，尖唇，手制。口径 7.4 厘米。（图一二三，6）

TG1①：2，口沿残片。夹砂红褐陶。侈口，尖唇，手制。口径 15.3 厘米。（图一二三，4）

TG1②：5，口沿残片。磨光黑陶。侈口，尖唇，口沿下约 1 厘米处饰弦纹。口径 7.8、器壁厚 0.55 厘米。（图一二三，3）

TG1⑩：1，口沿残片。磨光黑陶。侈口，尖唇，口沿下约 2 厘米处饰弦纹，手制。口径 9.9 厘米。（图一二三，5）

Ab 型　3 件。方唇，短颈。

TG1②：3，口沿残片。磨光黑陶。侈口，方唇，口沿下 2 厘米处饰弦纹，手制。口径 6.4、器壁厚 0.55 厘米。（图一二三，7）

TG1⑨：1，口沿残片。磨光黑陶。侈口，方唇，口沿下 2.5 厘米处饰弦纹，手制。口径 6.2、器壁厚 0.55 厘米。（图一二三，8）

TG1⑨：2，口沿残片。磨光黑陶。侈口，方唇，口沿下 2 厘米处饰弦纹，手制。口径 7.1 厘米。（图一二三，9）

B 型　8 件。长颈鼓腹罐。

TG1④：2，口沿残片。夹砂红褐陶。直口，方唇，手制。（图一二三，10）

TG1⑤：1，口沿残片。磨光黑陶。方唇，垂腹，口沿下 2 厘米处饰平行弦纹，手制。器壁厚 0.5 厘米。（图一二三，11）

TG1⑧：2，口沿残片。夹砂红褐陶。直口，尖唇，手制。（图一二三，12）

TG1⑫：1，口沿残片。磨光红陶。口微侈，方唇，束颈，手制。（图一二三，13）

TG1⑫：2，口沿残片。夹砂黑褐陶。直口，方唇，磨光，手制。（图一二三，14）

TG1⑫：3，口沿残片。夹砂红褐陶。直口，尖圆唇，手制。（图一二三，15）

TG1⑫：4，口沿残片。夹砂黑褐陶。直口，方唇，器表磨光，手制。（图一二三，16）

TG1⑧：3，口沿残片。夹砂红褐陶。直口，方唇，手制。（图一二三，17）

还发现器底。

TG1⑩：5，夹砂黑褐陶。平底，手制。底径 6.1 厘米。（图一二三，18）

瓮　2 件。

TG1①：1，口沿残片。磨光黑陶。微侈口，方唇，短颈，鼓腹，有轮修痕迹。口径 23、器壁厚 0.7 厘米。（图一二三，19）

TG1⑥：1，底部。夹砂红褐陶。平底，手制。底径 11.1 厘米。（图一二三，20）

豆　10 件。

采集豆盘、豆柄及圈足残片。

豆盘　5 件。根据腹部特点分二型。

A 型　3 件。折腹。

TG1⑤：2，夹砂红褐陶。微侈口，方唇，折腹，腹部饰一周凸棱纹，凸棱纹上饰锯齿纹，有

轮修痕迹。（图一二四，1）

TG1⑨:5，夹砂黑褐陶。微侈口，方唇，折腹，腹部饰一周凹弦纹，手制，内有轮修痕迹。口径19.3厘米。（图一二四，5）

TG1②:2，磨光黑陶。折腹，腹部饰一周凸棱纹，手制，有轮修痕迹。（图一二四，2）

B 型　2件。弧腹。

TG1③:2，磨光红陶。侈口，尖圆唇，弧腹，有轮修痕迹。（图一二四，3）

TG1⑨:6，磨光红陶。微侈口，方唇，弧腹，有轮修痕迹。口径18.4厘米。（图一二四，6）

还发现豆柄及豆圈足。

TG1⑩:7，豆柄。夹砂红陶。饰竹节纹，手制。（图一二四，4）

TG1⑧:4，豆圈足。夹砂红褐陶。磨光，手制，内有轮修痕迹。底径14.1厘米。（图一二四，7）

TG1⑨:7，豆圈足。夹砂红褐陶。手制。底径10.8厘米。（图一二四，8）

TG1⑨:8，豆圈足。磨光红陶。近底部饰一周凹弦纹，手制。底径16厘米。（图一二四，10）

TG1⑩:3，豆圈足。夹砂红褐陶。近底部饰一周凹弦纹，手制。（图一二四，9）

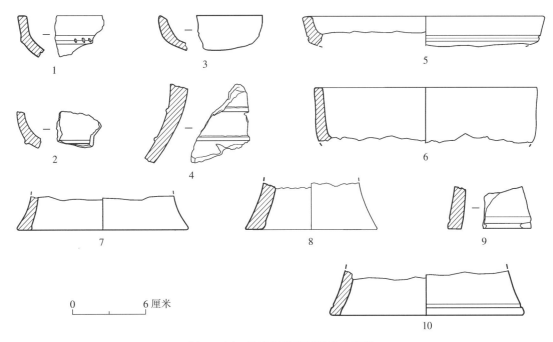

图一二四　朱家村遗址试掘出土陶器

1、2、5. A 型豆盘（TG1⑤:2、TG1②:2、TG1⑨:5）　3、6. B 型豆盘（TG1③:2、TG1⑨:6）　4. 豆柄（TG1⑩:7）

7～10. 豆圈足（TG1⑧:4、TG1⑨:7、TG1⑩:3、TG1⑨:8）

碗　6件。分二型。

A 型　5件。平底。

TG1⑩:6，夹砂黑褐陶。底部边沿饰刻划锯齿纹，手制。底径11.8厘米。（图一二五，1）

TG1⑥:2，夹砂黑褐陶。手制。底径5.1厘米。（图一二五，2）

TG1⑨:3，夹砂黑褐陶。手制。底径5.4厘米。（图一二五，3）

TG1⑧:1，夹砂黑褐陶。底部边沿饰刻划锯齿纹，手制。底径5.1厘米。（图一二五，4）

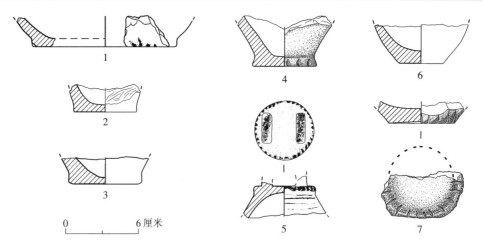

图一二五　朱家村遗址试掘出土陶器

1~4、6. A型碗底（TG1⑩：6、TG1⑥：2、TG1⑨：3、TG1⑧：1、TG1⑩：4）　5. 器盖（TG1⑩：2）

7. B型碗底（TG1⑨：4）

TG1⑩：4，夹砂灰褐陶。手制。底径3.6厘米。（图一二五，6）

B型　1件。凹底。

TG1⑨：4，夹砂黑褐陶。底部边沿饰刻划锯齿纹，手制。底径5.3厘米。（图一二五，7）

器盖　1件。

TG1⑩：2，残。夹砂黑褐陶。平顶，顶部有一环纽，顶部外缘饰锯齿纹，手制。（图一二五，5）

2. 石器

出土石锤、石刀。

锤　1件。

TG1⑫：5，残。片麻岩，黄褐色。磨制，平面呈半椭圆形，横截面呈扁椭圆形，一端有砸击痕迹，顶部残。残长9.7、宽7.3、厚3.3厘米。（图一二六，1）

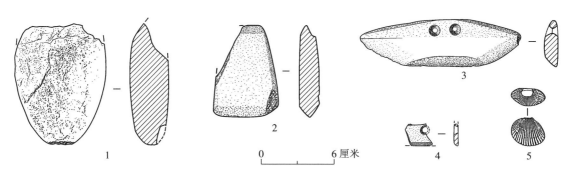

图一二六　朱家村遗址试掘出土石、玉、蚌器

1. 石锤（TG1⑫：5）　2. 玉斧（TG1⑧：5）　3、4. 石刀（TG1⑩：8、TG1⑨：9）　5. 蚌饰（TG1⑨：10）

刀　2件。

TG1⑩：8，石英细砂岩，黑色。磨制，平面呈扁椭圆形，弧背，单面弧刃，背部有两个圆形穿孔，双面对钻，磨制精细。长13.1、宽3.7、厚1.1厘米。（图一二六，3）

TG1⑨：9，角页岩，青黑色。磨制，背部留有一孔，磨制精细，两侧残。残长1.7、宽1.6、

厚 0.4 厘米。（图一二六，4）

3. 玉器

斧 1 件。

TG1⑧：5，残。磨制，平面与横截面呈长方形，双面弧刃，顶部残，磨制精良。残长 7.2、宽 5.5、厚 1.5 厘米。（图一二六，2）

4. 其他

蚌饰 1 件。

TG1⑨：10，上部穿孔，为装饰所用。（图一二六，5）

五 小结

探沟内出土陶器较为碎小，无可复原器物。探沟内第 2 层至第 12 层的陶器特征基本相同，均为夹砂陶，以黑陶为主，红褐陶、黑褐陶次之，大多磨光。地层中还出土较多的彩绘陶器。出土的短颈鼓腹罐、长颈鼓腹罐和彩绘陶片近似双砣子一期出土陶器，推断该探沟为青铜时代双砣子一期文化遗存。该探沟内未发现地面上采集的双砣子二期和汉代器物。需通过进一步发掘和研究，解决该遗址的文化性质和属性。

第五章　多学科合作研究

第一节　广鹿岛考古调查和试掘出土石制品岩石学鉴定与分析[①]

　　近年来中国社会科学院考古研究所、辽宁省文物考古研究所和大连市文物考古研究所组成课题组，由中国社会科学院考古研究所东北工作队队长贾笑冰带队进行了广鹿岛考古调查及试掘。从调查和试掘获得的石制品数量上看，新石器时代48件，占石制品总数的69.57%；青铜时代21件，占石制品总数的30.43%。新石器时代广鹿岛居民对岩石资源的开发总量超过青铜时代一倍多。从新石器时代到青铜时代，广鹿岛居民在石制品加工制作过程中开发利用了沉积岩（燧石、泥岩、泥质灰岩、砂岩）、岩浆岩（脉石英、玄武岩、闪长岩、辉绿岩、辉长岩）、变质岩（角页岩、板岩、千枚岩、片岩、浅粒岩、片麻岩、石英岩、大理岩、滑石、角闪岩）三大岩类的19类25种岩石（表二）。

表二　　　　　　　　　　广鹿岛考古调查和试掘石制品岩石学鉴定表

流水号	遗址	编号	探方	器类	岩石名称	岩石类型	年代	考古学文化
1	门后	采：3	采集	砧石	脉石英	岩浆	新石器	小珠山一期文化
2	门后	采：4	采集	石铲	二云二长片麻岩	变质	新石器	
3	门后	采：5	采集	石锤	脉石英	岩浆	新石器	
4	柳条沟东山	采：6	采集	磨石	浅粒岩	变质	新石器	
5	柳条村	C3：1	采集	石斧	玄武岩	岩浆	新石器	小珠山三期文化
6	柳条村	D2：1	采集	石网坠	千枚岩	变质	新石器	
7	柳条村	E7：1	采集	石网坠	角闪岩	变质	新石器	
8	柳条村	H4：1	采集	石磨棒	石英闪长玢岩	岩浆	新石器	
9	柳条村	采：1	采集	石网坠	石榴二云片岩	变质	新石器	
10	柳条村	采：2	采集	石斧	磁铁石英岩	变质	新石器	

[①]　本节由吉林大学边疆考古研究中心汤卓炜和中国社会科学院考古研究所贾笑冰、金英熙共同完成。

流水号	遗址	编号	探方	器类	岩石名称	岩石类型	年代	考古学文化
11	柳条村	采：3	采集	残石器	浅粒岩	变质	新石器	小珠山三期文化
12	柳条村	采：4	采集	砧石	石榴白云片岩	变质	新石器	
13	柳条村	采：5	采集	砧石	浅粒岩	变质	新石器	
14	柳条村	采：6	采集	石磨盘	石榴白云片岩	变质	新石器	
15	柳条村	采：7	采集	砧石	辉石闪长岩	岩浆	新石器	
16	柳条村	采：8	采集	石网坠	石榴二云片岩	变质	新石器	
17	柳条村	采：9	采集	石斧	大理岩	变质	新石器	
18	吴家村	11E9：1	采集	石斧	蚀变辉绿岩	岩浆	新石器	
19	吴家村	11 采：2	采集	石网坠	石榴白云片岩	变质	新石器	
20	吴家村	17E4：1	采集	石锤	大理岩	变质	新石器	
21	吴家村	17E7：1	采集	残石器	大理岩	变质	新石器	
22	吴家村	17E9：1	采集	磨石	千枚岩	变质	新石器	
23	吴家村	17F1：1	采集	石凿	燧石	沉积	新石器	
24	吴家村	17F3：1	采集	石纺轮	浅粒岩	变质	新石器	
25	吴家村	17O4：1	采集	石纺轮	大理岩	变质	新石器	
26	吴家村	17 采：1	采集	石网坠	石榴白云片岩	变质	新石器	
27	吴家村	17 采：2	采集	石斧	辉长岩	岩浆	新石器	
28	洪子东	TG1⑦：2	TG1	石网坠	玄武岩	岩浆	青铜	上马石上层文化
29	蛎碴岗	TG1②：1	TG1	石器半成品	角页岩	变质	新石器	小珠山五期文化
30	蛎碴岗	C1：1	采集	石镞	泥岩	沉积	新石器	
31	蛎碴岗	C1：2	采集	石斧	斜长角闪岩	变质	新石器	
32	蛎碴岗	C4：1	采集	石球	玄武岩	岩浆	新石器	
33	蛎碴岗	E6：1	采集	石镞	泥质灰岩	沉积	新石器	
34	蛎碴岗	I7：1	采集	石斧	辉绿岩	岩浆	新石器	
35	蛎碴岗	采：1	采集	石斧	辉绿岩	岩浆	新石器	
36	蛎碴岗	采：2	采集	石网坠	大理岩	变质	新石器	
37	蛎碴岗	采：3	采集	石斧	蚀变辉绿岩	岩浆	新石器	
38	蛎碴岗	采：4	采集	石斧	辉绿岩	岩浆	新石器	
39	蛎碴岗	采：5	采集	石斧	辉绿岩	岩浆	新石器	
40	蛎碴岗	采：6	采集	石斧	角闪岩	变质	新石器	
41	蛎碴岗	采：7	采集	砧石	辉绿岩	岩浆	新石器	

续表二

流水号	遗址	编号	探方	器类	岩石名称	岩石类型	年代	考古学文化
42	蛎碴岗	采：8	采集	石斧	辉绿岩	岩浆	新石器	小珠山五期文化
43	蛎碴岗	采：9	采集	磨石	细砂岩	沉积	新石器	
44	蛎碴岗	采：10	采集	石网坠	细砂岩	沉积	新石器	
45	蛎碴岗	采：11	采集	石球	玄武岩	岩浆	新石器	
46	蛎碴岗	采：12	采集	石镞	角页岩	变质	新石器	
47	蛎碴岗	采：13	采集	石器半成品	泥质灰岩	沉积	新石器	
48	蛎碴岗	采：19	采集	磨石	细砂岩	沉积	新石器	
49	朱家村	TG1⑨：9	TG1	石刀	角页岩	变质	青铜	双砣子一期文化
50	朱家村	TG1⑩：8	TG1	石刀	石英细砂岩	沉积	青铜	
51	朱家村	TG1⑫：5	TG1	石锤	片麻岩	变质	青铜	
52	朱家村	采：14	采集	石纺轮	滑石	变质	青铜	
53	下和气沟	B4：1	采集	石剑	浅粒岩	变质	青铜	双砣子三期文化
54	下和气沟	采：1	采集	石锛	辉绿岩	岩浆	青铜	
55	长寺山	T10：1	采集	石纺轮	浅粒岩	变质	青铜	上马石上层文化
56	长寺山	采：1	采集	石刀	板岩	变质	青铜	
57	长寺山	采：2	采集	石刀	板岩	变质	青铜	
58	长寺山	采：3	采集	砧石	浅粒岩	变质	青铜	
59	长寺山	采：4	采集	石斧	浅粒岩	变质	青铜	
60	长寺山	采：5	采集	石斧	玄武岩	岩浆	青铜	
61	长寺山	采：6	采集	石网坠	石榴二云片岩	变质	青铜	
62	长寺山	采：7	采集	柱形石器	角闪岩	变质	青铜	
63	南山	F4：1	采集	磨石	石英细砂岩	沉积	青铜	
64	南山	H7：1	采集	方形石器	辉石闪长岩	岩浆	青铜	
65	南山	采：2	采集	磨石	细砂岩	沉积	青铜	
66	南窑	采：14	采集	石刀	千枚岩	变质	青铜	
67	南窑	采：29	采集	砧石	石英岩	变质	新石器	小珠山五期文化
68	南窑	采：31	采集	石网坠	石榴二云片岩	变质	青铜	上马石上层文化
69	吴家村	11 采：1	采集	石网坠	细砂岩	沉积	青铜	
石制品件数及%		青铜时代			48 件		69.57%	
		新石器时代			21 件		30.43%	

　　广鹿岛新石器时代石制品中石斧的选料倾向性明显，多偏重于岩浆岩，次之是变质岩；网坠的选料倾向性亦很明显，多选择变质岩。青铜时代石斧和石刀都更多地选用变质岩。新石器时代和青铜时代的其他石制品类型的选料倾向性尚不明显，分散在三大岩类中，这可能与调查和试掘总体上获得的石制品数量较少，体现不出统计学特征有关（见表三）。

表三　　　　　广鹿岛部分新石器时代和青铜时代各类石制品对应的岩石学原料类型

年代	器类	岩石类型及所占各时代器类%					
		沉积岩		岩浆岩		变质岩	
新石器时代	砧石			3	6.25%	3	6.25%
	石斧			9	18.75%	4	8.33%
	石锤			1	2.08%	1	2.08%
	石凿	1	2.08%				
	磨石	2	4.17%			2	4.17%
	石磨盘					1	2.08%
	石磨棒			1	2.08%		
	石球			2	4.17%		
	石网坠	1	2.08%			7	14.58%
	石镞	2	4.17%			1	2.08%
	石纺轮					2	4.17%
	石铲					1	2.08%
	石器半成品	1	2.08%			1	2.08%
	残石器					2	4.17%
青铜时代	砧石					1	4.76%
	石斧			1	4.76%	1	4.76%
	石锛			1	4.76%		
	磨石	2	9.52%				
	石刀	1	4.76%			4	19.04%
	石剑					1	4.76%
	石网坠	1	4.76%	1	4.76%	2	9.52%
	石锤					1	4.76%
	柱形石器					1	4.76%
	方形石器			1	4.76%		
	石纺轮					2	9.52%

广鹿岛古代居民开发利用岩石资源的高峰期主要在新石器时代和青铜时代。从地质学角度看，广鹿乡境内地层主要有太古界鞍山群董家沟组、元古界的辽河群浪子山组及新元古界下部的青白口系钓鱼台组。

董家沟组　主要分布于柳条沟至东金场一线以东地区，主要岩石类型有黑云斜长角闪片岩、黑云片岩、黑云石英片岩、浅粒岩、角闪片岩及磁铁石英岩扁豆体，变质相属于铁铝榴石角闪岩相，存在普遍遭受混合岩化的现象。

浪子山组　分布于广鹿岛中部地区，呈角度不整合覆于鞍山群董家沟组之上。岩性主要为绢云片岩、石榴绢云片岩、二云片岩、夹大理岩，变质相属于绿片岩相，厚度大于1300米。

钓鱼台组　主要分布于南台山至老铁山一带。岩性明显分为下、中、上三部分。下部为灰白色石英砂岩、含砾石英砂岩、砂岩夹少量紫色灰色页岩、粉砂质页岩、长石砂岩；中部为紫色、灰绿色粉砂岩、粉砂质页岩；上部为灰白色中厚层石英砂岩。

广鹿乡主要变质岩和岩浆岩的分布情况是，片麻岩在境内各岛均有出露，片岩在境内各岛皆有分布，石英岩、千枚岩在境内多有出露，大理岩主要分布在境内油岩山一带，浅粒岩多分布在境内海崖，蚀变辉绿岩多分布在瓜皮岛、格仙岛及其周围[①]。由此可见，本岛的主要岩石有太古界古老结晶基底的深度变质岩石和元古界的中、高级区域变质岩，此外还有少量基本未变质的新元古界下部的沉积岩。上述岩石资源背景与广鹿岛考古调查和试掘所获得的石制品岩石学鉴定结果有很高的相关性，几乎所有鉴定出的岩石类型都在广鹿岛有出露，而且与岛上变质岩为主、岩浆岩为辅，兼有少量沉积岩的岩石构成比例相一致。据此推断，岛上古代居民当以采用就地取材的模式开发和利用本土的岩石资源（见表二～表四）。

表四　　　　　　广鹿岛部分新石器时代和青铜时代遗址或地点石制品岩石类型统计

年代		新石器时代						青铜时代				
考古学文化		小珠山一期文化		小珠山三期文化		小珠山五期文化		双砣子一期二期文化		双砣子三期文化		上马石上层文化
考古学文化内各类岩石数量及%	沉积岩			1	4.35%	6	28.57%	1	25%			3	20%
	岩浆岩	2	50%	5	21.74%	9	42.86%			1	50%	3	20%
	变质岩	2	50%	17	73.91%	6	28.57%	3	75%	1	50%	9	60%
新石器与青铜时代三大岩类%	沉积岩	7			14.58%			4				19.05%	
	岩浆岩	16			33.33%			4				19.05%	
	变质岩	25			52.08%			13				61.90%	
全岛新石器与青铜时代总体三大岩类%	沉积岩	11					15.94%						
	岩浆岩	20					28.99%						
	变质岩	38					55.07%						

根据现有材料初步看，小珠山三期文化、小珠山五期文化岩石资源利用强度较大，次之是上马石上层文化时期，其他时段利用强度相对较低；而且，从新石器时代到青铜时代，沉积岩和变质岩的利用率在提高，岩浆岩的利用率在降低，这可能与青铜时代经济形态多样性增加、相应地岩石资源开发利用广谱性加强有关。另外，参照小珠山遗址出土鹿科动物遗存总量的逐渐减少情况以及距今4000年左右的降温事件的出现，石斧这种主要用于林木砍伐工具的减少，似乎也揭示了生态环境恶化的事实。石斧用量的减少一方面与大量砍伐活动导致的林地资源锐减有关，同时也降低了对适于制作石斧的岩浆岩资源的利用率。渔猎石器（如石球、石镞、石网坠）的减少以及收割石器（如石刀）的增加，也反映了生业模式的变化及其与岩石资源开发利用方式变化的关系（见表三、表四）。上述认识是否能站得住脚，还有待对更多考古调查、试掘和发掘所得第一手资料的广泛、深入的研究来加以验证。

---

① 广鹿乡志编纂委员会：《广鹿乡志》第二篇"自然环境"，黑龙江人民出版社，2010年。

第二节　广鹿岛和洪子东岛贝丘遗址调查和试掘出土动物遗骸的鉴定和研究[①]

2010～2011年，中国社会科学院考古研究所对辽宁省长海县广鹿岛和洪子东岛贝丘遗址进行了调查和试掘，通过调查采样和试掘采样获取了一批动物遗骸，其中调查采样的遗址包括柳条沟东山、门后、吴家村、洪子东、长寺山、多落母等6处，试掘采样的遗址包括柳条沟东山、门后、蛎碴岗、洪子东、朱家村等5处。这批动物遗骸共计729件，总质量约14千克，属新石器时代和青铜时代，距今6500～2700年。本文将在公布各遗址动物遗骸鉴定结果的基础上，对古代居民获取动物资源的方式及相关问题进行探讨。

一　各遗址动物遗骸的鉴定结果

大体按年代顺序对各遗址动物遗骸的鉴定结果分别予以介绍。

（一）柳条沟东山遗址

分别于2010年和2011年对该遗址进行了调查和试掘，其中调查时获取动物遗骸1件，为毛蚶，试掘时获取动物遗骸46件、总质量1138.6克。动物遗骸所属文化为小珠山一期文化，距今6500年左右。现将动物种属、可鉴定标本数、质量、测量数据等鉴定和分析结果公布如下。

1. 动物种属

软体动物　Mollusca

　腹足纲　Gastropoda

　前鳃亚纲　Prosobranchia

　狭舌目　Stenoglossa

　　骨螺科　Muricidae

　　　红螺属　*Rapana*

　　　脉红螺　*Rapana venosa*（Valenciennes）

　　荔枝螺属　*Thais*

　　　疣荔枝螺　*Thais clavigera*（Küster）

　瓣鳃纲　Lamellibranchia

　列齿目　Taxodonta

　　蚶科　Arcidae

　　毛蚶属　*Scapharca*

　　　毛蚶　*Scapharca subcrenata* Lischke

　异柱目　Anisomyaria

---

① 本节由中国社会科学院考古研究所吕鹏、法国国家自然历史博物馆 Anne Tresset 和中国社会科学院考古研究所袁靖共同完成。本研究得到国家社科基金青年项目（14CKG012）资助，课题名称为"广鹿岛贝丘遗址的动物考古学研究"。

牡蛎科　Ostreidae

牡蛎属　*Ostrea*

出土动物遗骸均属海产软体动物，大体可分为腹足纲和瓣鳃纲两类，具体种属包括脉红螺（图版二七，3）、疣荔枝螺（图版二七，5）、毛蚶（图版二七，1）、牡蛎A（图版二七，9）等4种。

2. 可鉴定标本数

（1）调查采样

毛蚶1。

（2）试掘采样

软体动物可鉴定标本总数为36，其中脉红螺14，占软体动物可鉴定标本总数的38.89%，疣荔枝螺10，占27.78%，牡蛎A为1，占2.78%，牡蛎（未定种属）11，占30.56%。另有牡蛎碎块10。

由可鉴定标本数的统计结果看：动物种属中腹足纲动物（66.67%）所占比例较瓣鳃纲动物（33.33%）为大，各种属软体动物所占比例较为平均。

3. 质量

（1）调查采样

毛蚶质量为37.4克。

（2）试掘采样

软体动物可鉴定标本总质量为1120.2克，其中脉红螺763.3克，占软体动物可鉴定标本总质量的68.14%，疣荔枝螺122.0克，占10.89%，牡蛎A为23.1克，占2.06%，牡蛎（未定种属）211.8克，占18.91%。

由质量的统计结果看：动物种属中腹足纲动物（79.03%）所占比例较瓣鳃纲动物为大，其中，脉红螺所占比例最高。

4. 测量数据

（1）调查采样

毛蚶高度58.54毫米。

（2）试掘采样

测量数据如表五所示：

表五　　　　　　　　柳条沟东山遗址试掘采样动物遗骸测量数据

（测量单位：毫米）

	测量项目	标本数	最大值	最小值	平均值	标准偏差
脉红螺	高度	10	86.54	35.21	72.10	14.81
	宽度	9	66.08	25.79	54.72	13.25
疣荔枝螺	高度	9	58.95	33.45	47.79	7.81
	宽度	10	37.15	22.81	30.07	4.08

（二）门后遗址

2010年对该遗址进行了调查和试掘，其中调查时获取动物遗骸23件，试掘时获取动物遗骸

99 件。动物遗骸所属文化为小珠山一期文化，距今 6500 年左右。现将动物种属、可鉴定标本数、测量数据等鉴定和分析结果公布如下。

1. 动物种属

软体动物　Mollusca

　腹足纲　Gastropoda

　前鳃亚纲　Prosobranchia

　　狭舌目　Stenoglossa

　　　骨螺科　Muricidae

　　　　红螺属　*Rapana*

　　　　　脉红螺　*Rapana venosa*（Valenciennes）

　　　　荔枝螺属　*Thais*

　　　　　疣荔枝螺　*Thais clavigera*（Küster）

　　异柱目　Anisomyaria

　　　牡蛎科　Ostreidae

　　　　牡蛎属　*Ostrea*

　　　　　僧帽牡蛎　*Ostrea cucullata* Born

　　　　　长牡蛎　*Ostrea gigas* Thunberg

脊椎动物　Vertebrate

　哺乳纲　Mammalia

　　麝科　Moschidae

　　　麝属　*Moschus*

　　　　原麝　*Moschus moschiferus* Linnaeus

　　鹿科　Cervidae

　　　麂属　*Muntiacus*

　　　　小麂　*Muntiacus reevesi* Ogilby

　　　獐属　*Hydropotes*

　　　　獐　*Hydropotes inermis* Swinhoe

　　　鹿属　*Cervus*

　　　　梅花鹿　*Cervus nippon* Temminck

　　　　马鹿　*Cervus elaphus* Linnaeus

　　　麋鹿属　*Elaphrus*

　　　　麋鹿　*Elaphurus davidanus* Milne–Edwards

　　　狍属　*Capreolus*

　　　　狍　*Capreolus pygargus*（Pallas）

出土动物遗骸包括软体动物和脊椎动物，具体种属包括脉红螺（图版二七，2）、疣荔枝螺（图版二七，6）、僧帽牡蛎（图版二七，4）、长牡蛎（图版二七，7）、牡蛎 B（图版二七，8）、小型鹿科动物（原麝、獐或小麂）、狍、中型鹿科动物（梅花鹿或马鹿）、麋鹿等 9 种。

2．可鉴定标本数

（1）调查采样

均为软体动物，可鉴定标本总数为 14，其中脉红螺 3，占软体动物可鉴定标本总数的 17.65%，僧帽牡蛎 1，占 5.88%，长牡蛎 1，占 5.88%，牡蛎 B 为 1，占 5.88%，牡蛎（未定种属）11，占 64.71%。另有牡蛎碎块 9。

（2）试掘采样

软体动物可鉴定标本总数为 37，其中脉红螺 3，占软体动物可鉴定标本总数的 8.11%，疣荔枝螺 2，占 5.41%，僧帽牡蛎 6，占 16.22%，长牡蛎 11，占 29.73%，牡蛎 B 为 4，占 10.81%，牡蛎（未定种属）11，占 29.73%。另有牡蛎碎块 19。

脊椎动物可鉴定标本总数为 43，其中小型鹿科动物 2，占脊椎动物可鉴定标本总数的 4.65%，狍 5，占 11.63%，中型鹿科动物 35，占 81.40%，麋鹿 1，占 2.33%。

3．测量数据

（1）调查采样

测量数据如表六所示：

表六　　　　　　　　　　　门后遗址调查采样动物遗骸测量数据

（测量单位：毫米）

	测量项目	标本数	最大值	最小值	平均值	标准偏差
脉红螺	高度	1			46.57	
	宽度	2	29.70	16.30	23.00	
僧帽牡蛎：左	长度	1			43.35	
	高度	1			14.60	
长牡蛎：右	长度	1			54.65	
	高度	1			39.50	
牡蛎 B：右	长度	1			54.17	
	高度	1			15.80	

（2）试掘采样

测量数据如表七所示：

表七　　　　　　　　　　　门后遗址试掘采样动物遗骸测量数据

（测量单位：毫米）

	测量项目	标本数	最大值	最小值	平均值	标准偏差
脉红螺	高度	2	97.31	57.07	77.19	
	宽度	1			57.88	

	测量项目	标本数	最大值	最小值	平均值	标准偏差
疣荔枝螺	高度	2	51.88	35.70	43.79	
	宽度	2	30.30	22.29	26.30	
僧帽牡蛎：左	长度	2	79.85	54.20	67.03	
	高度	2	48.86	42.88	45.87	
僧帽牡蛎：右	长度	1			56.20	
	高度	1			39.99	
长牡蛎：左	长度	5	99.12	62.06	79.46	16.25
	高度	5	61.40	35.65	47.65	11.10
长牡蛎：右	长度	1			71.88	
	高度	1			51.90	

（三）吴家村遗址

2010 年对该遗址进行调查，共获取动物遗骸 9 件，所属文化为小珠山三期文化，距今 5500 年左右。现将动物种属、可鉴定标本数、测量数据等鉴定和分析结果公布如下。

1. 动物种属

软体动物　Mollusca

　腹足纲　Gastropoda

　前鳃亚纲　Prosobranchia

　　中腹足目　Mesogastropoda

　　　冠螺科　Cassididae

　　　　鬘螺属　*Phalium*

　　　　　沟纹鬘螺　*Phalium strigatum*（Gmelin）

脊椎动物　Vertebrate

　鸟纲　Aves

　哺乳纲　Mammalia

　　偶蹄目　Artiodactyla

　　猪科　Suidae

　　　猪属　*Sus*

　　　　野猪　*Sus scrofa* Linnaeus

　　　　家猪　*Sus scrofa domestica* Linnaeus

　　鹿科　Cervidae

　　　鹿属　*Cervus*

　　　　梅花鹿　*Cervus nippon* Temminck

　　　　马鹿　*Cervus elaphus* Linnaeus

出土动物遗骸包括脊椎动物和软体动物，具体种属包括沟纹鬘螺（图版二八，9）、鸟、猪、中型鹿科动物（梅花鹿或马鹿）等4种。

2. 可鉴定标本数

软体动物可鉴定标本总数为1，为沟纹鬘螺。

脊椎动物可鉴定标本总数为8，其中鸟1，占脊椎动物可鉴定标本总数的12.50%，猪3，占37.50%，中型鹿科动物4，占50.00%。

3. 测量数据

沟纹鬘螺测量标本1，高度54.54毫米，宽度35.26毫米。

（四）蛎碴岗遗址

2011年对该遗址进行试掘，获取动物遗骸203件，其中软体动物质量3188.3克，所属文化为小珠山五期文化，距今4500～4000年。现将动物种属、可鉴定标本数、质量、测量数据等鉴定和分析结果公布如下。

1. 动物种属

软体动物　Mollusca

　腹足纲　Gastropoda

　前鳃亚纲　Prosobranchia

　　原始腹足目　Archaeogastropoda

　　　马蹄螺科　Trochidae

　　　　凹螺属　*Chlorostoma*

　　　　　锈凹螺　*Chlorostoma rusticum*（Gmelin）

　　　蝾螺科　Turbinidae

　　　　小月螺属　*Lunella*

　　　　　朝鲜花冠小月螺　*Lunella coronata coreensis*（Rccluz）

　　狭舌目　Stenoglossa

　　　骨螺科　Muricidae

　　　　红螺属　*Rapana*

　　　　　脉红螺　*Rapana venosa*（Valenciennes）

　　　　荔枝螺属　*Thais*

　　　　　疣荔枝螺　*Thais clavigera*（Küster）

　瓣鳃纲　Lamellibranchia

　　异柱目　Anisomyaria

　　　牡蛎科　Ostreidae

　　　　牡蛎属　*Ostrea*

　　　　　僧帽牡蛎　*Ostrea cucullata* Born

　　　　　长牡蛎　*Ostrea gigas* Thunberg

　　真瓣鳃目　Eulamellibranchia

蛤蜊科　Mactridae

　　蛤蜊属　*Mactra*

　　　中国蛤蜊　*Mactra chinensis* Philippi

　　蛤仔属　*Ruditapes*

　　　菲律宾蛤仔　*Ruditapes philippinarum*（Adams et Reeve）

海螂科　Myidae

　　海螂属　*Mya*

　　　砂海螂　*Mya arenaria* Linnaeus

哺乳纲　Mammalia

偶蹄目　Artiodactyla

猪科　Suidae

　　猪属　*Sus*

　　　野猪　*Sus scrofa* Linnaeus

　　　家猪　*Sus scrofa domestica* Linnaeus

麝科　Moschidae

　　麝属　*Moschus*

　　　原麝　*Moschus moschiferus* Linnaeus

鹿科　Cervidae

　　麂属　*Muntiacus*

　　　小麂　*Muntiacus reevesi* Ogilby

　　獐属　*Hydropotes*

　　　獐　*Hydropotes inermis* Swinhoe

　　狍属　*Capreolus*

　　　狍　*Capreolus pygargus*（Pallas）

鲸目　Cetacea

须鲸亚目　Mysticeti

须鲸科　Balaenopteridae

出土动物遗骸包括海产软体动物、海产脊椎动物和陆生脊椎动物，其中海产软体动物包括锈凹螺（图版二八，3）、朝鲜花冠小月螺（图版二八，7）、脉红螺（图版二八，4）、疣荔枝螺、僧帽牡蛎（图版二八，11）、长牡蛎（图版二八，15）、牡蛎 A（图版二八，5）、牡蛎 B（图版二八，8）、中国蛤蜊（图版二八，6）、菲律宾蛤仔（图版二八，2）、砂海螂（图版二八，1）等 11 种，海产脊椎动物包括鲸 1 种（图版二八，13），陆生脊椎动物包括猪（图版二八，14）、小型鹿科动物（原麝、小麂或獐）（图版二八，10）和狍等 3 种。

2. 可鉴定标本数

软体动物可鉴定标本总数为 147，其中锈凹螺 10，占软体动物可鉴定标本总数的 6.80%，朝鲜花冠小月螺 1，占 0.68%，脉红螺 17，占 11.56%，疣荔枝螺 2，占 1.36%，僧帽牡蛎 8，占 5.44%，长牡蛎

27，占18.37％，牡蛎A为8，占5.44％，牡蛎B为3，占2.04％，牡蛎（未定种属）6，占4.08％，中国蛤蜊1，占0.68％，菲律宾蛤仔60，占40.82％，砂海螂4，占2.72％。另有牡蛎碎块36。

脊椎动物可鉴定标本总数为7，其中猪3，占脊椎动物可鉴定标本总数的42.86％，小型鹿科动物2，占28.57％，狍1，占14.29％，鲸1，占14.29％。另有中型哺乳动物碎块13。

3. 质量

仅对软体动物进行了称重。软体动物可鉴定标本总质量为2884.1克，其中锈凹螺21.7克，占软体动物可鉴定标本总质量的0.75％，朝鲜花冠小月螺3.7克，占0.13％，脉红螺582.6克，占20.20％，疣荔枝螺8.6克，占0.30％，僧帽牡蛎196.6克，占6.82％，长牡蛎1277.3克，占44.29％，牡蛎A为240.9克，占8.35％，牡蛎B为153.6克，占5.33％，牡蛎（未定种属）249.6克，占8.65％，中国蛤蜊2.9克，占0.10％，菲律宾蛤仔107.5克，占3.73％，砂海螂39.1克，占1.36％。另有牡蛎碎块304.2克。

4. 测量数据

测量数据如表八所示：

表八　　　　　　　　　　蛎碴岗遗址试掘采样动物遗骸测量数据

（测量单位：毫米）

	测量项目	标本数	最大值	最小值	平均值	标准偏差
锈凹螺	高度	3	19.77	19.06	19.42	0.36
	宽度	3	21.08	19.50	20.17	0.82
朝鲜花冠小月螺	高度	1			21.66	
脉红螺	高度	6	86.06	42.62	66.95	15.48
	宽度	1			32.80	
疣荔枝螺	高度	2	41.37	23.46	32.42	
	宽度	2	24.82	15.42	20.12	
僧帽牡蛎：左	长度	3	93.30	66.10	83.73	15.29
	高度	3	58.43	41.64	47.37	9.58
长牡蛎：左	长度	13	128.36	86.64	103.34	13.01
	高度	12	65.93	37.89	52.70	8.59
长牡蛎：右	长度	1			119.45	
	高度	1			49.40	
菲律宾蛤仔	长度	16	43.75	25.04	34.60	4.69
	高度	16	31.32	18.66	25.81	2.98
牡蛎A：左	长度	6	99.81	67.12	86.30	14.28
	高度	6	74.24	36.25	51.68	13.99
牡蛎B：左	长度	1			77.36	
	高度	1			71.65	
牡蛎B：右	长度	1			85.43	
	高度	1			73.71	
中国蛤蜊	长度	1			29.57	
	高度	1			26.68	
砂海螂：左	长度	1			72.92	
	高度	1			55.01	

（五）洪子东遗址

2010 年和 2011 年对该遗址进行了调查和试掘，其中调查时获取动物遗骸 103 件，质量 1778.3 克，所属文化包括小珠山五期文化（距今 4500～4000 年）、双砣子三期至上马石上层文化（距今 3400～2700 年）；试掘时获取动物遗骸 23 件，质量 981.7 克，所属文化为上马石上层文化，距今 3100～2700 年。现将动物种属、可鉴定标本数、质量、测量数据等鉴定和分析结果公布如下。

1. 动物种属

软体动物　Mollusca

腹足纲　Gastropoda

前鳃亚纲　Prosobranchia

原始腹足目　Archaeogastropoda

马蹄螺科　Trochidae

凹螺属　*Chlorostoma*

锈凹螺　*Chlorostoma rusticum*（Gmelin）

蝾螺科　Turbinidae

小月螺属　*Lunella*

朝鲜花冠小月螺　*Lunella coronata coreensis*（Rccluz）

中腹足目　Mesogastropoda

田螺科　Viviparidae

圆田螺属　*Cipangopaludina*

圆田螺　*Cipangopaludina* sp.

狭舌目　Stenoglossa

骨螺科　Muricidae

红螺属　*Rapana*

脉红螺　*Rapana venosa*（Valenciennes）

荔枝螺属　*Thais*

疣荔枝螺　*Thais clavigera*（Küster）

瓣鳃纲　Lamellibranchia

异柱目　Anisomyaria

牡蛎科　Ostreidae

牡蛎属　*Ostrea*

僧帽牡蛎　*Ostrea cucullata* Born

长牡蛎　*Ostrea gigas* Thunberg

真瓣鳃目　Eulamellibranchia

帘蛤科　Veneridae

布目蛤属　*Protothaca*

江户布目蛤　*Protothaca jedoensis*（Lischke）

蛤仔属　*Ruditapes*

菲律宾蛤仔　*Ruditapes philippinarum*（Adams et Reeve）

出土动物遗骸均为软体动物，具体种属包括锈凹螺（图版二九，2）、朝鲜花冠小月螺（图版二九，7）、圆田螺（图版二九，6）、脉红螺（图版二九，9）、疣荔枝螺（图版二九，3）、僧帽牡蛎（图版二九，10）、长牡蛎（图版二九，4）、牡蛎 B（图版二九，8）、江户布目蛤（图版二九，1）、菲律宾蛤仔（图版二九，5）等 10 种。

2. 可鉴定标本数

（1）调查采样

软体动物可鉴定标本总数为 81，其中锈凹螺 14，占软体动物可鉴定标本总数的 17.28%，朝鲜花冠小月螺 8，占 9.88%，圆田螺 1，占 1.23%，脉红螺 12，占 14.81%，疣荔枝螺 12，占 14.81%，僧帽牡蛎 7，占 8.64%，长牡蛎 13，占 16.05%，牡蛎 B 为 9，占 11.11%，牡蛎（未定种属）2，占 2.47%，江户布目蛤 1，占 1.23%，菲律宾蛤仔 2，占 2.47%。另有牡蛎碎块 22。

（2）试掘采样

软体动物可鉴定标本总数为 17，其中脉红螺 3，占软体动物可鉴定标本总数的 17.56%，僧帽牡蛎 3，占 17.65%，长牡蛎 8，占 47.06%，牡蛎 B 为 2，占 11.76%，牡蛎（未定种属）1，占 5.88%。另有牡蛎碎块 6。

3. 质量

（1）调查采样

软体动物可鉴定标本总质量为 1533.7 克，其中锈凹螺 47.6 克，占软体动物可鉴定标本总质量的 3.10%，朝鲜花冠小月螺 10.6 克，占 0.69%，圆田螺 0.6 克，占 0.04%，脉红螺 375.9 克，占 24.51%，疣荔枝螺 148.8 克，占 9.70%，僧帽牡蛎 111.1 克，占 7.24%，长牡蛎 348.0 克，占 22.69%，牡蛎 B 为 387.5 克，占 25.27%，牡蛎 92.8 克，占 6.05%，江户布目蛤 1.0 克，占 0.07%，菲律宾蛤仔 9.8 克，占 0.64%。另有牡蛎碎块 244.6 克。

（2）试掘采样

软体动物可鉴定标本总质量为 954.4 克，其中脉红螺 228.6 克，占软体动物可鉴定标本总质量的 23.95%，僧帽牡蛎 55.4 克，占 5.80%，长牡蛎 489.3 克，占 51.27%，牡蛎 B 为 129.5 克，占 13.57%，牡蛎（未定种属）51.6 克，占 5.41%。另有牡蛎碎块 27.3 克。

4. 测量数据

（1）调查采样

测量数据如表九所示：

表九　　　　　　　　　　　洪子东遗址调查采样动物遗骸测量数据

（测量单位：毫米）

	测量项目	标本数	最大值	最小值	平均值	标准偏差
锈凹螺	高度	11	22.26	14.67	19.63	2.29
	宽度	11	26.61	19.71	22.62	1.95
朝鲜花冠小月螺	高度	8	18.92	12.79	16.88	2.31
	宽度	8	19.68	14.41	16.64	1.73
脉红螺	高度	6	90.25	34.87	64.70	21.71
	宽度	5	50.80	21.48	37.22	12.80
疣荔枝螺	高度	11	48.52	25.50	39.03	8.71
	宽度	10	33.09	16.02	24.09	6.26
僧帽牡蛎：左	长度	2	62.13	43.36	52.75	
	高度	1			25.84	
僧帽牡蛎：右	长度	3	82.62	56.82	71.89	13.43
	高度	3	57.03	40.56	50.11	8.54
长牡蛎：左	长度	2	105.93	72.72	89.33	
	高度	2	58.31	38.24	48.28	
长牡蛎：右	长度	4	89.69	66.68	81.60	10.53
	高度	4	49.80	38.30	46.10	5.26
牡蛎 B：右	长度	8	96.62	62.61	78.11	11.04
	高度	8	80.41	51.77	62.62	8.82
江户布目蛤	长度	1			21.09	
	高度	1			18.77	
菲律宾蛤仔	长度	2	33.86	26.07	29.97	
	高度	2	22.70	19.30	21.00	

（2）试掘采样

测量数据如表一〇所示：

表一〇　　　　　　　　　　　洪子东遗址试掘采样动物遗骸测量数据

（测量单位：毫米）

	测量项目	标本数	最大值	最小值	平均值	标准偏差
僧帽牡蛎：左	长度	1			84.27	
	高度	2	54.13	50.86	52.50	
长牡蛎：左	长度	3	140.97	106.93	122.02	17.34
	高度	3	70.83	47.74	61.72	12.29
长牡蛎：右	长度	4	116.85	83.07	101.18	13.87
	高度	4	56.84	46.77	52.86	4.89
牡蛎 B：左	长度	2	103.03	101.32	102.18	
	高度	2	86.62	80.91	83.77	

（六）长寺山遗址

2010 年对该遗址进行调查，共获取动物遗骸 90 件，总质量 1182.9 克，所属文化为上马石上层文化，距今 3100～2700 年。现将动物种属、可鉴定标本数、质量、测量数据等鉴定和分析结果公布如下。

1. 动物种属

软体动物　Mollusca
　　腹足纲　Gastropoda
　　前鳃亚纲　Prosobranchia
　　　狭舌目　Stenoglossa
　　　　骨螺科　Muricidae
　　　　　红螺属　*Rapana*
　　　　　　脉红螺　*Rapana venosa*（Valenciennes）
　　瓣鳃纲　Lamellibranchia
　　　异柱目　Anisomyaria
　　　　牡蛎科　Ostreidae
　　　　　牡蛎属　*Ostrea*
　　　　　　僧帽牡蛎　*Ostrea cucullata* Born
　　　　　　长牡蛎　*Ostrea gigas* Thunberg
　　　真瓣鳃目　Eulamellibranchia
　　　　帘蛤科　Veneridae
　　　　　蛤仔属　*Ruditapes*
　　　　　　菲律宾蛤仔　*Ruditapes philippinarum*（Adams et Reeve）
　　　　海螂科　Myidae
　　　　　海螂属　*Mya*
　　　　　　砂海螂　*Mya arenaria* Linnaeus

出土动物遗骸均属海产软体动物，大体可分为腹足纲和瓣鳃纲两类，具体种属包括脉红螺（图版三〇，2）、僧帽牡蛎（图版三〇，7）、长牡蛎（图版三〇，6）、牡蛎 A（图版三〇，5）、牡蛎 B（图版三〇，4）、菲律宾蛤仔（图版三〇，1）、砂海螂（图版三〇，3）等 7 种。

2. 可鉴定标本数

软体动物可鉴定标本总数为 56，其中脉红螺 8，占软体动物可鉴定标本总数的 14.29%，僧帽牡蛎 11，占 19.64%，长牡蛎 7，占 12.50%，牡蛎 A 为 1，占 1.79%，牡蛎 B 为 1，占 1.79%，牡蛎（未定种属）11，占 19.64%，菲律宾蛤仔 12，占 21.43%，砂海螂 5，占 8.93%。另有牡蛎碎块 34。

由可鉴定标本数的统计结果看：动物种属以瓣鳃纲动物为主（85.71%），其中，牡蛎在软体动物中占有最高比例（55.36%）。

3. 质量

软体动物可鉴定标本总质量为1106.5克，其中脉红螺349.5克，占软体动物可鉴定标本总质量的31.59%，僧帽牡蛎228.8克，占20.68%，长牡蛎143.8克，占13.00%，牡蛎A为27.6克，占2.49%，牡蛎B为17.8克，占1.61%，牡蛎247.5克，占22.37%，菲律宾蛤仔61.8克，占5.59%，砂海螂29.7克，占2.68%。另有牡蛎碎块76.4克。

质量与可鉴定标本数的统计结果大略相同：动物种属以瓣鳃纲动物为主，所占比例为68.41%，其中，牡蛎所占的比例最高，为60.14%。

4. 测量数据

测量数据如表一一所示：

表一一　　　　　　　　　　长寺山遗址调查采样动物遗骸测量数据

（测量单位：毫米）

	测量项目	标本数	最大值	最小值	平均值	标准偏差
脉红螺	高度	6	78.94	50.41	70.24	10.50
	宽度	3	69.72	41.12	56.12	14.35
僧帽牡蛎：左	长度	4	73.71	64.39	69.08	3.98
	高度	5	63.10	36.52	49.34	9.92
长牡蛎：左	长度	4	93.13	73.55	83.15	9.68
	高度	4	55.23	36.47	44.93	7.82
长牡蛎：右	长度	2	88.12	67.83	77.98	
	高度	2	43.43	40.36	41.90	
牡蛎A：左	长度	1			92.46	
	高度	1			54.96	
牡蛎B：右	长度	1			53.00	
	高度	1			50.98	
菲律宾蛤仔	长度	6	46.84	38.65	41.93	3.11
	高度	6	32.74	26.59	30.27	2.02
砂海螂：左	长度	1			74.33	

（七）朱家村遗址

2011年对该遗址进行试掘，获取动物遗骸186件，质量3732.1克，所属文化为双砣子一期文化，距今4000～3600年。现将动物种属、可鉴定标本数、质量、测量数据等鉴定和分析结果公布如下。

1. 动物种属

软体动物　Mollusca

　　腹足纲　Gastropoda

前鳃亚纲　Prosobranchia

　　原始腹足目　Archaeogastropoda

　　　马蹄螺科　Trochidae

　　　　凹螺属　*Chlorostoma*

　　　　　锈凹螺　*Chlorostoma rusticum*（Gmelin）

　　狭舌目　Stenoglossa

　　　骨螺科　Muricidae

　　　　红螺属　*Rapana*

　　　　　脉红螺　*Rapana venosa*（Valenciennes）

瓣鳃纲　Lamellibranchia

　　列齿目　Taxodonta

　　　蚶科　Arcidae

　　　　毛蚶属　*Scapharca*

　　　　　毛蚶　*Scapharca subcrenata* Lischke

　　异柱目　Anisomyaria

　　　牡蛎科　Ostreidae

　　　　牡蛎属　*Ostrea*

　　　　　长牡蛎　*Ostrea gigas* Thunberg

　　　　　近江牡蛎　*Ostrea rivularis* Gould

　　真瓣鳃目　Eulamellibranchia

　　　帘蛤科　Veneridae

　　　　蛤仔属　*Ruditapes*

　　　　　菲律宾蛤仔　*Ruditapes philippinarum*（Adams et Reeve）

　　　海螂科　Myidae

　　　　海螂属　*Mya*

　　　　　砂海螂　*Mya arenaria* Linnaeus

节肢动物　Arthropoda

　　甲壳纲　Crustacea

　　十足目　Decapoda

脊椎动物　Vertebrate

　　鱼纲　Pisces

　　硬骨鱼纲　Osteichthyes

　　　鲈形目　Perciformes

　　　　鲷科　Sparidae

　　　　　赤鲷属　*Pagrus*

　　　　　　赤鲷　*Pagrus pagrus* Linnaeus

哺乳纲　Mammalia

　偶蹄目　Artiodactyla

　　猪科　Suidae

　　　猪属　*Sus*

　　　　野猪　*Sus scrofa* Linnaeus

　　　　家猪　*Sus scrofa domestica* Linnaeus

　　麝科　Moschidae

　　　麝属　*Moschus*

　　　　原麝　*Moschus moschiferus* Linnaeus

　　鹿科　Cervidae

　　　麂属　*Muntiacus*

　　　　小麂　*Muntiacus reevesi* Ogilby

　　　獐属　*Hydropotes*

　　　　獐　*Hydropotes inermis* Swinhoe

　　牛科　Bovidae

　　　牛属　*Bos*

　　　　黄牛　*Bos* sp.

出土动物遗骸包括软体动物、节肢动物和脊椎动物，具体种属包括锈凹螺（图版三一，11）、脉红螺（图版三一，8）、毛蚶（图版三一，13）、长牡蛎（图版三一，7）、近江牡蛎（图版三一，10）、牡蛎 A（图版三一，5）、牡蛎 B（图版三一，2）、牡蛎 C（图版三一，1）、菲律宾蛤仔（图版三一，12）、砂海螂（图版三一，6）、螃蟹（图版三一，9）、赤鲷（图版三一，3）、猪（图版三一，4）、小型鹿科动物（原麝、獐或小麂）（图版三一，14）、黄牛（图版三一，15）等 15 种。

2. 可鉴定标本数

软体动物可鉴定标本总数为 96，其中锈凹螺 1，占软体动物可鉴定标本总数的 1.04%，脉红螺 30，占 31.25%，毛蚶 2，占 2.08%，长牡蛎 3，占 3.13%，近江牡蛎 33，占 34.38%，牡蛎 A 为 3，占 3.13%，牡蛎 B 为 2，占 2.08%，牡蛎 C 为 6，占 6.25%，菲律宾蛤仔 14，占 14.58%，砂海螂 2，占 2.08%。另有牡蛎碎块 25。

节肢动物可鉴定标本总数为 1，为螃蟹。

脊椎动物可鉴定标本总数为 12，其中赤鲷 3，占脊椎动物可鉴定标本总数的 25.00%，猪 5，占 41.67%，小型鹿科动物 1，占 8.33%，黄牛 3，占 25.00%。另有鱼类 25，大型哺乳动物 4，中型哺乳动物 17，小型哺乳动物 3，哺乳动物 3。

3. 质量

软体动物可鉴定标本总质量为 3178.0 克，其中锈凹螺 1.7 克，占软体动物可鉴定标本总质量的 0.05%，脉红螺 1608.3 克，占 50.61%，毛蚶 14.5 克，占 0.46%，长牡蛎 94.3 克，占 2.97%，近江牡蛎 851.4 克，占 26.79%，牡蛎 A 为 71.8 克，占 2.26%，牡蛎 B 为 52.3 克，占 1.65%，牡蛎 C 为 385.1 克，占 12.12%，菲律宾蛤仔 52.7 克，占 1.66%，砂海螂 45.9 克，占 1.44%。另有牡蛎碎块 212.5 克。

节肢动物可鉴定标本总质量为 2.1 克。

脊椎动物可鉴定标本总质量为 223.8 克，其中赤鲷 6.7 克，占脊椎动物可鉴定标本总质量的 2.99%，猪 32.9 克，占 14.70%，小型鹿科动物 4.4 克，占 1.97%，黄牛 179.8 克，占 80.34%。另有鱼类 20.9 克，大型哺乳动物 22.3 克，中型哺乳动物 69.1 克，小型哺乳动物 0.3 克，哺乳动物 3.1 克。

4. 测量数据

测量数据如表一二所示：

表一二 朱家村遗址试掘采样动物遗骸测量数据

（测量单位：毫米）

	测量项目	标本数	最大值	最小值	平均值	标准偏差
锈凹螺	高度	1			14.23	
	宽度	1			18.66	
脉红螺	高度	8	106.31	66.56	86.06	12.55
毛蚶	长度	2	44.22	31.83	38.03	
	高度	2	40.19	27.97	34.08	
长牡蛎：左	长度	1			104.43	
	高度	1			57.66	
长牡蛎：右	长度	2	75.05	57.44	66.25	
	高度	2	47.19	36.31	41.75	
近江牡蛎：左	长度	10	85.35	62.99	74.55	6.19
	高度	8	68.04	46.38	59.72	7.11
近江牡蛎：右	长度	6	72.42	61.64	67.66	3.96
	高度	5	54.43	47.55	51.73	2.83
牡蛎 A：左	长度	3	99.70	87.07	92.20	6.64
	高度	3	52.73	41.27	45.47	6.32
牡蛎 B：左	长度	2	68.92	66.41	67.67	
	高度	2	58.34	55.87	57.11	
牡蛎 C：左	长度	5	131.74	71.60	100.21	21.70
	高度	5	82.88	34.91	64.00	17.95
菲律宾蛤仔	长度	10	42.38	30.97	36.64	3.97
	高度	11	30.97	22.64	26.56	2.93
砂海螂：左	长度	1			76.42	
	高度	2	56.32	47.82	52.07	
鱼：脊椎	直径	7	15.16	7.54	13.24	2.56
	高度	6	13.38	5.96	10.44	2.47

（八）多落母遗址

2010 年对该遗址进行调查，共获取动物遗骸 17 件，总质量 130.1 克，所属时代为新石器时代，距今 6500~4000 年。现将动物种属、可鉴定标本数、质量、测量数据等鉴定和分析结果公布如下。

1. 动物种属

软体动物　Mollusca

　　瓣鳃纲　Lamellibranchia

　　　　异柱目　Anisomyaria

　　　　　　牡蛎科　Ostreidae

　　　　　　　　牡蛎属　*Ostrea*

　　　　　　　　　　僧帽牡蛎　*Ostrea cucullata* Born

出土动物遗骸均为牡蛎，可辨种属仅见僧帽牡蛎一种（图版二八，12），属海产瓣鳃纲软体动物。

2. 可鉴定标本数

软体动物可鉴定标本总数为 7，其中僧帽牡蛎 1，占软体动物可鉴定标本总数的 14.29%，牡蛎 6（未定种属），占 85.71%。另有牡蛎碎块 10。

3. 质量

软体动物可鉴定标本总质量为 121.4 克，其中僧帽牡蛎 34.5 克，占软体动物可鉴定标本总质量的 28.42%，牡蛎（未定种属）86.9 克，占 71.58%。

4. 测量数据

僧帽牡蛎左侧测量标本 1，长度 53.59 毫米，高度 34.50 毫米。

二　古代居民获取动物资源的方式及相关问题的探讨

广鹿岛和洪子东岛贝丘遗址出土的动物种属大体可分为软体动物、节肢动物和脊椎动物三类，这些动物遗骸是通过调查采样和试掘采样获得的，可在一定程度上揭示古代居民获取动物资源的方式及其历时性和共时性变化。这些遗址属距今 6500~2700 年的新石器时代和青铜时代，笔者按其所属文化分期分为三个阶段对古代居民获取动物资源的方式及相关问题进行探讨。

（一）第一阶段：小珠山一期文化（距今 7000~6500 年）

以柳条沟东山遗址和门后遗址为代表，这两处遗址均位于广鹿岛东部近海侧。

广鹿岛以丘陵为主，东北部为较开阔的平地[1]，两处遗址周围迄今森林植被状况良好，是马鹿、狍、梅花鹿、小麂、獐等鹿科动物理想的栖居环境[2]；同时，遗址靠近海岸，可就近获得各种海产动物资源。柳条沟东山遗址和门后遗址的古代居民获取的动物资源包括海产软体动物和陆生脊椎动物两类，其中海产软体动物以各种牡蛎所占比例最大，而陆生脊椎动物主要是各种鹿科动物，以梅花鹿所占比例较大。

广鹿岛面积不大（仅 26.78 平方千米[3]），但考古遗址中却出现了大量的、不同种属的鹿科动

[1]　广鹿乡志编纂委员会编：《广鹿乡志》第 122、124 页，黑龙江人民出版社，2010 年。
[2]　寿振黄主编：《中国经济动物志——兽类》第 446~476 页，科学出版社，1962 年。
[3]　广鹿乡志编纂委员会编：《广鹿乡志》第 124 页，黑龙江人民出版社，2010 年。

物，对此，我们作何解释？

解释一：古人类将活的鹿带到了岛屿上。世界范围内动物（被捕获的动物或家畜）被人类引入岛屿的例证很多：文献记载中最早的例证见于距今 19000 ~ 10000 年前，人类将袋貂（*Phalanger orientalis*）引入到美拉尼西亚的新爱尔兰，这种动物可能来自于新不列颠岛；另一种有袋动物——黑袋鼠（*Thylogale brunii*）——也在距今 7000 年前被引入到新爱尔兰，它也可能源于新不列颠岛；家犬和家猪在距今 3000 ~ 2000 年前被引入到新爱尔兰，可能有两种老鼠（*Ratty exulans* 和 *R. praetor*）也同时被引入；马鹿也被带入苏格兰岛、爱尔兰岛和科西嘉岛附属岛屿[①]。广鹿岛距大陆仅十余海里且存在密切的文化交流，将活的鹿及其他动物由辽东半岛或胶东半岛带入该岛存在可能性。

解释二：全新世之初时，这些鹿确实在这些地区生存，当时广鹿岛等岛屿跟大陆连在一起，后因渤海和黄海的海侵事件，最终导致岛屿形成，这些鹿就留在了岛上。在该地区，地球上最后一次冰期结束后，气候逐渐变暖，海平面上升，最终形成了现今胶东半岛和辽东半岛这样的地理格局；距今 6500 年左右，海面下降到比现今岛岸线略高之处，广鹿岛及其附近岛屿大体已形成现今的形状[②]。

这两种解释均有其合理性，我们下一步希望通过对具体遗址的发掘获取系统的动物遗骸资料，并对其进行鉴定和研究，以对此进行深入阐释。

综上所述，在第一阶段，古代居民获取动物资源的方式包括两种：一是狩猎方式，狩猎对象是以梅花鹿为主的各种鹿科动物；二是捕捞方式，捕捞对象是以牡蛎为主的海产软体动物。

（二）第二阶段：小珠山三期文化（距今 6000 ~ 5500 年）和小珠山五期文化（距今 4500 ~ 4000 年）

小珠山三期文化以吴家村遗址为代表，该遗址位于广鹿岛中部平缓宽阔的丘陵台地上；小珠山五期文化以蛎碴岗遗址为代表，该遗址位于广鹿岛西南部南台山北坡的开阔台地上。

两处遗址均距海岸线有一定的距离，似乎表明古代居民自距今 5500 年开始摆脱逐海岸而居的状况，逐步向广鹿岛中部和西南部丘陵和山地发展，这种改变表明古代居民利用自然能力的提高，他们扩展了自身的生存空间和范围，同时也在一定程度上摆脱了海洋在赋予他们丰富的海产动物资源的同时给他们所带来的诸如台风等灾害性影响。

综合起来看，吴家村遗址和蛎碴岗遗址的古代居民获取的动物资源包括海产软体动物、海产脊椎动物和陆生脊椎动物三类，其中海产软体动物中各种牡蛎所占比例较高，海产脊椎动物为鲸，陆生脊椎动物主要是鹿科动物。

在此阶段，古代居民所获取动物资源的一个显著变化是猪的出现。就目前材料看：猪的个体较大，似乎为野猪，但考虑到：1）调查和试掘获取动物遗骸较少及由此所带来的各种偏差，2）

---

① Flannery, T. F., and White, J. P. 1991. Animal translocation. *National Geographic Research and Exploration* 7 (1): 96 – 113.

② Liu, J., Y. Saito, H. Wang, Z. G. Yang, and R. Nakashima. 2007. Sedimentary evolution of the Holocene subaqueous clinoform off the Shandong Peninsula in the Yellow Sea. *Marine Geology* 236: 165 – 187. 广鹿乡志编纂委员会编：《广鹿乡志》第 124 页，黑龙江人民出版社，2010 年。

猪在此阶段突然出现于广鹿岛并在此后持续存在，3）辽东半岛和胶东半岛已有证据表明出现了家猪[1]，由此是否存在将家猪带入广鹿岛的可能性等等，我们认识到：鉴于目前材料，我们尚难以对"该岛屿在此期是否已出现家猪及其来源"做出满意的回答。一方面我们寄希望于动物遗骸资料的进一步积累，另一方面我们或可通过几何形态测量学等方法开展深入的研究，而事实上，这也正是我们即将要开展的工作。

综上所述，在第二阶段，古代居民获取动物资源的方式主要包括两种：一是狩猎方式，狩猎对象是鹿科动物；二是捕捞方式，捕捞对象是以牡蛎为主的海产软体动物[2]；至于家畜饲养方式（猪的驯化）是否出现，我们还需进一步开展工作。

（三）第三阶段：双砣子一期文化（距今 4000～3600 年）和上马石上层文化（距今 3100～2700 年）

以洪子东遗址（试掘材料）、长寺山遗址和朱家村遗址为代表，洪子东遗址位于洪子东岛，长寺山遗址位于广鹿岛中部偏东，朱家村遗址位于广鹿岛东部近海侧。

遗址的分布范围更广，且向邻近的岛屿（洪子东岛：原是广鹿岛东端的陆地部分，位于其东端，相距仅 0.81 海里[3]）扩展。

综合起来看，洪子东遗址、长寺山遗址和朱家村遗址的古代居民获取动物资源主要包括海产软体动物、海产节肢动物、海产鱼类动物和陆生脊椎动物四类，其中海产软体动物中各种牡蛎占有较高的比例，海产节肢动物为蟹，海产鱼类动物为赤鲷，陆生脊椎动物除小型鹿科动物之外，还有猪和黄牛。

继猪在第二阶段出现于该岛之后，黄牛在第三阶段也出现于该岛。朱家村遗址共出土黄牛遗骸 3 件，其中下颌骨 1 件，部位为冠状突和髁突，上有切割痕迹，似乎为人类屠宰行为所致（图版三一，15）；肢骨 1 件，残长约 7 厘米，沿骨体有横向切割痕迹；另有脊椎 1 件。这些信息表明：1）古代居民获得（获得手段不知，驯养？或狩猎？）黄牛并将其屠宰，其主要目的之一可能是食用；2）黄牛骨骼（特别是肢骨）还被制作为骨器，这在很大程度上改变了之前单纯以鹿科动物骨骼作为骨料来源的局面。对于"黄牛是家养还是野生"以及"黄牛来源何地"等问题的探讨还需在材料和方法上做进一步的研究，但毋庸置疑的是：黄牛已作为重要的动物资源介入古代居民的生活。

综上所述，在第三阶段，古代居民获取动物资源的方式主要包括两种：一是狩猎方式，狩猎对象是鹿科动物，此期仅朱家村遗址出土 1 件小型鹿科动物的遗骸，而不见梅花鹿等体形较大的鹿科动物，在正视采样方法局限的情况下，该现象值得我们思考"鹿科动物在广鹿岛的消失及其原因"等问题；二是渔猎和捕捞方式，渔猎对象是赤鲷等海产鱼类动物，捕捞对象是牡蛎、脉红螺等海产软体动物以及蟹等海产节肢动物；至于家畜饲养方式（猪和黄牛的驯化）是否出现，或者是将家畜带入岛屿等问题的回答，我们仍需假以时日。

---

① 傅仁义：《大连郭家村遗址的动物遗骨》，《考古学报》1984 年第 3 期，第 331～334 页。中国社会科学院考古研究所编著：《胶东半岛贝丘遗址环境考古》第 240～249 页，社会科学文献出版社，2007 年。

② 砺碴岗遗址出土 1 件鲸下颌残块，我们现在并无证据表明当时的人类能够捕获鲸这样体形巨大的海产脊椎动物，我们将继续保持对相关信息的关注和研究。

③ 广鹿乡志编纂委员会编：《广鹿乡志》第 125 页，黑龙江人民出版社，2010 年。

第六章 结论

　　此次对广鹿岛的考古调查以及对若干处史前遗址的小规模试掘，取得了四点收获。

　　第一，经遗址调查，在广鹿岛共发现 23 处遗址，包括新石器时代、青铜时代、汉代、辽金、明清时期遗址。说明从距今 7000 年前的新石器时代以来，广鹿岛一直有人类居住，繁衍生息，说明北方岛屿文化历史悠久。

　　第二，新石器时代和青铜时代遗址主要分布在广鹿岛靠近海边或中、西部的较高台地，辽金和明清时期遗址则主要分布在中部或西部的平坦区域。由此看出，史前时期和历史时期在居住环境上存在区别，推测与当时的生产力水平有密切关系。通过遗址调查和发掘，证实史前时期遗址均为贝丘遗址，文化层出土大量的贝壳堆积，表明史前时期该岛的主要经济模式为渔猎经济，靠近海边的居住环境有利于渔猎生活。

　　第三，广鹿岛面积小，但新石器时代和青铜时代遗址数量较多，分别发现了 11 处和 8 处，史前文化内容丰富，延续时间较长，这种现象在辽东半岛周边岛屿十分罕见，为研究辽东半岛史前文化研究提供了丰富材料。并且在洪子东遗址还发现小珠山五期文化、双砣子三期、上马石上层文化遗存，也为该地区新石器时代至青铜时代过渡期文化研究提供了材料。

　　第四，新石器时代和青铜时代遗址均为贝丘遗址，遗址面积较小，形成小规模聚落遗址，推测与小规模的狩猎和渔猎经济模式有一定的关系。

参考文献

1. 三宅俊成：《长山列岛先史时代小调查》，《满洲学报》1936 年第四期。

2. 澄田正一：《辽东半岛的史前遗迹——大长山岛上马石贝冢》，《人间文化》2~4 期，1986、1988、1989 年。

3. 佟柱臣：《东北原始文化的分布与分期》，《考古》1961 年第 10 期。

4. 广鹿乡志编纂委员会：《广鹿乡志》，黑龙江人民出版社，2010 年。

5. 旅顺博物馆：《旅大市长海县新石器时代贝丘遗址调查》，《考古》1961 年第 12 期、1962 年第 7 期。

6. 辽宁省博物馆、旅顺博物馆：《大连市郭家村新石器时代遗址》，《考古学报》1984 年第 3 期。

7. 辽宁省博物馆、旅顺博物馆、长海县文化馆：《长海县广鹿岛大长山岛贝丘遗址》，《考古学报》1981 年第 1 期。

8. 中国社会科学院考古研究所、辽宁省文物考古研究所、大连市文物考古研究所：《辽宁长海县小珠山新石器时代遗址发掘简报》，《考古》2009 年第 5 期。

9. 辽宁省文物考古研究所、吉林大学考古学系、旅顺博物馆：《辽宁省瓦房店市长兴岛三堂村新石器时代遗址》，《考古》1992 年第 2 期。

10. 中国社会科学院考古研究所：《双砣子与岗上》，科学出版社，1996 年。

11. 大连市文物考古研究所：《大嘴子》，大连出版社，2000 年。

12. 大连市文物考古研究所：《辽宁长海县广鹿岛东水口遗址发掘简报》，《北方文物》2016 年第 4 期。

13. 许明纲、许玉林：《辽宁新金县双房石盖石棺墓》，《考古》1983 年第 4 期。

14. 王璀英：《长海县广鹿岛发现的石造像》，《大连文物》1998 年第 1 期。

15. 张翠敏：《大连地区辽时期佛教遗存考略》，《辽金历史与考古》2010 年。

16. 辽宁省文物考古研究所：《辽宁朝阳西三家辽代遗址发掘简报》《北方文物》2009 年第 1 期。

17. 鞍山市岫岩满族博物馆：《辽宁岫岩镇辽金遗址》，《北方文物》2004 年第 3 期。

18. 辽宁省文物考古研究所、岫岩满族博物馆：《辽宁岫岩县长兴辽金遗址发掘简报》，《考古》1999 年第 6 期。

19. 王维臣、温秀荣：《辽宁抚顺千金乡唐力村金代遗址发掘简报》，《北方文物》2000 年第

4 期。

20. 辽宁省文物考古研究所、铁岭市博物馆：《辽宁铁岭市歪石砬子辽金遗址发掘简报》，《考古》2012 年第 2 期。

21. 张翠敏、韩家宏、王宇、张志成：《大连西甸子辽代遗址发掘简报》，《辽金历史与考古》2009 年。

22. 沈阳市文物考古研究所、吉林大学边疆考古研究中心、新民市文物管理所：《沈阳市新民偏堡子遗址辽金时期遗存发掘简报》，《边疆考古研究》第 10 辑。

23. 许明纲：《大连市发现的明代窖藏青花瓷器》，《辽海文物学刊》1987 年第 1 期。

24. 耿宝昌：《明清瓷器鉴定》，学苑文化专业出版社，1993 年。

附表一　　　　　　　　　　　　　　　朱家村遗址调查遗物统计表

| 调查区域 | 采集点 | 纬度 | 经度 | 时代 | 分期 | 时代（或文化） | 双砣子一期 | | 双砣子二期 | 汉代 | | 合计 |
							陶器	石器	陶器	陶器	铁器	
4 区	A1	39°11′51.6″	122°23′04.2″	汉代	上层	汉代				9		9
4 区	B2	39°11′51.6″	122°23′03.7″	汉代	上层	汉代				9		9
4 区	C1	39°11′52.9″	122°23′03.2″	汉代	上层	汉代				1		1
4 区	C3	39°11′51.9″	122°23′03.2″	汉代	上层	汉代				5		5
4 区	C4	39°11′51.4″	122°23′03.1″	汉代	上层	汉代				1		1
4 区	D1	39°11′53.1″	122°23′02.7″	汉代	上层	汉代				1		1
4 区	D2	39°11′52.5″	122°23′02.7″	汉代	上层	汉代				1		1
4 区	D3	39°11′51.8″	122°23′02.7″	汉代	上层	汉代				6		6
4 区	D4	39°11′51.4″	122°23′02.6″	汉代	上层	汉代				2		2
4 区	E1	39°11′53.2″	122°23′02.0″	汉代	上层	汉代				6		6
4 区	E2	39°11′52.6″	122°23′02.0″	汉代	上层	汉代				5		5
4 区	E3	39°11′52.2″	122°23′02.1″	汉代	上层	汉代				3		3
4 区	F2	39°11′52.7″	122°23′01.7″	汉代	上层	汉代				2		2
4 区	F3	39°11′52.3″	122°23′01.7″	汉代	上层	汉代				2		2
4 区	G2	39°11′53.1″	122°23′01.2″	汉代	上层	汉代				4		4
4 区	G4	39°11′51.3″	122°23′01.4″	汉代	上层	汉代				2		2
4 区	H2	39°11′53.0″	122°23′00.7″	汉代	上层	汉代				1		1
4 区	H3	39°11′52.3″	122°23′00.8″	汉代	上层	汉代				2		2
4 区	I4	39°11′51.8″	122°23′00.3″	汉代	上层	汉代				2		2
4 区	采集	39°11′51.5″	122°23′04.4″	青铜	下层	双砣子一期	2					2
4 区	采集	39°11′51.5″	122°23′04.4″	汉代	上层	汉代				1		1
4 区	采集	39°11′51.5″	122°23′02.5″	汉代	上层	汉代				1		1
4 区	采集	39°11′51.7″	122°23′02.3″	青铜	下层	双砣子一期	9					9
4 区	采集	39°11′51.7″	122°23′02.3″	汉代	上层	汉代					1	1
4 区	采集	39°11′51.7″	122°23′02.3″	青铜	中层	双砣子二期			1			1
4 区	采集	39°11′51.9″	122°23′03.6″	青铜	下层	双砣子一期	2					2
4 区	采集	39°11′52.1″	122°23′02.2″	青铜	下层	双砣子一期	6					6
4 区	采集	39°11′52.2″	122°23′01.9″	青铜	下层	双砣子一期	4					4
4 区	采集	39°11′52.2″	122°23′02.6″	青铜	下层	双砣子一期	2					2
4 区	采集	39°11′52.3″	122°23′02.2″	青铜	下层	双砣子一期	5					5
4 区	采集	39°11′52.4″	122°23′02.3″	青铜	下层	双砣子一期		1				1
4 区	采集	39°11′52.5″	122°23′02.1″	青铜	下层	双砣子一期	13					13
4 区	采集	39°11′52.5″	122°23′01.9″	青铜	下层	双砣子一期	9					9

调查区域	采集点	纬度	经度	时代	分期	时代（或文化）	双砣子一期		双砣子二期	汉代		合计
							陶器	石器	陶器	陶器	铁器	
4 区	采集	39°11′52.5″	122°23′02.0″	青铜	下层	双砣子一期	4					4
4 区	采集	39°11′52.5″	122°23′02.1″	汉代	上层	汉代				5		5
4 区	采集	39°11′52.6″	122°23′02.3″	青铜	下层	双砣子一期	8					8
4 区	采集	39°11′52.6″	122°23′02.6″	青铜	下层	双砣子一期	4					4
4 区	采集	39°11′52.7″	122°23′02.2″	青铜	下层	双砣子一期	7					7
4 区	采集	39°11′52.8″	122°23′02.0″	青铜	下层	双砣子一期	7					7
4 区	采集	39°11′52.8″	122°23′02.6″	汉代	上层	汉代					1	1
4 区	采集	39°11′52.8″	122°23′02.0″	青铜	中层	双砣子二期			1			1
4 区	采集	39°11′52.9″	122°23′02.2″	青铜	下层	双砣子一期	5					5
4 区	采集	39°11′52.9″	122°23′02.5″	青铜	下层	双砣子一期	3					3
4 区	采集	39°11′52.9″	122°23′03.6″	青铜	中层	双砣子二期			1			1
4 区	采集	39°11′53.0″	122°23′02.2″	青铜	下层	双砣子一期	7					7
4 区	采集	39°11′53.1″	122°23′02.0″	青铜	下层	双砣子一期	16					16
4 区	采集	39°11′53.2″	122°23′02.2″	青铜	下层	双砣子一期	12					12
							126	3		73		202

附表二　　　　　　　　　　　邹南屯遗址调查遗物统计表

调查区域	采集点	纬度	经度	时代	分期	时代（或文化）	小珠山三期	辽金	明清	合计
							陶器	陶器	瓷器	
4 区	A1	39°11′42.2″	122°22′40.0″	辽金	中层	辽金		2		2
4 区	A3	39°11′44.0″	122°22′39.4″	辽金	中层	辽金		1		1
4 区	A5	39°11′45.3″	122°22′39.1″	明清	上层	明清			1	1
4 区	B2	39°11′42.9″	122°22′39.0″	辽金	中层	辽金		7		7
4 区	B3	39°11′43.7″	122°22′38.8″	辽金	中层	辽金		2		2
4 区	B4	39°11′44.4″	122°22′38.7″	辽金	中层	辽金		4		4
4 区	C1	39°11′41.8″	122°22′38.8″	辽金	中层	辽金		1		1
4 区	C2	39°11′42.7″	122°22′38.5″	辽金	中层	辽金		7		7
4 区	C3	39°11′43.6″	122°22′38.2″	辽金	中层	辽金		1		1
4 区	C4	39°11′44.4″	122°22′37.8″	明清	上层	明清			2	2
4 区	D1	39°11′40.9″	122°22′38.4″	辽金	中层	辽金		3		3
4 区	D2	39°11′42.0″	122°22′38.0″	辽金	中层	辽金		1		1
4 区	D2	39°11′42.0″	122°22′38.0″	明清	上层	明清			1	1

调查区域	采集点	纬度	经度	时代	分期	时代（或文化）	小珠山三期 陶器	辽金 陶器	明清 瓷器	合计
4 区	D3	39°11′42.7″	122°22′37.7″	辽金	中层	辽金		1		1
4 区	E1	39°11′40.9″	122°22′37.6″	辽金	中层	辽金		4		4
4 区	E2	39°11′41.8″	122°22′37.3″	辽金	中层	辽金		8		8
4 区	E3	39°11′42.6″	122°22′37.0″	辽金	中层	辽金		10		10
4 区	E4	39°11′43.4″	122°22′36.9″	辽金	中层	辽金		4		4
4 区	F1	39°11′40.8″	122°22′37.1″	辽金	中层	辽金		4		4
4 区	F1	39°11′40.8″	122°22′37.1″	明清	上层	明清			1	1
4 区	F2	39°11′41.6″	122°22′36.9″	辽金	中层	辽金		10		10
4 区	F3	39°11′42.5″	122°22′36.6″	辽金	中层	辽金		1		1
4 区	F4	39°11′43.4″	122°22′36.4″	辽金	中层	辽金		2		2
4 区	F5	39°11′44.0″	122°22′36.2″	辽金	中层	辽金		1		1
4 区	F5	39°11′44.0″	122°22′36.2″	明清	上层	明清			1	1
4 区	G3	39°11′41.5″	122°22′36.1″	辽金	中层	辽金		3		3
4 区	G4	39°11′42.5″	122°22′35.7″	辽金	中层	辽金		2		2
4 区	G5	39°11′43.3″	122°22′35.4″	辽金	中层	辽金		5		5
4 区	G6	39°11′44.0″	122°22′35.0″	辽金	中层	辽金		1		1
4 区	H3	39°11′41.5″	122°22′35.4″	辽金	中层	辽金		1		1
4 区	H5	39°11′43.1″	122°22′34.7″	辽金	中层	辽金		2		2
4 区	H7	39°11′45.1″	122°22′33.2″	辽金	中层	辽金		3		3
4 区	采集	39°11′42.9″	122°22′36.9″	新石器	下层	小珠山三期	45			45
4 区	采集	39°11′41.8″	122°22′37.0″	辽金	中层	辽金		4		4
4 区	采集	39°11′42.3″	122°22′36.9″	辽金	中层	辽金		4		4
4 区	采集	39°11′41.4″	122°22′37.3″	辽金	中层	辽金		3		3
4 区	采集	39°11′42.0″	122°22′35.4″	辽金	中层	辽金		1		1
4 区	采集	39°11′42.5″	122°22′38.7″	辽金	中层	辽金		1		1
4 区	采集	39°11′42.6″	122°22′36.8″	辽金	中层	辽金		1		1
4 区	采集	39°11′43.1″	122°22′36.9″	辽金	中层	辽金		1		1
4 区	采集	39°11′43.2″	122°22′38.2″	辽金	中层	辽金		1		1
4 区	采集	39°11′43.7″	122°22′36.9″	辽金	中层	辽金		1		1
4 区	采集	39°11′41.6″	122°22′36.2″	明清	上层	明清			2	2
4 区	采集	39°11′41.4″	122°22′38.1″	明清	上层	明清			1	1
4 区	采集	39°11′41.7″	122°22′35.9″	明清	上层	明清			1	1
4 区	采集	39°11′42.6″	122°22′36.8″	明清	上层	明清			1	1
4 区	采集	39°11′42.9″	122°22′36.9″	明清	上层	明清			1	1
4 区	TG1	39°11′41.1″	122°22′37.7″	新石器	下层	小珠山三期	3			3
							48	108	12	168

附表三　　　　　　　　　　　门后遗址调查遗物统计表

调查区域	采集点	纬度	经度	时代	时代（或文化）	小珠山一期		合计
						陶器	石器	
8 区	A6	39°11′19.0″	122°23′05.8″	新石器	小珠山一期	2		2
8 区	B1	39°11′19.5″	122°23′02.5″	新石器	小珠山一期	1		1
8 区	B2	39°11′19.5″	122°23′03.1″	新石器	小珠山一期	1		1
8 区	B3	39°11′19.6″	122°23′03.8″	新石器	小珠山一期	3		3
8 区	B4	39°11′19.6″	122°23′04.5″	新石器	小珠山一期	1		1
8 区	D5	39°11′20.2″	122°23′03.9″	新石器	小珠山一期	1		1
8 区	采集	39°11′20.6″	122°23′04.2″	新石器	小珠山一期	1		1
8 区	剖面采集	39°11′19.7″	122°23′03.5″	新石器	小珠山一期	5	3	8
8 区	剖面采集	39°11′20.5″	122°23′04.6″	新石器	小珠山一期	5		5
						23		23

附表四　　　　　　　　　　　柳条沟东山遗址调查遗物统计表

调查区域	采集点	纬度	经度	时代	时代（或文化）	小珠山一期		合计
						陶器	石器	
22 区	C1	39°10′41.1″	122°23′26.7″	新石器	小珠山一期	1		1
22 区	C3	39°10′41.4″	122°23′28.2″	新石器	小珠山一期	2		2
22 区	D1	39°10′41.7″	122°23′26.4″	新石器	小珠山一期	4		4
22 区	D2	39°10′41.9″	122°23′26.9″	新石器	小珠山一期	4		4
22 区	D3	39°10′42.1″	122°23′27.5″	新石器	小珠山一期	5		5
22 区	E2	39°10′42.5″	122°23′26.5″	新石器	小珠山一期	2		2
22 区	F2	39°10′43.0″	122°23′26.6″	新石器	小珠山一期	3		3
22 区	G5	39°10′44.0″	122°23′27.1″	新石器	小珠山一期	3		3
22 区	G7	39°10′44.2″	122°23′28.4″	新石器	小珠山一期	1		1
22 区	H5	39°10′44.4″	122°23′27.0″	新石器	小珠山一期	32		32
22 区	H6	39°10′44.6″	122°23′27.8″	新石器	小珠山一期	4		4
22 区	采集	39°10′40.3″	122°23′26.9″	新石器	小珠山一期		1	1
22 区	采集	39°10′44.8″	122°23′27.0″	新石器	小珠山一期	41		41
22 区	采集	39°10′43.8″	122°23′27.1″	新石器	小珠山一期	6		6
22 区	采集	39°10′43.6″	122°23′27.4″	新石器	小珠山一期	4		4
22 区	采集	39°10′44.8″	122°23′27.4″	新石器	小珠山一期	4		4
22 区	采集	39°10′44.5″	122°23′27.4″	新石器	小珠山一期	3		3
22 区	采集	39°10′43.6″	122°23′27.0″	新石器	小珠山一期	2		2
22 区	采集	39°10′44.5″	122°23′27.2″	新石器	小珠山一期	2		2
22 区	采集	39°10′44.7″	122°23′27.1″	新石器	小珠山一期	1		1
22 区	采集	39°10′44.7″	122°23′27.2″	新石器	小珠山一期	1		1
22 区	剖面1③	39°10′43.6″	122°23′27.0″	新石器	小珠山一期	1		1
						127		127

附表五　　　　　　　　　　　　　　东水口遗址调查遗物统计表

调查区域	采集点	纬度	经度	时代	分期	时代（或文化）	小珠山一期 陶器	小珠山三期 陶器	合计
22 区	A3	39°10′36.3″	122°23′35.9″	新石器	上层	小珠山三期		2	2
22 区	E3	39°10′38.3″	122°23′34.9″	新石器	上层	小珠山三期		1	1
22 区	E4	39°10′38.3″	122°23′33.9″	新石器	上层	小珠山三期		1	1
22 区	F7	39°10′38.9″	122°23′33.0″	新石器	上层	小珠山三期		1	1
22 区	H1	39°10′40.8″	122°23′36.5″	新石器	上层	小珠山三期		1	1
22 区	采集	39°10′41.2″	122°23′35.1″	新石器	下层	小珠山一期	1		1
22 区	采集	39°10′42.5″	122°23′35.9″	新石器	下层	小珠山一期	1		1
							2	6	8

附表六　　　　　　　　　　　　　　洪子东遗址调查遗物统计表

调查区域	采集点	纬度	经度	时代	分期	时代（或文化）	小珠山五期 陶器	双砣子三期 陶器	上马石上层 陶器	合计
38 区	B5	39°10′41.7″	122°24′10.5″	青铜	上层	上马石上层			1	1
38 区	B7	39°10′40.8″	122°24′11.0″	青铜	上层	上马石上层			1	1
38 区	C7	39°10′40.9″	122°24′11.5″	新石器	下层	小珠山五期	2			2
38 区	D7	39°10′40.8″	122°24′11.8″	新石器	下层	小珠山五期	1			1
38 区	E1	39°10′44.7″	122°24′11.8″	新石器	下层	小珠山五期	2			2
38 区	E2	39°10′44.1″	122°24′11.9″	新石器	下层	小珠山五期	1			1
38 区	E4	39°10′43.1″	122°24′12.1″	新石器	下层	小珠山五期	1			1
38 区	E5	39°10′42.6″	122°24′12.1″	新石器	下层	小珠山五期	7			7
38 区	E6	39°10′42.0″	122°24′12.2″	青铜	中层	双砣子三期		1		1
38 区	F3	39°10′43.9″	122°24′12.5″	新石器	下层	小珠山五期	5			5
38 区	F5	39°10′42.6″	122°24′12.6″	新石器	下层	小珠山五期	1			1
38 区	F6	39°10′42.1″	122°24′12.7″	新石器	下层	小珠山五期	1			1
38 区	F7	39°10′41.5″	122°24′12.9″	新石器	下层	小珠山五期	1			1
38 区	G8	39°10′41.2″	122°24′13.3″	新石器	下层	小珠山五期	1			1
38 区	G9	39°10′40.2″	122°24′13.7″	新石器	下层	小珠山五期	1			1
							24	1	2	27

附表七　　　　　　　　　柳条村遗址调查遗物统计表

调查区域	采集点	纬度	经度	时代	分期	时代（或文化）	小珠山一期 陶器	小珠山三期 陶器	小珠山三期 石器	合计
22 区	A2	39°10′38.5″	122°23′04.7″	新石器	上层	小珠山三期		2		2
22 区	A3	39°10′38.6″	122°23′05.5″	新石器	上层	小珠山三期		2		2
22 区	A4	39°10′38.9″	122°23′06.3″	新石器	上层	小珠山三期		3		3
22 区	A6	39°10′39.0″	122°23′07.9″	新石器	上层	小珠山三期		2		2
22 区	A8	39°10′39.4″	122°23′09.8″	新石器	上层	小珠山三期		1		1
22 区	A9	39°10′39.6″	122°23′10.8″	新石器	上层	小珠山三期		2		2
22 区	B5	39°10′39.4″	122°23′06.9″	新石器	上层	小珠山三期		7		7
22 区	B5	39°10′39.4″	122°23′06.9″	新石器	下层	小珠山一期	6			6
22 区	B6	39°10′39.6″	122°23′07.8″	新石器	上层	小珠山三期		4		4
22 区	B10	39°10′40.5″	122°23′11.3″	新石器	上层	小珠山三期		1		1
22 区	C3	39°10′39.6″	122°23′05.0″	新石器	上层	小珠山三期		2	1	3
22 区	C3	39°10′39.6″	122°23′05.0″	新石器	下层	小珠山一期	4			4
22 区	C4	39°10′39.7″	122°23′06.0″	新石器	上层	小珠山三期		5		5
22 区	C4	39°10′39.7″	122°23′06.0″	新石器	下层	小珠山一期	6			6
22 区	C6	39°10′40.1″	122°23′08.1″	新石器	上层	小珠山三期		3		3
22 区	C7	39°10′40.4″	122°23′09.0″	新石器	上层	小珠山三期		3		3
22 区	C8	39°10′40.5″	122°23′09.6″	新石器	上层	小珠山三期		1		1
22 区	D2	39°10′40.1″	122°23′04.3″	新石器	上层	小珠山三期			1	1
22 区	D7	39°10′40.7″	122°23′08.9″	新石器	上层	小珠山三期		1		1
22 区	D8	39°10′41.0″	122°23′09.6″	新石器	上层	小珠山三期		3		3
22 区	D8	39°10′41.0″	122°23′09.6″	新石器	下层	小珠山一期	3			3
22 区	E4	39°10′40.7″	122°23′05.9″	新石器	上层	小珠山三期		1		1
22 区	E7	39°10′41.3″	122°23′08.7″	新石器	上层	小珠山三期			1	1
22 区	F1	39°10′41.2″	122°23′03.6″	新石器	上层	小珠山三期		1		1
22 区	G2	39°10′41.5″	122°23′04.7″	新石器	上层	小珠山三期		2		2
22 区	G2	39°10′41.5″	122°23′04.7″	新石器	下层	小珠山一期	1			1
22 区	G3	39°10′41.5″	122°23′05.6″	新石器	上层	小珠山三期		1		1
22 区	H4	39°10′41.9″	122°23′05.8″	新石器	上层	小珠山三期			1	1
22 区	H5	39°10′42.1″	122°23′06.8″	新石器	上层	小珠山三期		2		2
22 区	K3	39°10′43.1″	122°23′06.7″	新石器	上层	小珠山三期		1		1
22 区	K4	39°10′43.2″	122°23′07.4″	新石器	上层	小珠山三期		1		1
22 区	L1	39°10′43.4″	122°23′05.0″	新石器	上层	小珠山三期		2		2
22 区	采集	39°10′46.2″	122°23′12.5″	新石器	上层	小珠山三期			1	1
22 区	采集	39°10′47.5″	122°23′14.2″	新石器	上层	小珠山三期			1	1

续附表七

调查区域	采集点	纬度	经度	时代	分期	时代（或文化）	小珠山一期	小珠山三期		合计
							陶器	陶器	石器	
22区	采集	39°10′41.8″	122°23′08.0″	新石器	上层	小珠山三期			1	1
22区	采集	39°10′39.4″	122°23′07.0″	新石器	上层	小珠山三期			1	1
22区	采集	39°10′39.7″	122°23′08.7″	新石器	上层	小珠山三期			1	1
22区	采集	39°10′43.7″	122°23′18.1″	新石器	上层	小珠山三期			1	1
22区	采集	39°10′44.4″	122°23′07.8″	新石器	上层	小珠山三期			1	1
22区	采集	39°10′40.1″	122°23′09.8″	新石器	上层	小珠山三期			1	1
22区	采集	39°10′42.7″	122°23′05.2″	新石器	上层	小珠山三期			1	1
22区	采集	39°10′39.5″	122°23′04.8″	新石器	上层	小珠山三期		1		1
							20	67		87

附表八　　　　下和气沟遗址调查遗物统计表

调查区域	采集点	纬度	经度	时代	分期	时代（或文化）	双砣子三期		明清		合计
							陶器	石器	陶器	瓷器	
27区	A1	39°10′43.3″	122°21′50.5″	明清	上层	明清			3	1	4
27区	A2	39°10′43.1″	122°21′51.2″	明清	上层	明清			2		2
27区	B1	39°10′43.9″	122°21′50.8″	明清	上层	明清			7		7
27区	B1	39°10′43.9″	122°21′50.8″	青铜	下层	双砣子三期	2				2
27区	B2	39°10′43.5″	122°21′51.5″	明清	上层	明清			5	1	6
27区	B3	39°10′43.3″	122°21′52.0″	明清	上层	明清			11		11
27区	B3	39°10′43.3″	122°21′52.0″	青铜	下层	双砣子三期	1				1
27区	B4	39°10′43.0″	122°21′52.8″	青铜	下层	双砣子三期	3	1			4
27区	B5	39°10′42.7″	122°21′53.4″	明清	上层	明清				1	1
27区	B6	39°10′42.4″	122°21′54.0″	明清	上层	明清				3	3
27区	C1	39°10′44.0″	122°21′51.2″	明清	上层	明清			4		4
27区	C1	39°10′44.0″	122°21′51.2″	青铜	下层	双砣子三期	1				1
27区	C2	39°10′44.1″	122°21′51.8″	明清	上层	明清			4		4
27区	C4	39°10′43.6″	122°21′53.1″	明清	上层	明清			1		1
27区	采集	39°10′41.2″	122°21′58.6″	明清	上层	明清			6		6
27区	采集	39°10′40.0″	122°21′57.2″	明清	上层	明清				2	2
27区	采集	39°10′41.5″	122°21′53.4″	明清	上层	明清				1	1
27区	采集	39°10′42.2″	122°21′56.1″	明清	上层	明清				1	1
27区	采集	39°10′43.6″	122°21′56.4″	青铜	下层	双砣子三期		1			1
							9		53		62

附表九　　　　　　　　　　　　　　长寺山遗址调查遗物统计表

调查区域	采集点	纬度	经度	时代	分期	时代（或文化）	上马石上层		辽金		合计
							陶器	石器	陶器	瓷器	
10 区	A2	39°11′24.4″	122°22′30.5″	青铜	下层	上马石上层	1				1
10 区	A5	39°11′25.9″	122°22′29.5″	辽金	上层	辽金			4		4
10 区	B2	39°11′24.1″	122°22′30.1″	辽金	上层	辽金			5		5
10 区	B3	39°11′24.6″	122°22′29.7″	辽金	上层	辽金			3		3
10 区	B4	39°11′25.1″	122°22′29.3″	辽金	上层	辽金			8		8
10 区	B5	39°11′25.5″	122°22′28.9″	辽金	上层	辽金			2		2
10 区	B6	39°11′25.9″	122°22′28.6″	辽金	上层	辽金			4		4
10 区	B8	39°11′26.9″	122°22′27.8″	辽金	上层	辽金			4		4
10 区	B9	39°11′27.3″	122°22′27.6″	辽金	上层	辽金			8		8
10 区	B10	39°11′27.9″	122°22′27.2″	青铜	下层	上马石上层	2				2
10 区	B10	39°11′27.9″	122°22′27.2″	辽金	上层	辽金			2		2
10 区	C1	39°11′22.1″	122°22′30.0″	青铜	下层	上马石上层	1				1
10 区	C2	39°11′22.8″	122°22′29.6″	辽金	上层	辽金			1		1
10 区	C4	39°11′23.8″	122°22′28.9″	辽金	上层	辽金			3		3
10 区	C5	39°11′24.4″	122°22′28.4″	辽金	上层	辽金			3		3
10 区	C6	39°11′25.0″	122°22′28.1″	青铜	下层	上马石上层	1				1
10 区	C6	39°11′25.0″	122°22′28.1″	辽金	上层	辽金			3		3
10 区	C7	39°11′25.5″	122°22′27.7″	辽金	上层	辽金			7		7
10 区	C9	39°11′26.6″	122°22′26.8″	辽金	上层	辽金			1		1
10 区	D2	39°11′22.2″	122°22′28.8″	青铜	下层	上马石上层	2				2
10 区	D2	39°11′22.2″	122°22′28.8″	辽金	上层	辽金			5		5
10 区	D3	39°11′22.7″	122°22′28.4″	青铜	下层	上马石上层	4				4
10 区	D3	39°11′22.7″	122°22′28.4″	辽金	上层	辽金			5		5
10 区	D4	39°11′23.3″	122°22′27.9″	辽金	上层	辽金			8	1	9
10 区	D5	39°11′23.8″	122°22′27.6″	辽金	上层	辽金			3		3
10 区	D6	39°11′24.5″	122°22′27.1″	辽金	上层	辽金			6		6
10 区	D7	39°11′24.8″	122°22′26.7″	辽金	上层	辽金			7		7
10 区	D8	39°11′25.4″	122°22′26.3″	辽金	上层	辽金			7		7
10 区	D9	39°11′26.0″	122°22′25.9″	辽金	上层	辽金			5		5
10 区	E1	39°11′20.9″	122°22′28.0″	青铜	下层	上马石上层	1				1
10 区	E1	39°11′20.9″	122°22′28.0″	辽金	上层	辽金			2		2
10 区	E3	39°11′21.9″	122°22′27.3″	青铜	下层	上马石上层	1				1
10 区	E3	39°11′21.9″	122°22′27.3″	辽金	上层	辽金			2		2
10 区	E5	39°11′22.7″	122°22′26.4″	辽金	上层	辽金				1	1

调查区域	采集点	纬度	经度	时代	分期	时代（或文化）	上马石上层 陶器	上马石上层 石器	辽金 陶器	辽金 瓷器	合计
10 区	E8	39°11′24.0″	122°22′25.4″	辽金	上层	辽金			5		5
10 区	E9	39°11′24.6″	122°22′25.0″	辽金	上层	辽金			1		1
10 区	F2	39°11′20.7″	122°22′26.9″	辽金	上层	辽金			1		1
10 区	F4	39°11′21.7″	122°22′26.2″	辽金	上层	辽金			1		1
10 区	F9	39°11′24.6″	122°22′23.8″	青铜	下层	上马石上层	1				1
10 区	F10	39°11′25.4″	122°22′23.1″	辽金	上层	辽金			2		2
10 区	G1	39°11′20.0″	122°22′26.7″	青铜	下层	上马石上层	13				13
10 区	G2	39°11′20.4″	122°22′26.5″	青铜	下层	上马石上层	4				4
10 区	G3	39°11′20.9″	122°22′25.9″	辽金	上层	辽金			3		3
10 区	G4	39°11′21.5″	122°22′25.4″	青铜	下层	上马石上层	4				4
10 区	G4	39°11′21.5″	122°22′25.4″	辽金	上层	辽金			1		1
10 区	G6	39°11′22.6″	122°22′24.5″	青铜	下层	上马石上层	3				3
10 区	G7	39°11′23.2″	122°22′24.0″	青铜	下层	上马石上层	1				1
10 区	G8	39°11′23.7″	122°22′23.5″	青铜	下层	上马石上层	4				4
10 区	H1	39°11′19.7″	122°22′26.4″	青铜	下层	上马石上层	1				1
10 区	H5	39°11′21.8″	122°22′24.5″	青铜	下层	上马石上层	1				1
10 区	H6	39°11′22.3″	122°22′24.1″	青铜	下层	上马石上层	1				1
10 区	H7	39°11′23.0″	122°22′23.6″	青铜	下层	上马石上层	1				1
10 区	H8	39°11′23.4″	122°22′23.1″	青铜	下层	上马石上层	2				2
10 区	H9	39°11′24.1″	122°22′22.7″	青铜	下层	上马石上层	2				2
10 区	I1	39°11′19.3″	122°22′25.6″	青铜	下层	上马石上层	1				1
10 区	I2	39°11′19.9″	122°22′25.2″	青铜	下层	上马石上层	1				1
10 区	I3	39°11′20.5″	122°22′24.7″	辽金	上层	辽金			3		3
10 区	I4	39°11′21.1″	122°22′24.3″	青铜	下层	上马石上层	3				3
10 区	I5	39°11′21.5″	122°22′23.8″	辽金	上层	辽金			1		1
10 区	I6	39°11′22.1″	122°22′23.3″	青铜	下层	上马石上层	3				3
10 区	I6	39°11′22.1″	122°22′23.3″	辽金	上层	辽金			5		5
10 区	I7	39°11′22.7″	122°22′22.8″	青铜	下层	上马石上层	15				15
10 区	I8	39°11′23.2″	122°22′22.4″	青铜	下层	上马石上层	4				4
10 区	I8	39°11′23.2″	122°22′22.4″	辽金	上层	辽金			2		2
10 区	I10	39°11′24.2″	122°22′21.3″	青铜	下层	上马石上层	7				7
10 区	J2	39°11′19.5″	122°22′24.6″	青铜	下层	上马石上层	1				1
10 区	J3	39°11′20.1″	122°22′24.3″	青铜	下层	上马石上层	4				4
10 区	J4	39°11′20.5″	122°22′23.9″	青铜	下层	上马石上层	4				4

调查区域	采集点	纬度	经度	时代	分期	时代（或文化）	上马石上层		辽金		合计
							陶器	石器	陶器	瓷器	
10区	J4	39°11′20.5″	122°22′23.9″	辽金	上层	辽金			2		2
10区	J5	39°11′21.1″	122°22′23.5″	青铜	下层	上马石上层	8				8
10区	J6	39°11′21.6″	122°22′23.1″	青铜	下层	上马石上层	9				9
10区	J7	39°11′22.0″	122°22′22.6″	青铜	下层	上马石上层	11				11
10区	J7	39°11′22.0″	122°22′22.6″	辽金	上层	辽金			3		3
10区	J8	39°11′22.5″	122°22′22.2″	青铜	下层	上马石上层	5				5
10区	J9	39°11′23.0″	122°22′21.6″	青铜	下层	上马石上层	5				5
10区	J9	39°11′23.0″	122°22′21.6″	辽金	上层	辽金			4		4
10区	K1	39°11′18.7″	122°22′24.4″	青铜	下层	上马石上层	1				1
10区	K3	39°11′20.1″	122°22′23.4″	青铜	下层	上马石上层	1				1
10区	K4	39°11′20.7″	122°22′22.9″	青铜	下层	上马石上层	1				1
10区	K5	39°11′21.4″	122°22′22.2″	青铜	下层	上马石上层	3				3
10区	K8	39°11′23.0″	122°22′20.8″	青铜	下层	上马石上层	3				3
10区	L4	39°11′20.4″	122°22′22.3″	青铜	下层	上马石上层	6				6
10区	M4	39°11′19.8″	122°22′21.9″	青铜	下层	上马石上层	1				1
10区	M8	39°11′21.7″	122°22′20.1″	青铜	下层	上马石上层	1				1
10区	N5	39°11′20.0″	122°22′21.2″	青铜	下层	上马石上层	1				1
10区	N8	39°11′21.4″	122°22′19.6″	青铜	下层	上马石上层	1				1
10区	N12	39°11′23.5″	122°22′17.3″	青铜	下层	上马石上层	1				1
10区	N13	39°11′24.0″	122°22′16.7″	青铜	下层	上马石上层	2				2
10区	O3	39°11′19.7″	122°22′20.7″	青铜	下层	上马石上层	1				1
10区	P6	39°11′21.2″	122°22′18.4″	青铜	下层	上马石上层	1				1
10区	Q2	39°11′18.7″	122°22′20.1″	青铜	下层	上马石上层	4				4
10区	Q3	39°11′19.4″	122°22′19.8″	青铜	下层	上马石上层	1				1
10区	Q3	39°11′19.4″	122°22′19.8″	辽金	上层	辽金			2		2
10区	S3	39°11′17.0″	122°22′19.7″	青铜	下层	上马石上层	4				4
10区	T6	39°11′18.7″	122°22′17.9″	青铜	下层	上马石上层	2				2
10区	T10	39°11′21.8″	122°22′15.1″	青铜	下层	上马石上层		1			1
10区	V9	39°11′20.9″	122°22′14.5″	青铜	下层	上马石上层	2				2
10区	采集	39°11′20.7″	122°22′14.3″	青铜	下层	上马石上层	35				35
10区	采集	39°11′23.1″	122°22′22.6″	青铜	下层	上马石上层		1			1
10区	采集	39°11′25.4″	122°22′20.9″	青铜	下层	上马石上层		1			1
10区	采集	39°11′22.3″	122°22′23.3″	青铜	下层	上马石上层		1			1
10区	采集	39°11′26.0″	122°22′25.4″	青铜	下层	上马石上层		1			1

调查区域	采集点	纬度	经度	时代	分期	时代（或文化）	上马石上层		辽金		合计
							陶器	石器	陶器	瓷器	
10 区	采集	39°11′23.1″	122°22′28.3″	青铜	下层	上马石上层		1			1
10 区	采集	39°11′21.9″	122°22′23.7″	青铜	下层	上马石上层		1			1
10 区	采集	39°11′30.6″	122°22′27.6″	青铜	下层	上马石上层		1			1
10 区	剖面2③	39°11′21.0″	122°22′18.8″	青铜	下层	上马石上层	76				76
							288		146		434

附表一〇　　　　　　　　　　　　吴家村遗址调查遗物统计表

调查区域	采集点	纬度	经度	时代	分期	时代（或文化）	小珠山三期		上马石上层		辽金	合计
							陶器	石器	陶器	石器	陶器	
11 区	A1	39°11′16.8″	122°21′46.2″	新石器	下层	小珠山三期	8					8
11 区	A1	39°11′16.8″	122°21′46.2″	辽金	上层	辽金					3	3
11 区	A1	39°11′16.8″	122°21′46.2″	青铜	中层	上马石上层			3			3
11 区	A2	39°11′16.9″	122°21′47.0″	新石器	下层	小珠山三期	7					7
11 区	A2	39°11′16.9″	122°21′47.0″	青铜	中层	上马石上层			7			7
11 区	A2	39°11′16.9″	122°21′47.0″	辽金	上层	辽金					2	2
11 区	A3	39°11′16.9″	122°21′47.9″	新石器	下层	小珠山三期	9					9
11 区	A3	39°11′16.9″	122°21′47.9″	青铜	中层	上马石上层			5			5
11 区	A3	39°11′16.9″	122°21′47.9″	辽金	上层	辽金					1	1
11 区	A4	39°11′16.8″	122°21′48.7″	新石器	下层	小珠山三期	9					9
11 区	A4	39°11′16.8″	122°21′48.7″	青铜	中层	上马石上层			5			5
11 区	A5	39°11′16.7″	122°21′49.5″	新石器	下层	小珠山三期	47					47
11 区	A5	39°11′16.7″	122°21′49.5″	青铜	中层	上马石上层			15			15
11 区	A5	39°11′16.7″	122°21′49.5″	辽金	上层	辽金					6	6
11 区	A6	39°11′16.6″	122°21′49.8″	新石器	下层	小珠山三期	23					23
11 区	A6	39°11′16.6″	122°21′49.8″	青铜	中层	上马石上层			15			15
11 区	A6	39°11′16.6″	122°21′49.8″	辽金	上层	辽金					5	5
11 区	A7	39°11′16.4″	122°21′51.8″	新石器	下层	小珠山三期	20					20
11 区	A7	39°11′16.4″	122°21′51.8″	青铜	中层	上马石上层			5			5
11 区	B1	39°11′17.7″	122°21′45.7″	新石器	下层	小珠山三期	1					1
11 区	B1	39°11′17.7″	122°21′45.7″	青铜	中层	上马石上层			1			1
11 区	B2	39°11′17.6″	122°21′46.5″	新石器	下层	小珠山三期	3					3
11 区	B2	39°11′17.6″	122°21′46.5″	辽金	上层	辽金					3	3
11 区	B3	39°11′17.4″	122°21′47.2″	新石器	下层	小珠山三期	4					4

续附表一○

调查区域	采集点	纬度	经度	时代	分期	时代（或文化）	小珠山三期		上马石上层		辽金	合计
							陶器	石器	陶器	石器	陶器	
11 区	B3	39°11′17.4″	122°21′47.2″	青铜	中层	上马石上层			3			3
11 区	B4	39°11′17.3″	122°21′48.1″	新石器	下层	小珠山三期	8					8
11 区	B4	39°11′17.3″	122°21′48.1″	青铜	中层	上马石上层			5			5
11 区	B4	39°11′17.3″	122°21′48.1″	辽金	上层	辽金					3	3
11 区	B5	39°11′17.2″	122°21′48.9″	新石器	下层	小珠山三期	9					9
11 区	B5	39°11′17.2″	122°21′48.9″	青铜	中层	上马石上层			7			7
11 区	B6	39°11′17.1″	122°21′49.8″	新石器	下层	小珠山三期	20					20
11 区	B6	39°11′17.1″	122°21′49.8″	青铜	中层	上马石上层			6			6
11 区	B7	39°11′16.9″	122°21′50.7″	新石器	下层	小珠山三期	19					19
11 区	B8	39°11′16.9″	122°21′51.5″	新石器	下层	小珠山三期	18					18
11 区	C1	39°11′18.1″	122°21′45.5″	辽金	上层	辽金					1	1
11 区	C2	39°11′18.0″	122°21′46.2″	新石器	下层	小珠山三期	1					1
11 区	C2	39°11′18.0″	122°21′46.2″	辽金	上层	辽金					1	1
11 区	C3	39°11′17.9″	122°21′47.0″	新石器	下层	小珠山三期	4					4
11 区	C3	39°11′17.9″	122°21′47.0″	辽金	上层	辽金					1	1
11 区	C3	39°11′17.9″	122°21′47.0″	青铜	中层	上马石上层			1			1
11 区	C4	39°11′17.8″	122°21′47.9″	新石器	下层	小珠山三期	1					1
11 区	C5	39°11′17.7″	122°21′48.7″	新石器	下层	小珠山三期	1					1
11 区	C6	39°11′17.6″	122°21′49.6″	新石器	下层	小珠山三期	1					1
11 区	C6	39°11′17.6″	122°21′49.6″	青铜	中层	上马石上层			1			1
11 区	C7	39°11′17.5″	122°21′50.4″	新石器	下层	小珠山三期	4					4
11 区	C7	39°11′17.5″	122°21′50.4″	青铜	中层	上马石上层			3			3
11 区	C8	39°11′17.4″	122°21′51.2″	新石器	下层	小珠山三期	3					3
11 区	C8	39°11′17.4″	122°21′51.2″	辽金	上层	辽金					1	1
11 区	C8	39°11′17.4″	122°21′51.2″	青铜	中层	上马石上层			1			1
11 区	C9	39°11′17.4″	122°21′51.8″	新石器	下层	小珠山三期	7					7
11 区	D1	39°11′18.5″	122°21′45.3″	新石器	下层	小珠山三期	2					2
11 区	D1	39°11′18.5″	122°21′45.3″	青铜	中层	上马石上层			2			2
11 区	D2	39°11′18.4″	122°21′46.1″	辽金	上层	辽金					2	2
11 区	D2	39°11′18.4″	122°21′46.1″	新石器	下层	小珠山三期	1					1
11 区	D2	39°11′18.4″	122°21′46.1″	青铜	中层	上马石上层			1			1
11 区	D3	39°11′18.3″	122°21′46.9″	新石器	下层	小珠山三期	1					1
11 区	D3	39°11′18.3″	122°21′46.9″	辽金	上层	辽金					1	1
11 区	D4	39°11′18.3″	122°21′47.6″	新石器	下层	小珠山三期	3					3

续附表一〇

调查区域	采集点	纬度	经度	时代	分期	时代（或文化）	小珠山三期		上马石上层		辽金	合计
							陶器	石器	陶器	石器	陶器	
11区	D4	39°11′18.3″	122°21′47.6″	青铜	中层	上马石上层			3			3
11区	D5	39°11′18.1″	122°21′48.5″	新石器	下层	小珠山三期	5					5
11区	D6	39°11′18.0″	122°21′49.3″	辽金	上层	辽金					2	2
11区	D6	39°11′18.0″	122°21′49.3″	青铜	中层	上马石上层			2			2
11区	D6	39°11′18.0″	122°21′49.3″	新石器	下层	小珠山三期	1					1
11区	D7	39°11′18.0″	122°21′50.0″	新石器	下层	小珠山三期	6					6
11区	D7	39°11′18.0″	122°21′50.0″	青铜	中层	上马石上层			2			2
11区	D8	39°11′17.9″	122°21′50.7″	青铜	中层	上马石上层			5			5
11区	D8	39°11′17.9″	122°21′50.7″	新石器	下层	小珠山三期	1					1
11区	D9	39°11′17.8″	122°21′51.5″	新石器	下层	小珠山三期	14					14
11区	D9	39°11′17.8″	122°21′51.5″	青铜	中层	上马石上层			4			4
11区	D10	39°11′17.6″	122°21′52.0″	新石器	下层	小珠山三期	9					9
11区	D10	39°11′17.6″	122°21′52.0″	青铜	中层	上马石上层			1			1
11区	E2	39°11′19.1″	122°21′46.4″	新石器	下层	小珠山三期	2					2
11区	E2	39°11′19.1″	122°21′46.4″	青铜	中层	上马石上层			2			2
11区	E2	39°11′19.1″	122°21′46.4″	辽金	上层	辽金					1	1
11区	E3	39°11′19.0″	122°21′47.2″	新石器	下层	小珠山三期	1					1
11区	E3	39°11′19.0″	122°21′47.2″	青铜	中层	上马石上层			1			1
11区	E4	39°11′18.8″	122°21′47.7″	新石器	下层	小珠山三期	9					9
11区	E4	39°11′18.8″	122°21′47.7″	青铜	中层	上马石上层			8			8
11区	E5	39°11′18.7″	122°21′48.5″	辽金	上层	辽金					2	2
11区	E5	39°11′18.7″	122°21′48.5″	青铜	中层	上马石上层			2			2
11区	E6	39°11′18.6″	122°21′49.1″	新石器	下层	小珠山三期	5					5
11区	E7	39°11′18.6″	122°21′49.8″	新石器	下层	小珠山三期	4					4
11区	E7	39°11′18.6″	122°21′49.8″	青铜	中层	上马石上层			2			2
11区	E8	39°11′18.5″	122°21′50.4″	新石器	下层	小珠山三期	20					20
11区	E8	39°11′18.5″	122°21′50.4″	青铜	中层	上马石上层			8			8
11区	E9	39°11′18.2″	122°21′59.5″	新石器	下层	小珠山三期	2	1				3
11区	E10	39°11′18.3″	122°21′51.8″	新石器	下层	小珠山三期	40					40
11区	E10	39°11′18.3″	122°21′51.8″	青铜	中层	上马石上层			7			7
11区	F1	39°11′19.4″	122°21′47.8″	新石器	下层	小珠山三期	3					3
11区	F1	39°11′19.4″	122°21′47.8″	青铜	中层	上马石上层			2			2
11区	F2	39°11′19.2″	122°21′48.5″	新石器	下层	小珠山三期	2					2
11区	F2	39°11′19.2″	122°21′48.5″	辽金	上层	辽金					2	2

调查区域	采集点	纬度	经度	时代	分期	时代（或文化）	小珠山三期		上马石上层		辽金	合计
							陶器	石器	陶器	石器	陶器	
11区	F2	39°11′19.2″	122°21′48.5″	青铜	中层	上马石上层			1			1
11区	F3	39°11′19.1″	122°21′49.3″	新石器	下层	小珠山三期	2					2
11区	F4	39°11′19.1″	122°21′50.0″	新石器	下层	小珠山三期	19					19
11区	F5	39°11′18.9″	122°21′50.9″	新石器	下层	小珠山三期	21					21
11区	F5	39°11′18.9″	122°21′50.9″	青铜	中层	上马石上层			5			5
11区	F6	39°11′18.7″	122°21′51.5″	新石器	下层	小珠山三期	1					1
11区	F6	39°11′18.7″	122°21′51.5″	辽金	上层	辽金					1	1
11区	F6	39°11′18.7″	122°21′51.5″	青铜	中层	上马石上层			1			1
11区	F7	39°11′18.7″	122°21′52.2″	新石器	下层	小珠山三期	22					22
11区	F7	39°11′18.7″	122°21′52.2″	青铜	中层	上马石上层			8			8
11区	G1	39°11′19.8″	122°21′47.8″	新石器	下层	小珠山三期	3					3
11区	G1	39°11′19.8″	122°21′47.8″	辽金	上层	辽金					1	1
11区	G1	39°11′19.8″	122°21′47.8″	青铜	中层	上马石上层			1			1
11区	G2	39°11′19.8″	122°21′48.6″	新石器	下层	小珠山三期	3					3
11区	G2	39°11′19.8″	122°21′48.6″	辽金	上层	辽金					1	1
11区	G3	39°11′19.5″	122°21′49.3″	新石器	下层	小珠山三期	8					8
11区	G3	39°11′19.5″	122°21′49.3″	青铜	中层	上马石上层			2			2
11区	G4	39°11′19.4″	122°21′50.1″	辽金	上层	辽金					4	4
11区	G4	39°11′19.4″	122°21′50.1″	新石器	下层	小珠山三期	3					3
11区	G4	39°11′19.4″	122°21′50.1″	青铜	中层	上马石上层			3			3
11区	G5	39°11′19.3″	122°21′51.0″	新石器	下层	小珠山三期	18					18
11区	G5	39°11′19.3″	122°21′51.0″	青铜	中层	上马石上层			3			3
11区	G5	39°11′19.3″	122°21′51.0″	辽金	上层	辽金					1	1
11区	G6	39°11′19.1″	122°21′51.6″	新石器	下层	小珠山三期	19					19
11区	G7	39°11′19.1″	122°21′52.5″	新石器	下层	小珠山三期	27					27
11区	G7	39°11′19.1″	122°21′52.5″	青铜	中层	上马石上层			3			3
11区	H1	39°11′20.2″	122°21′48.0″	辽金	上层	辽金					3	3
11区	H1	39°11′20.2″	122°21′48.0″	青铜	中层	上马石上层			1			1
11区	H2	39°11′20.2″	122°21′48.7″	新石器	下层	小珠山三期	3					3
11区	H2	39°11′20.2″	122°21′48.7″	青铜	中层	上马石上层			2			2
11区	H3	39°11′19.8″	122°21′49.3″	辽金	上层	辽金					2	2
11区	H4	39°11′19.9″	122°21′50.1″	新石器	下层	小珠山三期	4					4
11区	H4	39°11′19.9″	122°21′50.1″	辽金	上层	辽金					1	1
11区	H5	39°11′19.7″	122°21′50.6″	新石器	下层	小珠山三期	2					2

续附表一〇

调查区域	采集点	纬度	经度	时代	分期	时代（或文化）	小珠山三期		上马石上层		辽金	合计
							陶器	石器	陶器	石器	陶器	
11区	H5	39°11′19.7″	122°21′50.6″	辽金	上层	辽金					1	1
11区	H5	39°11′19.7″	122°21′50.6″	青铜	中层	上马石上层			1			1
11区	H6	39°11′19.7″	122°21′51.4″	新石器	下层	小珠山三期	17					17
11区	H6	39°11′19.7″	122°21′51.4″	青铜	中层	上马石上层			5			5
11区	H7	39°11′19.5″	122°21′52.6″	新石器	下层	小珠山三期	10					10
11区	H7	39°11′19.5″	122°21′52.6″	青铜	中层	上马石上层			10			10
11区	H7	39°11′19.5″	122°21′52.6″	辽金	上层	辽金					4	4
11区	I1	39°11′20.6″	122°21′47.9″	新石器	下层	小珠山三期	1					1
11区	I1	39°11′20.6″	122°21′47.9″	辽金	上层	辽金					1	1
11区	I1	39°11′20.6″	122°21′47.9″	青铜	中层	上马石上层			1			1
11区	I2	39°11′20.5″	122°21′48.9″	新石器	下层	小珠山三期	3					3
11区	I2	39°11′20.5″	122°21′48.9″	青铜	中层	上马石上层			2			2
11区	I3	39°11′20.0″	122°21′49.8″	新石器	下层	小珠山三期	6					6
11区	I3	39°11′20.0″	122°21′49.8″	青铜	中层	上马石上层			2			2
11区	I4	39°11′20.0″	122°21′50.5″	新石器	下层	小珠山三期	6					6
11区	I4	39°11′20.0″	122°21′50.5″	辽金	上层	辽金					3	3
11区	I4	39°11′20.0″	122°21′50.5″	青铜	中层	上马石上层			2			2
11区	I5	39°11′20.1″	122°21′51.4″	新石器	下层	小珠山三期	7					7
11区	I5	39°11′20.1″	122°21′51.4″	辽金	上层	辽金					2	2
11区	I5	39°11′20.1″	122°21′51.4″	青铜	中层	上马石上层			1			1
11区	I6	39°11′20.0″	122°21′52.2″	新石器	下层	小珠山三期	5					5
11区	I6	39°11′20.0″	122°21′52.2″	青铜	中层	上马石上层			2			2
11区	I7	39°11′20.1″	122°21′53.0″	新石器	下层	小珠山三期	5					5
11区	I7	39°11′20.1″	122°21′53.0″	青铜	中层	上马石上层			3			3
11区	J3	39°11′20.4″	122°21′51.2″	新石器	下层	小珠山三期	20					20
11区	J3	39°11′20.4″	122°21′51.2″	青铜	中层	上马石上层			4			4
11区	J4	39°11′20.5″	122°21′51.5″	新石器	下层	小珠山三期	1					1
11区	J7	39°11′20.7″	122°21′53.6″	新石器	下层	小珠山三期	2					2
11区	J7	39°11′20.7″	122°21′53.6″	青铜	中层	上马石上层			2			2
11区	J7	39°11′20.7″	122°21′53.6″	辽金	上层	辽金					1	1
11区	J8	39°11′20.6″	122°21′54.2″	辽金	上层	辽金					1	1
11区	采集	39°11′17.4″	122°21′57.7″	新石器	下层	小珠山三期		1				1
11区	采集	39°11′17.4″	122°21′57.7″	青铜	中层	上马石上层				1		1
17区	A1	39°11′16.0″	122°21′52.5″	新石器	下层	小珠山三期	28					28

调查区域	采集点	纬度	经度	时代	分期	时代（或文化）	小珠山三期		上马石上层		辽金	合计
							陶器	石器	陶器	石器	陶器	
17区	A1	39°11′16.0″	122°21′52.5″	青铜	中层	上马石上层			3			3
17区	B2	39°11′16.6″	122°21′53.1″	新石器	下层	小珠山三期	5					5
17区	B3	39°11′16.6″	122°21′53.7″	新石器	下层	小珠山三期	6					6
17区	B3	39°11′16.6″	122°21′53.7″	青铜	中层	上马石上层			3			3
17区	B4	39°11′16.7″	122°21′54.5″	新石器	下层	小珠山三期	4					4
17区	B6	39°11′16.6″	122°21′56.1″	新石器	下层	小珠山三期	2					2
17区	C1	39°11′17.4″	122°21′52.5″	新石器	下层	小珠山三期	21					21
17区	C2	39°11′17.3″	122°21′53.2″	新石器	下层	小珠山三期	3					3
17区	C3	39°11′17.2″	122°21′53.9″	新石器	下层	小珠山三期	7					7
17区	C3	39°11′17.2″	122°21′53.9″	辽金	上层	辽金					1	1
17区	C3	39°11′17.2″	122°21′53.9″	青铜	中层	上马石上层			1			1
17区	C5	39°11′17.2″	122°21′55.3″	新石器	下层	小珠山三期	1					1
17区	C5	39°11′17.2″	122°21′55.3″	辽金	上层	辽金					1	1
17区	C6	39°11′17.2″	122°21′56.2″	新石器	下层	小珠山三期	1					1
17区	C8	39°11′17.2″	122°21′57.7″	青铜	中层	上马石上层			1			1
17区	C9	39°11′17.2″	122°21′58.4″	新石器	下层	小珠山三期	2					2
17区	C10	39°11′17.2″	122°21′59.2″	新石器	下层	小珠山三期	3					3
17区	D1	39°11′17.8″	122°21′52.8″	新石器	下层	小珠山三期	3					3
17区	D1	39°11′17.8″	122°21′52.8″	青铜	中层	上马石上层			2			2
17区	D2	39°11′17.8″	122°21′53.4″	新石器	下层	小珠山三期	12					12
17区	D2	39°11′17.8″	122°21′53.4″	青铜	中层	上马石上层			2			2
17区	D3	39°11′17.8″	122°21′54.2″	新石器	下层	小珠山三期	4					4
17区	D4	39°11′17.8″	122°21′54.8″	新石器	下层	小珠山三期	2					2
17区	D4	39°11′17.8″	122°21′54.8″	青铜	中层	上马石上层			1			1
17区	D5	39°11′17.8″	122°21′55.5″	新石器	下层	小珠山三期	1					1
17区	D6	39°11′17.9″	122°21′56.3″	青铜	中层	上马石上层			1			1
17区	D7	39°11′17.8″	122°21′57.2″	新石器	下层	小珠山三期	1					1
17区	D8	39°11′17.8″	122°21′57.8″	辽金	上层	辽金					2	2
17区	D9	39°11′17.8″	122°21′58.4″	青铜	中层	上马石上层			2			2
17区	D9	39°11′17.8″	122°21′58.4″	辽金	上层	辽金					1	1
17区	D12	39°11′17.7″	122°22′00.3″	新石器	下层	小珠山三期	3					3
17区	E1	39°11′18.4″	122°21′53.0″	新石器	下层	小珠山三期	14					14
17区	E2	39°11′18.3″	122°21′53.8″	新石器	下层	小珠山三期	47					47
17区	E2	39°11′18.3″	122°21′53.8″	青铜	中层	上马石上层			4			4

续附表一〇

调查区域	采集点	纬度	经度	时代	分期	时代（或文化）	小珠山三期		上马石上层		辽金	合计
							陶器	石器	陶器	石器	陶器	
17 区	E3	39°11′18.3″	122°21′54.5″	新石器	下层	小珠山三期	33					33
17 区	E4	39°11′18.3″	122°21′55.5″	新石器	下层	小珠山三期	11	1				12
17 区	E5	39°11′18.2″	122°21′56.4″	新石器	下层	小珠山三期	3					3
17 区	E6	39°11′18.3″	122°21′57.2″	新石器	下层	小珠山三期	3					3
17 区	E7	39°11′18.3″	122°21′57.9″	新石器	下层	小珠山三期		1				1
17 区	E7	39°11′18.3″	122°21′57.9″	青铜	中层	上马石上层			1			1
17 区	E9	39°11′18.4″	122°21′51.2″	新石器	下层	小珠山三期	20	1				21
17 区	E9	39°11′18.4″	122°21′51.2″	青铜	中层	上马石上层			9			9
17 区	E9	39°11′18.4″	122°21′51.2″	辽金	上层	辽金					2	2
17 区	E10	39°11′18.1″	122°22′00.4″	青铜	中层	上马石上层			2			2
17 区	E10	39°11′18.1″	122°22′00.4″	新石器	下层	小珠山三期	1					1
17 区	F1	39°11′18.9″	122°21′53.6″	新石器	下层	小珠山三期	2	1				3
17 区	F2	39°11′18.9″	122°21′54.3″	新石器	下层	小珠山三期	2					2
17 区	F3	39°11′18.9″	122°21′55.0″	新石器	下层	小珠山三期	1	1				2
17 区	F4	39°11′18.9″	122°21′55.8″	新石器	下层	小珠山三期	1					1
17 区	F5	39°11′19.0″	122°21′56.5″	新石器	下层	小珠山三期	1					1
17 区	F9	39°11′18.8″	122°21′59.6″	新石器	下层	小珠山三期	2					2
17 区	G2	39°11′19.4″	122°21′54.8″	新石器	下层	小珠山三期	15					15
17 区	G2	39°11′19.4″	122°21′54.8″	青铜	中层	上马石上层			5			5
17 区	G3	39°11′19.3″	122°21′55.5″	新石器	下层	小珠山三期	11					11
17 区	G4	39°11′19.4″	122°21′56.3″	新石器	下层	小珠山三期	4					4
17 区	G5	39°11′19.4″	122°21′57.0″	新石器	下层	小珠山三期	1					1
17 区	G5	39°11′19.4″	122°21′57.0″	青铜	中层	上马石上层			1			1
17 区	G6	39°11′19.4″	122°21′57.7″	新石器	下层	小珠山三期	2					2
17 区	H1	39°11′20.0″	122°21′54.9″	新石器	下层	小珠山三期	7					7
17 区	H2	39°11′19.9″	122°21′55.6″	新石器	下层	小珠山三期	1					1
17 区	H2	39°11′19.9″	122°21′55.6″	青铜	中层	上马石上层			1			1
17 区	H3	39°11′19.9″	122°21′56.4″	新石器	下层	小珠山三期	5					5
17 区	H3	39°11′19.9″	122°21′56.4″	青铜	中层	上马石上层			1			1
17 区	H4	39°11′19.9″	122°21′57.1″	新石器	下层	小珠山三期	1					1
17 区	H5	39°11′19.9″	122°21′57.7″	新石器	下层	小珠山三期	1					1
17 区	H7	39°11′20.0″	122°21′59.4″	新石器	下层	小珠山三期	2					2
17 区	I1	39°11′20.4″	122°21′55.4″	青铜	中层	上马石上层			2			2
17 区	I1	39°11′20.4″	122°21′55.4″	新石器	下层	小珠山三期	1					1

续附表一〇

调查区域	采集点	纬度	经度	时代	分期	时代（或文化）	小珠山三期		上马石上层		辽金	合计
							陶器	石器	陶器	石器	陶器	
17 区	I1	39°11′20.4″	122°21′55.4″	辽金	上层	辽金					1	1
17 区	I2	39°11′20.4″	122°21′56.1″	辽金	上层	辽金					1	1
17 区	I3	39°11′20.4″	122°21′56.9″	新石器	下层	小珠山三期	1					1
17 区	I4	39°11′20.4″	122°21′57.7″	新石器	下层	小珠山三期	10					10
17 区	I4	39°11′20.4″	122°21′57.7″	青铜	中层	上马石上层			1			1
17 区	I5	39°11′20.4″	122°21′58.4″	辽金	上层	辽金					3	3
17 区	I5	39°11′20.4″	122°21′58.4″	新石器	下层	小珠山三期	1					1
17 区	I6	39°11′20.4″	122°21′59.2″	辽金	上层	辽金					1	1
17 区	J2	39°11′20.9″	122°21′57.1″	新石器	下层	小珠山三期	2					2
17 区	J2	39°11′20.9″	122°21′57.1″	辽金	上层	辽金					1	1
17 区	J2	39°11′20.9″	122°21′57.1″	青铜	中层	上马石上层			1			1
17 区	K2	39°11′21.5″	122°21′57.2″	辽金	上层	辽金					1	1
17 区	L1	39°11′21.9″	122°21′56.5″	新石器	下层	小珠山三期	1					1
17 区	L1	39°11′21.9″	122°21′56.5″	辽金	上层	辽金					1	1
17 区	M2	39°11′15.5″	122°21′53.3″	新石器	下层	小珠山三期	2					2
17 区	M2	39°11′15.5″	122°21′53.3″	青铜	中层	上马石上层			2			2
17 区	M3	39°11′15.5″	122°21′54.0″	青铜	中层	上马石上层			1			1
17 区	M5	39°11′15.7″	122°21′55.3″	青铜	中层	上马石上层			1			1
17 区	N1	39°11′14.7″	122°21′51.5″	新石器	下层	小珠山三期	2					2
17 区	N1	39°11′14.7″	122°21′51.5″	青铜	中层	上马石上层			2			2
17 区	N2	39°11′14.7″	122°21′52.5″	新石器	下层	小珠山三期	5					5
17 区	N3	39°11′14.8″	122°21′53.1″	新石器	下层	小珠山三期	7					7
17 区	N3	39°11′14.8″	122°21′53.1″	青铜	中层	上马石上层			3			3
17 区	N3	39°11′14.8″	122°21′53.1″	辽金	上层	辽金					1	1
17 区	N4	39°11′14.5″	122°21′53.7″	青铜	中层	上马石上层			1			1
17 区	N5	39°11′14.5″	122°21′54.3″	辽金	上层	辽金					1	1
17 区	N5	39°11′14.5″	122°21′54.3″	青铜	中层	上马石上层			1			1
17 区	O1	39°11′14.0″	122°21′49.4″	新石器	下层	小珠山三期	1					1
17 区	O4	39°11′14.0″	122°21′51.7″	新石器	下层	小珠山三期		1				1
17 区	O5	39°11′14.0″	122°21′52.5″	新石器	下层	小珠山三期	1					1
17 区	O9	39°11′13.7″	122°21′55.3″	辽金	上层	辽金					1	1
17 区	P6	39°11′13.1″	122°21′52.0″	新石器	下层	小珠山三期	1					1
17 区	P6	39°11′13.1″	122°21′52.0″	青铜	中层	上马石上层			1			1
17 区	R2	39°11′12.7″	122°21′49.1″	新石器	下层	小珠山三期	2					2

续附表一〇

调查区域	采集点	纬度	经度	时代	分期	时代（或文化）	小珠山三期		上马石上层		辽金	合计
							陶器	石器	陶器	石器	陶器	
17 区	R7	39°11′12.5″	122°21′52.5″	辽金	上层	辽金					1	1
17 区	采集	39°11′15.1″	122°21′52.5″	新石器	下层	小珠山三期		1				1
17 区	采集	39°11′18.4″	122°21′54.3″	新石器	下层	小珠山三期		1				1
17 区	采集	39°11′22.9″	122°21′58.7″	新石器	下层	小珠山三期	1					1
17 区	采集	39°11′17.2″	122°21′56.1″	青铜	中层	上马石上层			1			1
							944		258		84	1286

附表一一　　　　　　　　　　袁屯西遗址调查遗物统计表

调查区域	采集点	纬度	经度	时代	时代（或文化）	明清			合计
						陶器	瓷器	建筑材料	
12 区	A9	39°11′22.7″	122°21′41.1″	明清	明清			1	1
12 区	A10	39°11′22.1″	122°21′41.6″	明清	明清			1	1
12 区	B2	39°11′26.7″	122°21′37.9″	明清	明清			1	1
12 区	B3	39°11′26.2″	122°21′38.2″	明清	明清			1	1
12 区	B4	39°11′25.6″	122°21′38.6″	明清	明清			1	1
12 区	B5	39°11′24.9″	122°21′39.0″	明清	明清			5	5
12 区	B6	39°11′24.4″	122°21′39.5″	明清	明清			2	2
12 区	B7	39°11′23.8″	122°21′39.8″	明清	明清			1	1
12 区	B8	39°11′23.2″	122°21′40.5″	明清	明清			2	2
12 区	B9	39°11′22.5″	122°21′40.6″	明清	明清			1	1
12 区	B10	39°11′22.0″	122°21′40.8″	明清	明清			1	1
12 区	C1	39°11′27.4″	122°21′36.9″	明清	明清			1	1
12 区	C2	39°11′26.8″	122°21′37.3″	明清	明清			2	2
12 区	C3	39°11′26.2″	122°21′37.5″	明清	明清			6	6
12 区	C4	39°11′25.7″	122°21′37.7″	明清	明清			1	1
12 区	C5	39°11′24.9″	122°21′38.4″	明清	明清			40	40
12 区	C6	39°11′24.3″	122°21′38.7″	明清	明清			1	1
12 区	C7	39°11′23.7″	122°21′39.5″	明清	明清			1	1
12 区	C8	39°11′23.0″	122°21′39.7″	明清	明清			1	1
12 区	C10	39°11′21.8″	122°21′40.2″	明清	明清			1	1
12 区	D2	39°11′26.4″	122°21′36.6″	明清	明清			1	1
12 区	D3	39°11′25.9″	122°21′36.9″	明清	明清			1	1
12 区	D4	39°11′25.3″	122°21′37.3″	明清	明清			12	12
12 区	D5	39°11′24.8″	122°21′37.7″	明清	明清			1	1
12 区	D6	39°11′24.3″	122°21′38.1″	明清	明清			32	32
12 区	D7	39°11′23.7″	122°21′38.5″	明清	明清			1	1

调查区域	采集点	纬度	经度	时代	时代（或文化）	明清 陶器	明清 瓷器	明清 建筑材料	合计
12 区	D8	39°11′23.2″	122°21′38.6″	明清	明清			1	1
12 区	D9	39°11′22.5″	122°21′39.6″	明清	明清			1	1
12 区	D10	39°11′21.9″	122°21′39.7″	明清	明清			1	1
12 区	D11	39°11′21.3″	122°21′39.8″	明清	明清			2	2
12 区	E4	39°11′25.3″	122°21′36.9″	明清	明清			11	11
12 区	E5	39°11′24.7″	122°21′37.3″	明清	明清			1	1
12 区	E6	39°11′24.2″	122°21′37.6″	明清	明清			1	1
12 区	E7	39°11′23.5″	122°21′37.9″	明清	明清			22	22
12 区	E8	39°11′23.1″	122°21′38.3″	明清	明清			1	1
12 区	E9	39°11′22.4″	122°21′39.2″	明清	明清			1	1
12 区	F5	39°11′24.8″	122°21′37.0″	明清	明清			1	1
12 区	F6	39°11′24.1″	122°21′37.2″	明清	明清			14	14
12 区	F7	39°11′23.5″	122°21′37.5″	明清	明清			1	1
12 区	F8	39°11′22.9″	122°21′37.8″	明清	明清			1	1
12 区	F9	39°11′22.7″	122°21′38.7″	明清	明清			9	9
12 区	F11	39°11′21.7″	122°21′38.9″	明清	明清			1	1
12 区	采集	39°11′22.1″	122°21′40.2″	明清	明清	1			1
12 区	采集	39°11′22.7″	122°21′39.3″	明清	明清	1	1		2
12 区	采集	39°11′23.7″	122°21′39.0″	明清	明清		1		1
								192	192

附表一二　　　　　　娘娘庙遗址调查遗物统计表

调查区域	采集点	纬度	经度	时代	时代（或文化）	明清 建筑材料	合计
7 区	B3	39°11′58.8″	122°21′05.0″	明清	明清	2	2
7 区	C1	39°11′59.4″	122°21′05.4″	明清	明清	2	2
7 区	C2	39°11′59.0″	122°21′05.3″	明清	明清	4	4
7 区	D3	39°11′58.7″	122°21′05.7″	明清	明清	1	1
7 区	E2	39°11′59.0″	122°21′06.1″	明清	明清	4	4
7 区	E3	39°11′58.6″	122°21′06.0″	明清	明清	5	5
7 区	采集	39°11′59.0″	122°21′05.5″	明清	明清	7	7
7 区	采集	39°11′59.0″	122°21′05.1″	明清	明清	4	4
7 区	采集	39°11′59.0″	122°21′05.4″	明清	明清	1	1
7 区	采集	39°11′58.9″	122°21′05.3″	明清	明清	2	2
						32	32

附表一三　　　　　　　　　　　盐场遗址调查遗物统计表

调查区域	采集点	纬度	经度	时代	时代（或文化）	明清			合计
						陶器	瓷器	建筑材料	
14 区	A1	39°11′40.7″	122°21′02.3″	明清	明清	1			1
14 区	B1	39°11′41.5″	122°21′02.1″	明清	明清	3	1		4
14 区	B2	39°11′41.1″	122°21′01.8″	明清	明清	2			2
14 区	C1	39°11′41.8″	122°21′01.6″	明清	明清	3			3
14 区	C2	39°11′41.4″	122°21′01.1″	明清	明清	4			4
14 区	D1	39°11′42.2″	122°21′01.3″	明清	明清	10			10
14 区	D3	39°11′41.4″	122°21′00.7″	明清	明清	3	1		4
14 区	E1	39°11′43.0″	122°21′01.0″	明清	明清	17		1	18
14 区	E2	39°11′42.6″	122°21′00.6″	明清	明清	4			4
14 区	E3	39°11′42.4″	122°21′00.1″	明清	明清	5			5
14 区	E4	39°11′41.8″	122°20′59.3″	明清	明清	2			2
14 区	F1	39°11′43.2″	122°21′00.4″	明清	明清	2	1		3
14 区	F2	39°11′42.9″	122°20′59.9″	明清	明清	11			11
14 区	F3	39°11′42.5″	122°20′59.4″	明清	明清	4	1		5
14 区	G1	39°11′43.3″	122°21′59.6″	明清	明清	3			3
14 区	G2	39°11′43.1″	122°21′59.3″	明清	明清	1	1		2
14 区	G3	39°11′42.6″	122°21′58.8″	明清	明清	1	1		2
						83			83

附表一四　　　　　　　　　　　西北屯遗址调查遗物统计表

调查区域	采集点	纬度	经度	时代	分期	时代（或文化）	辽金		明清	合计
							陶器	瓷器	瓷器	
21 区	A2	39°10′42.4″	122°19′22.7″	明清	上层	明清			1	1
21 区	A3	39°10′42.7″	122°19′22.1″	辽金	下层	辽金	2			2
21 区	A4	39°10′43.1″	122°19′21.6″	明清	上层	明清			1	1
21 区	A5	39°10′43.4″	122°19′21.0″	辽金	下层	辽金	1			1
21 区	B1	39°10′42.0″	122°19′24.5″	辽金	下层	辽金	2			2
21 区	B2	39°10′42.2″	122°19′24.1″	辽金	下层	辽金	2			2
21 区	B3	39°10′42.5″	122°19′23.6″	辽金	下层	辽金	3			3
21 区	B3	39°10′42.5″	122°19′23.6″	明清	上层	明清			1	1
21 区	B4	39°10′42.8″	122°19′23.1″	辽金	下层	辽金	3			3
21 区	B5	39°10′43.1″	122°19′22.5″	辽金	下层	辽金	3			3
21 区	B6	39°10′43.5″	122°19′21.8″	辽金	下层	辽金	2			2

调查区域	采集点	纬度	经度	时代	分期	时代（或文化）	辽金		明清	合计
							陶器	瓷器	瓷器	
21区	B6	39°10′43.5″	122°19′21.8″	明清	上层	明清			1	1
21区	B7	39°10′43.8″	122°19′21.3″	明清	上层	明清			1	1
21区	B8	39°10′44.2″	122°19′20.6″	辽金	下层	辽金	1			1
21区	B8	39°10′44.2″	122°19′20.6″	明清	上层	明清			1	1
21区	C1	39°10′41.7″	122°19′25.5″	辽金	下层	辽金	2			2
21区	C1	39°10′41.7″	122°19′25.5″	明清	上层	明清			1	1
21区	C2	39°10′42.1″	122°19′24.9″	辽金	下层	辽金	1			1
21区	C3	39°10′42.4″	122°19′24.4″	辽金	下层	辽金	2			2
21区	C4	39°10′42.7″	122°19′23.8″	辽金	下层	辽金	4			4
21区	C5	39°10′43.1″	122°19′23.2″	明清	上层	明清			1	1
21区	C6	39°10′43.4″	122°19′22.7″	辽金	下层	辽金	3			3
21区	C6	39°10′43.4″	122°19′22.7″	明清	上层	明清			1	1
21区	C7	39°10′43.7″	122°19′22.0″	辽金	下层	辽金	1			1
21区	C9	39°10′44.3″	122°19′20.9″	明清	上层	明清			1	1
21区	D1	39°10′41.6″	122°19′26.5″	明清	上层	明清			1	1
21区	D2	39°10′42.0″	122°19′25.8″	辽金	下层	辽金	4			4
21区	D2	39°10′42.0″	122°19′25.8″	明清	上层	明清			1	1
21区	D3	39°10′42.3″	122°19′25.3″	辽金	下层	辽金	4			4
21区	D3	39°10′42.3″	122°19′25.3″	明清	上层	明清			1	1
21区	D4	39°10′42.6″	122°19′24.7″	辽金	下层	辽金	15			15
21区	D5	39°10′42.8″	122°19′24.3″	辽金	下层	辽金	10			10
21区	D5	39°10′42.8″	122°19′24.3″	明清	上层	明清			2	2
21区	D6	39°10′43.1″	122°19′23.7″	辽金	下层	辽金	5			5
21区	D6	39°10′43.1″	122°19′23.7″	明清	上层	明清			1	1
21区	D7	39°10′43.5″	122°19′23.2″	辽金	下层	辽金	4			4
21区	D7	39°10′43.5″	122°19′23.2″	明清	上层	明清			1	1
21区	D8	39°10′43.8″	122°19′22.4″	辽金	下层	辽金	3			3
21区	D8	39°10′43.8″	122°19′22.4″	明清	上层	明清			1	1
21区	D9	39°10′44.2″	122°19′21.7″	明清	上层	明清			1	1
21区	D10	39°10′44.7″	122°19′21.0″	辽金	下层	辽金	1			1
21区	D10	39°10′44.7″	122°19′21.0″	明清	上层	明清			1	1
21区	D11	39°10′45.0″	122°19′20.0″	辽金	下层	辽金	1			1
21区	D12	39°10′45.5″	122°19′19.5″	辽金	下层	辽金	2			2
21区	D12	39°10′45.5″	122°19′19.5″	明清	上层	明清			1	1

调查区域	采集点	纬度	经度	时代	分期	时代（或文化）	辽金		明清	合计
							陶器	瓷器	瓷器	
21 区	E1	39°10′42.0″	122°19′26.8″	辽金	下层	辽金	1			1
21 区	E2	39°10′42.3″	122°19′26.2″	辽金	下层	辽金	2			2
21 区	E3	39°10′42.6″	122°19′25.6″	辽金	下层	辽金	5			5
21 区	E3	39°10′42.6″	122°19′25.6″	明清	上层	明清			1	1
21 区	E4	39°10′42.9″	122°19′24.9″	辽金	下层	辽金	2			2
21 区	E4	39°10′42.9″	122°19′24.9″	明清	上层	明清			1	1
21 区	E5	39°10′43.1″	122°19′24.7″	辽金	下层	辽金	1			1
21 区	E5	39°10′43.1″	122°19′24.7″	明清	上层	明清			1	1
21 区	E6	39°10′43.4″	122°19′24.1″	辽金	下层	辽金	3			3
21 区	E7	39°10′43.8″	122°19′23.4″	辽金	下层	辽金	1			1
21 区	E7	39°10′43.8″	122°19′23.4″	明清	上层	明清			1	1
21 区	E8	39°10′44.2″	122°19′22.7″	辽金	下层	辽金	1			1
21 区	E8	39°10′44.2″	122°19′22.7″	明清	上层	明清			2	2
21 区	E9	39°10′44.6″	122°19′22.1″	辽金	下层	辽金	2			2
21 区	E9	39°10′44.6″	122°19′22.1″	明清	上层	明清			1	1
21 区	E10	39°10′45.0″	122°19′21.2″	辽金	下层	辽金	1			1
21 区	E12	39°10′45.8″	122°19′19.7″	辽金	下层	辽金	2			2
21 区	F1	39°10′42.3″	122°19′27.1″	辽金	下层	辽金	1			1
21 区	F2	39°10′42.6″	122°19′26.5″	辽金	下层	辽金	6			6
21 区	F3	39°10′43.1″	122°19′25.9″	辽金	下层	辽金	7			7
21 区	F4	39°10′43.3″	122°19′25.3″	辽金	下层	辽金	5			5
21 区	F4	39°10′43.3″	122°19′25.3″	明清	上层	明清			5	5
21 区	F5	39°10′43.5″	122°19′24.9″	辽金	下层	辽金	9			9
21 区	F5	39°10′43.5″	122°19′24.9″	明清	上层	明清			2	2
21 区	F6	39°10′43.8″	122°19′24.3″	辽金	下层	辽金	5			5
21 区	F6	39°10′43.8″	122°19′24.3″	明清	上层	明清			1	1
21 区	F7	39°10′44.2″	122°19′23.8″	辽金	下层	辽金	3			3
21 区	F7	39°10′44.2″	122°19′23.8″	明清	上层	明清			1	1
21 区	F8	39°10′44.5″	122°19′23.0″	辽金	下层	辽金	3			3
21 区	F9	39°10′44.9″	122°19′22.4″	辽金	下层	辽金	3			3
21 区	F9	39°10′44.9″	122°19′22.4″	明清	上层	明清			1	1
21 区	F10	39°10′45.4″	122°19′21.6″	辽金	下层	辽金	3			3
21 区	F10	39°10′45.4″	122°19′21.6″	明清	上层	明清			1	1
21 区	F11	39°10′45.9″	122°19′21.0″	辽金	下层	辽金		1		1

调查区域	采集点	纬度	经度	时代	分期	时代（或文化）	辽金		明清	合计
							陶器	瓷器	瓷器	
21区	F11	39°10′45.9″	122°19′21.0″	明清	上层	明清			1	1
21区	F13	39°10′46.8″	122°19′19.2″	辽金	下层	辽金	2			2
21区	F14	39°10′47.1″	122°19′18.5″	明清	上层	明清			1	1
21区	G2	39°10′42.7″	122°19′27.2″	辽金	下层	辽金	1			1
21区	G3	39°10′43.2″	122°19′26.5″	辽金	下层	辽金	1			1
21区	G4	39°10′43.6″	122°19′25.8″	辽金	下层	辽金	15			15
21区	G4	39°10′43.6″	122°19′25.8″	明清	上层	明清			1	1
21区	G5	39°10′44.0″	122°19′25.1″	辽金	下层	辽金	8			8
21区	G6	39°10′44.3″	122°19′24.3″	辽金	下层	辽金	3			3
21区	G6	39°10′44.3″	122°19′24.3″	明清	上层	明清			1	1
21区	G7	39°10′44.8″	122°19′23.7″	辽金	下层	辽金	2			2
21区	G7	39°10′44.8″	122°19′23.7″	明清	上层	明清			1	1
21区	G9	39°10′45.7″	122°19′22.2″	辽金	下层	辽金	2			2
21区	G10	39°10′46.0″	122°19′21.6″	明清	上层	明清			1	1
21区	G13	39°10′47.2″	122°19′19.4″	明清	上层	明清			1	1
21区	H1	39°10′41.9″	122°19′29.7″	辽金	下层	辽金	1			1
21区	H3	39°10′42.7″	122°19′28.1″	辽金	下层	辽金	2			2
21区	H4	39°10′43.2″	122°19′27.3″	辽金	下层	辽金	2			2
21区	H5	39°10′43.6″	122°19′26.7″	辽金	下层	辽金	3			3
21区	H5	39°10′43.6″	122°19′26.7″	明清	上层	明清			1	1
21区	H6	39°10′43.9″	122°19′26.1″	辽金	下层	辽金	6			6
21区	H6	39°10′43.9″	122°19′26.1″	明清	上层	明清			1	1
21区	H7	39°10′44.3″	122°19′25.4″	辽金	下层	辽金	2			2
21区	H8	39°10′44.7″	122°19′24.7″	辽金	下层	辽金	1			1
21区	H8	39°10′44.7″	122°19′24.7″	明清	上层	明清			1	1
21区	H9	39°10′45.2″	122°19′24.0″	辽金	下层	辽金	2			2
21区	H9	39°10′45.2″	122°19′24.0″	明清	上层	明清			1	1
21区	H10	39°10′45.5″	122°19′23.2″	辽金	下层	辽金	1			1
21区	H10	39°10′45.5″	122°19′23.2″	明清	上层	明清			1	1
21区	H11	39°10′45.9″	122°19′22.5″	辽金	下层	辽金	1			1
21区	H12	39°10′46.3″	122°19′21.8″	辽金	下层	辽金	2			2
21区	H12	39°10′46.3″	122°19′21.8″	明清	上层	明清			1	1
21区	H13	39°10′46.8″	122°19′21.0″	辽金	下层	辽金	1			1
21区	H15	39°10′47.5″	122°19′19.7″	辽金	下层	辽金	2			2

续附表一四

调查区域	采集点	纬度	经度	时代	分期	时代（或文化）	辽金		明清	合计
							陶器	瓷器	瓷器	
21 区	I6	39°10′44.3″	122°19′26.5″	明清	上层	明清			1	1
21 区	I7	39°10′44.6″	122°19′25.8″	明清	上层	明清			1	1
21 区	I8	39°10′45.1″	122°19′25.1″	明清	上层	明清			3	3
21 区	I11	39°10′46.4″	122°19′22.9″	辽金	下层	辽金	1			1
21 区	I12	39°10′46.7″	122°19′22.1″	辽金	下层	辽金		1		1
21 区	采集	39°10′43.7″	122°19′28.5″	辽金	下层	辽金	1			1
								211	57	268

附表一五　　　　　　　　　　大张屯遗址调查遗物统计表

调查区域	采集点	纬度	经度	时代	分期	时代（或文化）	辽金	明清		合计
							陶器	瓷器	建筑材料	
21 区	A1	39°10′45.3″	122°19′50.4″	明清	上层	明清			2	2
21 区	A1	39°10′45.3″	122°19′50.4″	辽金	下层	辽金	2			2
21 区	A2	39°10′45.5″	122°19′49.5″	明清	上层	明清		1	2	3
21 区	A3	39°10′45.8″	122°19′48.8″	明清	上层	明清			2	2
21 区	A5	39°10′45.5″	122°19′47.1″	明清	上层	明清			2	2
21 区	A6	39°10′45.7″	122°19′46.4″	明清	上层	明清			1	1
21 区	A7	39°10′45.7″	122°19′45.8″	明清	上层	明清			1	1
21 区	A8	39°10′45.8″	122°19′45.0″	明清	上层	明清			1	1
21 区	B1	39°10′45.7″	122°19′50.4″	明清	上层	明清			2	2
21 区	B1	39°10′45.7″	122°19′50.4″	辽金	下层	辽金	1			1
21 区	B2	39°10′45.9″	122°19′49.7″	明清	上层	明清			6	6
21 区	B3	39°10′46.0″	122°19′49.1″	明清	上层	明清			8	8
21 区	B4	39°10′46.2″	122°19′48.3″	明清	上层	明清			9	9
21 区	B5	39°10′46.1″	122°19′47.8″	明清	上层	明清			2	2
21 区	B6	39°10′46.4″	122°19′46.8″	明清	上层	明清			4	4
21 区	B7	39°10′46.5″	122°19′46.2″	明清	上层	明清			1	1
21 区	B8	39°10′46.6″	122°19′45.3″	明清	上层	明清			1	1
21 区	C1	39°10′45.4″	122°19′54.2″	明清	上层	明清			2	2
21 区	C1	39°10′45.4″	122°19′54.2″	辽金	下层	辽金	1			1
21 区	C2	39°10′45.5″	122°19′53.3″	明清	上层	明清		1	1	2
21 区	C3	39°10′45.7″	122°19′52.5″	明清	上层	明清		1	1	2
21 区	C3	39°10′45.7″	122°19′52.5″	辽金	下层	辽金	1			1

调查区域	采集点	纬度	经度	时代	分期	时代（或文化）	辽金 陶器	明清 瓷器	明清 建筑材料	合计
21 区	C4	39°10′45.9″	122°19′51.5″	明清	上层	明清			5	5
21 区	C5	39°10′46.2″	122°19′50.6″	明清	上层	明清			4	4
21 区	C6	39°10′46.7″	122°19′49.8″	明清	上层	明清			10	10
21 区	C7	39°10′46.3″	122°19′49.3″	明清	上层	明清			7	7
21 区	C8	39°10′46.5″	122°19′48.6″	明清	上层	明清			4	4
21 区	C8	39°10′46.5″	122°19′48.6″	辽金	下层	辽金	1			1
21 区	C9	39°10′46.6″	122°19′47.9″	明清	上层	明清			5	5
21 区	C10	39°10′46.9″	122°19′46.9″	明清	上层	明清			2	2
21 区	C10	39°10′46.9″	122°19′46.9″	辽金	下层	辽金	1			1
21 区	C11	39°10′47.0″	122°19′46.2″	明清	上层	明清		2	5	7
21 区	C12	39°10′47.1″	122°19′45.5″	明清	上层	明清		2	4	6
21 区	D2	39°10′46.2″	122°19′53.2″	明清	上层	明清			7	7
21 区	D3	39°10′46.3″	122°19′52.7″	明清	上层	明清		1	2	3
21 区	D4	39°10′46.5″	122°19′51.7″	明清	上层	明清			30	30
21 区	D5	39°10′46.6″	122°19′50.9″	明清	上层	明清			12	12
21 区	D6	39°10′46.7″	122°19′50.2″	明清	上层	明清			18	18
21 区	D7	39°10′46.7″	122°19′49.5″	明清	上层	明清			15	15
21 区	D8	39°10′46.9″	122°19′48.7″	明清	上层	明清			14	14
21 区	D9	39°10′47.0″	122°19′48.0″	明清	上层	明清			7	7
21 区	D11	39°10′47.4″	122°19′46.3″	明清	上层	明清		1	2	3
21 区	D12	39°10′47.6″	122°19′45.6″	辽金	下层	辽金	1			1
21 区	E1	39°10′46.4″	122°19′54.0″	明清	上层	明清			11	11
21 区	E2	39°10′46.5″	122°19′53.3″	明清	上层	明清			30	30
21 区	E3	39°10′46.6″	122°19′52.7″	明清	上层	明清			7	7
21 区	E4	39°10′46.8″	122°19′51.9″	明清	上层	明清		1	26	27
21 区	E5	39°10′46.9″	122°19′51.1″	明清	上层	明清		1	14	15
21 区	E6	39°10′47.1″	122°19′50.3″	明清	上层	明清			3	3
21 区	E7	39°10′47.3″	122°19′49.7″	明清	上层	明清			10	10
21 区	E7	39°10′47.3″	122°19′49.7″	辽金	下层	辽金	1			1
21 区	E8	39°10′47.3″	122°19′48.8″	明清	上层	明清			2	2
21 区	E9	39°10′47.5″	122°19′48.1″	明清	上层	明清		1		1
21 区	E11	39°10′47.8″	122°19′46.4″	明清	上层	明清			1	1
21 区	E11	39°10′47.8″	122°19′46.4″	辽金	下层	辽金	1			1
21 区	F2	39°10′47.1″	122°19′53.1″	明清	上层	明清			5	5

调查区域	采集点	纬度	经度	时代	分期	时代（或文化）	辽金 陶器	明清 瓷器	明清 建筑材料	合计
21 区	F3	39°10′47.2″	122°19′52.4″	明清	上层	明清			3	3
21 区	F4	39°10′47.4″	122°19′51.8″	明清	上层	明清			2	2
21 区	F5	39°10′47.6″	122°19′51.1″	明清	上层	明清		1	2	3
21 区	F6	39°10′47.5″	122°19′50.3″	明清	上层	明清			7	7
21 区	F7	39°10′47.7″	122°19′49.6″	明清	上层	明清			9	9
21 区	F7	39°10′47.7″	122°19′49.6″	辽金	下层	辽金	1			1
21 区	F8	39°10′47.8″	122°19′49.1″	明清	上层	明清			8	8
21 区	F9	39°10′48.0″	122°19′48.2″	明清	上层	明清			1	1
21 区	F10	39°10′47.9″	122°19′47.1″	明清	上层	明清			4	4
21 区	G1	39°10′48.0″	122°19′50.3″	明清	上层	明清			2	2
21 区	G2	39°10′48.1″	122°19′49.8″	明清	上层	明清			2	2
21 区	G3	39°10′48.3″	122°19′49.1″	明清	上层	明清			1	1
21 区	G4	39°10′48.4″	122°19′48.4″	明清	上层	明清			3	3
21 区	G4	39°10′48.4″	122°19′48.4″	辽金	下层	辽金	1			1
21 区	G5	39°10′48.6″	122°19′47.3″	明清	上层	明清			3	3
21 区	G6	39°10′48.8″	122°19′46.4″	明清	上层	明清			2	2
21 区	H2	39°10′48.6″	122°19′49.0″	明清	上层	明清			1	1
21 区	H3	39°10′48.7″	122°19′49.0″	明清	上层	明清		1		1
21 区	H5	39°10′49.0″	122°19′47.5″	明清	上层	明清			4	4
合计							12	378		390

附表一六　　　　　　　蛎碴岗遗址调查遗物统计表

调查区域	采集点	纬度	经度	时代	分期	时代（或文化）	小珠山五期 陶器	小珠山五期 石器	小珠山五期 玉器	上马石上层 陶器	合计
34 区	B1	39°10′23.1″	122°20′08.1″	新石器	下层	小珠山五期	6				6
34 区	B2	39°10′23.7″	122°20′07.8″	新石器	下层	小珠山五期	1				1
34 区	B3	39°10′24.2″	122°20′07.6″	新石器	下层	小珠山五期	7				7
34 区	B4	39°10′24.9″	122°20′07.3″	新石器	下层	小珠山五期	4				4
34 区	B5	39°10′25.2″	122°20′06.6″	新石器	下层	小珠山五期	6				6
34 区	B6	39°10′25.8″	122°20′06.2″	新石器	下层	小珠山五期	6				6
34 区	B8	39°10′26.9″	122°20′05.0″	新石器	下层	小珠山五期	6				6
34 区	C1	39°10′22.8″	122°20′07.5″	新石器	下层	小珠山五期	2	2			4
34 区	C2	39°10′23.4″	122°20′07.3″	新石器	下层	小珠山五期	6				6

调查区域	采集点	纬度	经度	时代	分期	时代（或文化）	小珠山五期			上马石上层	合计
							陶器	石器	玉器	陶器	
34区	C3	39°10′24.0″	122°20′07.1″	新石器	下层	小珠山五期	3				3
34区	C3	39°10′24.0″	122°20′07.1″	青铜	上层	上马石上层				1	1
34区	C4	39°10′24.5″	122°20′06.9″	新石器	下层	小珠山五期	10	1			11
34区	C5	39°10′25.2″	122°20′06.6″	新石器	下层	小珠山五期	43				43
34区	D1	39°10′22.5″	122°20′06.8″	新石器	下层	小珠山五期	4				4
34区	D2	39°10′23.1″	122°20′06.6″	新石器	下层	小珠山五期	17				17
34区	D3	39°10′23.6″	122°20′06.2″	新石器	下层	小珠山五期	9				9
34区	D3	39°10′23.6″	122°20′06.2″	青铜	上层	上马石上层				1	1
34区	D4	39°10′24.2″	122°20′06.2″	新石器	下层	小珠山五期	14				14
34区	D5	39°10′24.9″	122°20′05.8″	新石器	下层	小珠山五期	1				1
34区	D6	39°10′25.5″	122°20′05.5″	新石器	下层	小珠山五期	8				8
34区	D6	39°10′25.5″	122°20′05.5″	青铜	上层	上马石上层				3	3
34区	D7	39°10′26.2″	122°20′05.3″	新石器	下层	小珠山五期	8				8
34区	D7	39°10′26.2″	122°20′05.3″	青铜	上层	上马石上层				3	3
34区	D8	39°10′26.9″	122°20′05.5″	新石器	下层	小珠山五期	1				1
34区	D9	39°10′27.4″	122°20′04.8″	新石器	下层	小珠山五期	12				12
34区	D9	39°10′27.4″	122°20′04.8″	青铜	上层	上马石上层				3	3
34区	D10	39°10′28.0″	122°20′04.7″	新石器	下层	小珠山五期	8				8
34区	D10	39°10′28.0″	122°20′04.7″	青铜	上层	上马石上层				2	2
34区	E1	39°10′22.2″	122°20′06.2″	新石器	下层	小珠山五期	4				4
34区	E2	39°10′22.8″	122°20′05.9″	新石器	下层	小珠山五期	1				1
34区	E3	39°10′23.4″	122°20′05.6″	青铜	上层	上马石上层				1	1
34区	E4	39°10′24.0″	122°20′05.6″	新石器	下层	小珠山五期	15				15
34区	E4	39°10′24.0″	122°20′05.6″	青铜	上层	上马石上层				3	3
34区	E5	39°10′24.6″	122°20′05.2″	新石器	下层	小珠山五期	2				2
34区	E5	39°10′24.6″	122°20′05.2″	青铜	上层	上马石上层				41	41
34区	E6	39°10′25.3″	122°20′04.9″	新石器	下层	小珠山五期	90	1			91
34区	E6	39°10′25.3″	122°20′04.9″	青铜	上层	上马石上层				10	10
34区	E7	39°10′25.9″	122°20′04.9″	新石器	下层	小珠山五期	21				21
34区	E8	39°10′26.7″	122°20′04.5″	新石器	下层	小珠山五期	11				11
34区	E8	39°10′26.7″	122°20′04.5″	青铜	上层	上马石上层				2	2
34区	E9	39°10′27.3″	122°20′04.4″	新石器	下层	小珠山五期	15				15
34区	E10	39°10′27.9″	122°20′04.1″	新石器	下层	小珠山五期	8				8
34区	E11	39°10′28.6″	122°20′04.0″	新石器	下层	小珠山五期	5				5

调查区域	采集点	纬度	经度	时代	分期	时代（或文化）	小珠山五期			上马石上层	合计
							陶器	石器	玉器	陶器	
34 区	E12	39°10′29.3″	122°20′03.8″	新石器	下层	小珠山五期	2				2
34 区	E13	39°10′29.8″	122°20′03.6″	新石器	下层	小珠山五期	2				2
34 区	F1	39°10′21.9″	122°20′05.6″	新石器	下层	小珠山五期	1				1
34 区	F2	39°10′22.7″	122°20′05.3″	新石器	下层	小珠山五期	2				2
34 区	F4	39°10′24.0″	122°20′04.7″	青铜	上层	上马石上层				1	1
34 区	F5	39°10′24.7″	122°20′04.5″	新石器	下层	小珠山五期	13				13
34 区	F6	39°10′25.3″	122°20′04.2″	新石器	下层	小珠山五期	4				4
34 区	F9	39°10′27.3″	122°20′03.7″	新石器	下层	小珠山五期	2				2
34 区	F10	39°10′27.9″	122°20′03.4″	新石器	下层	小珠山五期	3				3
34 区	F13	39°10′29.6″	122°20′02.9″	青铜	上层	上马石上层				1	1
34 区	G1	39°10′22.8″	122°20′04.5″	青铜	上层	上马石上层				1	1
34 区	G4	39°10′24.7″	122°20′03.9″	新石器	下层	小珠山五期	4				4
34 区	G5	39°10′25.4″	122°20′03.7″	新石器	下层	小珠山五期	3				3
34 区	G6	39°10′26.0″	122°20′03.4″	新石器	下层	小珠山五期	7				7
34 区	G7	39°10′26.6″	122°20′03.2″	新石器	下层	小珠山五期	4				4
34 区	G7	39°10′26.6″	122°20′03.2″	青铜	上层	上马石上层				1	1
34 区	G8	39°10′27.3″	122°20′03.0″	新石器	下层	小珠山五期	6				6
34 区	G8	39°10′27.3″	122°20′03.0″	青铜	上层	上马石上层				2	2
34 区	G9	39°10′27.9″	122°20′02.8″	新石器	下层	小珠山五期	2				2
34 区	G10	39°10′28.5″	122°20′02.5″	新石器	下层	小珠山五期	7				7
34 区	G11	39°10′29.1″	122°20′02.3″	新石器	下层	小珠山五期	4				4
34 区	G12	39°10′29.7″	122°20′02.3″	新石器	下层	小珠山五期	2				2
34 区	G13	39°10′30.3″	122°20′02.1″	新石器	下层	小珠山五期	2				2
34 区	H1	39°10′22.8″	122°20′03.9″	新石器	下层	小珠山五期	3				3
34 区	H2	39°10′23.6″	122°20′03.7″	青铜	上层	上马石上层				1	1
34 区	H3	39°10′24.1″	122°20′03.4″	新石器	下层	小珠山五期	3				3
34 区	H4	39°10′24.8″	122°20′03.3″	新石器	下层	小珠山五期	2				2
34 区	H5	39°10′25.5″	122°20′03.1″	新石器	下层	小珠山五期	3				3
34 区	H6	39°10′26.0″	122°20′02.9″	新石器	下层	小珠山五期	12				12
34 区	H7	39°10′26.5″	122°20′02.7″	新石器	下层	小珠山五期	10				10
34 区	H8	39°10′27.2″	122°20′02.6″	新石器	下层	小珠山五期	1				1
34 区	H9	39°10′27.7″	122°20′02.3″	新石器	下层	小珠山五期	2				2
34 区	H9	39°10′27.7″	122°20′02.3″	青铜	上层	上马石上层				1	1
34 区	H12	39°10′29.4″	122°20′01.9″	新石器	下层	小珠山五期	2				2

调查区域	采集点	纬度	经度	时代	分期	时代（或文化）	小珠山五期			上马石上层	合计
							陶器	石器	玉器	陶器	
34区	H13	39°10′30.0″	122°20′01.7″	新石器	下层	小珠山五期	2				2
34区	I1	39°10′22.9″	122°20′03.5″	新石器	下层	小珠山五期	1				1
34区	I2	39°10′23.6″	122°20′03.2″	新石器	下层	小珠山五期	6				6
34区	I3	39°10′24.1″	122°20′03.1″	新石器	下层	小珠山五期	5				5
34区	I4	39°10′24.7″	122°20′02.9″	新石器	下层	小珠山五期	2				2
34区	I4	39°10′24.7″	122°20′02.9″	青铜	上层	上马石上层				1	1
34区	I5	39°10′25.4″	122°20′02.8″	新石器	下层	小珠山五期	1				1
34区	I6	39°10′25.8″	122°20′02.5″	新石器	下层	小珠山五期	4				4
34区	I6	39°10′25.8″	122°20′02.5″	青铜	上层	上马石上层				10	10
34区	I7	39°10′26.4″	122°20′02.3″	新石器	下层	小珠山五期	2	1			3
34区	I7	39°10′26.4″	122°20′02.3″	青铜	上层	上马石上层				1	1
34区	I8	39°10′27.0″	122°20′02.1″	青铜	上层	上马石上层				1	1
34区	I9	39°10′27.6″	122°20′02.0″	新石器	下层	小珠山五期	4				4
34区	I11	39°10′28.7″	122°20′01.5″	新石器	下层	小珠山五期	4				4
34区	I13	39°10′29.9″	122°20′01.3″	新石器	下层	小珠山五期	4				4
34区	J1	39°10′23.0″	122°20′02.9″	青铜	上层	上马石上层				1	1
34区	J2	39°10′23.6″	122°20′02.8″	新石器	下层	小珠山五期	3				3
34区	J3	39°10′24.0″	122°20′02.5″	新石器	下层	小珠山五期	1				1
34区	J3	39°10′24.0″	122°20′02.5″	青铜	上层	上马石上层				1	1
34区	J4	39°10′24.7″	122°20′02.3″	新石器	下层	小珠山五期	1				1
34区	J4	39°10′24.7″	122°20′02.3″	青铜	上层	上马石上层				1	1
34区	J5	39°10′25.3″	122°20′02.1″	新石器	下层	小珠山五期	3				3
34区	J6	39°10′25.7″	122°20′02.0″	青铜	上层	上马石上层				22	22
34区	J7	39°10′26.4″	122°20′01.7″	新石器	下层	小珠山五期	11				11
34区	J8	39°10′27.0″	122°20′01.6″	新石器	下层	小珠山五期	2				2
34区	J9	39°10′27.5″	122°20′01.4″	新石器	下层	小珠山五期	2				2
34区	J9	39°10′27.5″	122°20′01.4″	青铜	上层	上马石上层				1	1
34区	J10	39°10′28.0″	122°20′01.2″	新石器	下层	小珠山五期	8				8
34区	J11	39°10′28.6″	122°20′01.1″	新石器	下层	小珠山五期	8				8
34区	K1	39°10′23.0″	122°20′02.5″	新石器	下层	小珠山五期	4				4
34区	K2	39°10′23.5″	122°20′02.4″	新石器	下层	小珠山五期	5				5
34区	K3	39°10′24.1″	122°20′02.2″	新石器	下层	小珠山五期	16				16
34区	K4	39°10′24.6″	122°20′01.8″	青铜	上层	上马石上层				5	5
34区	K5	39°10′25.2″	122°20′01.7″	新石器	下层	小珠山五期	3				3

调查区域	采集点	纬度	经度	时代	分期	时代（或文化）	小珠山五期 陶器	小珠山五期 石器	小珠山五期 玉器	上马石上层 陶器	合计
34 区	K6	39°10′25.8″	122°20′01.6″	新石器	下层	小珠山五期	7				7
34 区	K7	39°10′26.3″	122°20′01.4″	新石器	下层	小珠山五期	3				3
34 区	K8	39°10′26.8″	122°20′01.3″	青铜	上层	上马石上层				2	2
34 区	K9	39°10′27.4″	122°20′01.1″	青铜	上层	上马石上层				12	12
34 区	K10	39°10′28.1″	122°20′00.8″	青铜	上层	上马石上层				6	6
34 区	K11	39°10′28.8″	122°20′00.6″	青铜	上层	上马石上层				5	5
34 区	K12	39°10′29.4″	122°20′00.5″	新石器	下层	小珠山五期	2				2
34 区	K12	39°10′29.4″	122°20′00.5″	青铜	上层	上马石上层				7	7
34 区	L1	39°10′23.0″	122°20′02.1″	新石器	下层	小珠山五期	3				3
34 区	L2	39°10′23.5″	122°20′01.8″	新石器	下层	小珠山五期	13				13
34 区	L2	39°10′24.0″	122°20′01.2″	青铜	上层	上马石上层				1	1
34 区	L3	39°10′24.0″	122°20′01.8″	新石器	下层	小珠山五期	10				10
34 区	L4	39°10′24.6″	122°20′01.6″	新石器	下层	小珠山五期	10				10
34 区	L5	39°10′25.2″	122°20′01.5″	青铜	上层	上马石上层				6	6
34 区	L6	39°10′25.7″	122°20′01.2″	新石器	下层	小珠山五期	1				1
34 区	L6	39°10′25.7″	122°20′01.2″	青铜	上层	上马石上层				2	2
34 区	L7	39°10′26.2″	122°20′01.1″	新石器	下层	小珠山五期	5				5
34 区	L8	39°10′26.8″	122°20′01.0″	青铜	上层	上马石上层				9	9
34 区	L9	39°10′27.5″	122°20′00.8″	新石器	下层	小珠山五期	7				7
34 区	L10	39°10′28.1″	122°20′00.4″	新石器	下层	小珠山五期	3				3
34 区	L11	39°10′28.8″	122°20′00.3″	新石器	下层	小珠山五期	1				1
34 区	L11	39°10′28.8″	122°20′00.3″	青铜	上层	上马石上层				1	1
34 区	L12	39°10′29.5″	122°20′00.1″	新石器	下层	小珠山五期	3				3
34 区	M3	39°10′24.4″	122°20′01.2″	新石器	下层	小珠山五期	4				4
34 区	M6	39°10′26.2″	122°20′00.7″	新石器	下层	小珠山五期	1				1
34 区	M7	39°10′26.8″	122°20′00.5″	青铜	上层	上马石上层				2	2
34 区	M11	39°10′29.4″	122°19′59.7″	新石器	下层	小珠山五期	1				1
34 区	N1	39°10′23.6″	122°20′01.3″	青铜	上层	上马石上层				1	1
34 区	N2	39°10′23.9″	122°20′01.0″	新石器	下层	小珠山五期	1				1
34 区	N2	39°10′23.9″	122°20′01.0″	青铜	上层	上马石上层				1	1
34 区	N3	39°10′24.5″	122°20′00.8″	新石器	下层	小珠山五期	1				1
34 区	N4	39°10′25.0″	122°20′00.7″	新石器	下层	小珠山五期	2				2
34 区	N5	39°10′25.5″	122°20′00.3″	新石器	下层	小珠山五期	1				1
34 区	N6	39°10′26.1″	122°20′00.2″	新石器	下层	小珠山五期	1				1

调查区域	采集点	纬度	经度	时代	分期	时代（或文化）	小珠山五期			上马石上层	合计
							陶器	石器	玉器	陶器	
34 区	N7	39°10′26.9″	122°20′00.0″	新石器	下层	小珠山五期	1				1
34 区	N8	39°10′27.5″	122°19′59.8″	青铜	上层	上马石上层				1	1
34 区	O2	39°10′25.0″	122°20′00.0″	新石器	下层	小珠山五期	5				5
34 区	P1	39°10′29.3″	122°19′56.0″	新石器	下层	小珠山五期	3				3
34 区	P1	39°10′29.7″	122°19′57.5″	新石器	下层	小珠山五期	1				1
34 区	P2	39°10′28.7″	122°19′56.0″	新石器	下层	小珠山五期	1				1
34 区	P2	39°10′28.7″	122°19′56.0″	青铜	上层	上马石上层				2	2
34 区	P2	39°10′30.4″	122°19′57.1″	青铜	上层	上马石上层				1	1
34 区	P3	39°10′28.1″	122°19′56.1″	新石器	下层	小珠山五期	23				23
34 区	P3	39°10′30.7″	122°19′56.4″	青铜	上层	上马石上层				2	2
34 区	P4	39°10′31.3″	122°19′55.6″	青铜	上层	上马石上层				4	4
34 区	Q1	39°10′29.3″	122°19′57.7″	新石器	下层	小珠山五期	4				4
34 区	Q2	39°10′29.6″	122°19′57.2″	青铜	上层	上马石上层				4	4
34 区	Q3	39°10′30.0″	122°19′56.8″	新石器	下层	小珠山五期	2				2
34 区	Q4	39°10′30.4″	122°19′56.2″	青铜	上层	上马石上层				1	1
34 区	R1	39°10′28.7″	122°19′57.8″	新石器	下层	小珠山五期	8				8
34 区	R4	39°10′29.7″	122°19′56.4″	青铜	上层	上马石上层				1	1
34 区	T6	39°10′26.2″	122°19′56.0″	青铜	上层	上马石上层				1	1
34 区	U2	39°10′28.4″	122°19′56.6″	青铜	上层	上马石上层				1	1
34 区	U3	39°10′27.8″	122°19′56.5″	新石器	下层	小珠山五期	9				9
34 区	U3	39°10′27.8″	122°19′56.5″	青铜	上层	上马石上层				2	2
34 区	U5	39°10′26.8″	122°19′56.5″	新石器	下层	小珠山五期	3				3
34 区	U6	39°10′26.1″	122°19′56.6″	新石器	下层	小珠山五期	2				2
34 区	U7	39°10′25.5″	122°19′56.5″	青铜	上层	上马石上层				1	1
34 区	采集	39°10′26.8″	122°20′03.9″	新石器	下层	小珠山五期					1
34 区	采集	39°10′25.5″	122°20′04.8″	新石器	下层	小珠山五期	1				1
34 区	采集	39°10′25.5″	122°20′05.0″	新石器	下层	小珠山五期	1				1
34 区	采集	39°10′25.4″	122°20′05.5″	新石器	下层	小珠山五期	1				1
34 区	采集	39°10′20.0″	122°20′05.6″	新石器	下层	小珠山五期	1				1
34 区	采集	39°10′25.0″	122°20′05.7″	新石器	下层	小珠山五期	1				1
34 区	采集	39°10′25.3″	122°20′05.7″	新石器	下层	小珠山五期	1				1
34 区	采集	39°10′24.9″	122°20′05.8″	新石器	下层	小珠山五期	1				1
34 区	采集	39°10′29.8″	122°20′01.4″	新石器	下层	小珠山五期		1			1
34 区	采集	39°10′30.5″	122°20′02.2″	新石器	下层	小珠山五期		1			1

调查区域	采集点	纬度	经度	时代	分期	时代（或文化）	小珠山五期			上马石上层	合计
							陶器	石器	玉器	陶器	
34 区	采集	39°10′24.0″	122°20′02.5″	新石器	下层	小珠山五期		1			1
34 区	采集	39°10′27.4″	122°20′03.5″	新石器	下层	小珠山五期		1			1
34 区	采集	39°10′27.8″	122°20′03.6″	新石器	下层	小珠山五期		1			1
34 区	采集	39°10′23.6″	122°20′03.9″	新石器	下层	小珠山五期		1			1
34 区	采集	39°10′24.1″	122°20′03.9″	新石器	下层	小珠山五期		1			1
34 区	采集	39°10′26.9″	122°20′03.9″	新石器	下层	小珠山五期		1			1
34 区	采集	39°10′26.1″	122°20′04.7″	新石器	下层	小珠山五期		1			1
34 区	采集	39°10′23.5″	122°20′04.9″	新石器	下层	小珠山五期		1			1
34 区	采集	39°10′23.7″	122°20′05.0″	新石器	下层	小珠山五期		1			1
34 区	采集	39°10′25.5″	122°20′05.3″	新石器	下层	小珠山五期		1			1
34 区	采集	39°10′24.6″	122°20′05.6″	新石器	下层	小珠山五期		1			1
34 区	采集	39°10′24.8″	122°20′06.8″	新石器	下层	小珠山五期		1			1
34 区	采集	39°10′31.2″	122°19′55.1″	青铜	上层	上马石上层				1	1
								733		199	932

附表一七　　　　　　　　　　　　南山遗址调查遗物统计表

调查区域	采集点	纬度	经度	时代	时代（或文化）	上马石上层		合计
						陶器	石器	
34 区	A2	39°10′14.1″	122°20′00.0″	青铜	上马石上层	6		6
34 区	A3	39°10′14.1″	122°19′59.3″	青铜	上马石上层	2		2
34 区	A4	39°10′14.0″	122°19′58.5″	青铜	上马石上层	1		1
34 区	B1	39°10′14.2″	122°20′00.8″	青铜	上马石上层	10		10
34 区	B2	39°10′14.6″	122°20′00.0″	青铜	上马石上层	9		9
34 区	B3	39°10′14.7″	122°19′59.4″	青铜	上马石上层	13		13
34 区	B5	39°10′14.5″	122°19′58.2″	青铜	上马石上层	3		3
34 区	C2	39°10′14.8″	122°20′00.1″	青铜	上马石上层	1		1
34 区	C3	39°10′15.0″	122°19′59.6″	青铜	上马石上层	5		5
34 区	C4	39°10′15.1″	122°19′58.9″	青铜	上马石上层	7		7
34 区	C5	39°10′15.1″	122°19′58.1″	青铜	上马石上层	2		2
34 区	C7	39°10′15.2″	122°19′56.3″	青铜	上马石上层	1		1
34 区	D1	39°10′15.2″	122°20′00.3″	青铜	上马石上层	2		2
34 区	D2	39°10′15.4″	122°19′59.6″	青铜	上马石上层	3		3
34 区	D3	39°10′15.4″	122°19′59.0″	青铜	上马石上层	3		3

续附表一七

调查区域	采集点	纬度	经度	时代	时代（或文化）	上马石上层		合计
						陶器	石器	
34 区	D4	39°10′15.5″	122°19′58.1″	青铜	上马石上层	2		2
34 区	D5	39°10′15.5″	122°19′57.4″	青铜	上马石上层	3		3
34 区	D6	39°10′15.7″	122°19′56.5″	青铜	上马石上层	4		4
34 区	E2	39°10′15.8″	122°20′00.3″	青铜	上马石上层	2		2
34 区	E3	39°10′15.9″	122°19′59.5″	青铜	上马石上层	3		3
34 区	E4	39°10′16.0″	122°19′58.8″	青铜	上马石上层	3		3
34 区	F1	39°10′16.0″	122°20′01.1″	青铜	上马石上层	2		2
34 区	F2	39°10′16.0″	122°20′00.5″	青铜	上马石上层	1		1
34 区	F3	39°10′16.1″	122°19′59.7″	青铜	上马石上层	5		5
34 区	F4	39°10′16.2″	122°19′58.8″	青铜	上马石上层	9	1	10
34 区	F6	39°10′16.4″	122°19′57.2″	青铜	上马石上层	2		2
34 区	F7	39°10′16.4″	122°19′56.3″	青铜	上马石上层	1		1
34 区	G2	39°10′16.5″	122°20′00.5″	青铜	上马石上层	7		7
34 区	G3	39°10′16.6″	122°19′59.6″	青铜	上马石上层	4		4
34 区	G4	39°10′16.5″	122°19′58.9″	青铜	上马石上层	8		8
34 区	G6	39°10′16.8″	122°19′57.2″	青铜	上马石上层	4		4
34 区	H1	39°10′17.0″	122°20′01.3″	青铜	上马石上层	2		2
34 区	H3	39°10′17.1″	122°19′59.6″	青铜	上马石上层	15		15
34 区	H4	39°10′17.2″	122°19′59.0″	青铜	上马石上层	6		6
34 区	H5	39°10′17.3″	122°19′58.2″	青铜	上马石上层	1		1
34 区	H7	39°10′17.5″	122°19′56.2″	青铜	上马石上层	1	1	2
34 区	I2	39°10′17.8″	122°20′00.7″	青铜	上马石上层	1		1
34 区	I3	39°10′17.9″	122°20′00.0″	青铜	上马石上层	2		2
34 区	I4	39°10′17.9″	122°19′59.3″	青铜	上马石上层	2		2
34 区	I5	39°10′18.0″	122°19′58.6″	青铜	上马石上层	3		3
34 区	I6	39°10′18.1″	122°19′57.8″	青铜	上马石上层	1		1
34 区	J2	39°10′18.0″	122°20′00.7″	青铜	上马石上层	1		1
34 区	J3	39°10′18.1″	122°20′00.0″	青铜	上马石上层	5		5
34 区	J4	39°10′18.2″	122°19′59.3″	青铜	上马石上层	8		8
34 区	J5	39°10′18.3″	122°19′58.5″	青铜	上马石上层	8		8
34 区	J6	39°10′18.3″	122°19′57.8″	青铜	上马石上层	5		5
34 区	J7	39°10′18.5″	122°19′57.0″	青铜	上马石上层	1		1
34 区	K1	39°10′18.3″	122°20′01.6″	青铜	上马石上层	4		4
34 区	K2	39°10′18.4″	122°20′00.9″	青铜	上马石上层	2		2

续附表一七

调查区域	采集点	纬度	经度	时代	时代（或文化）	上马石上层		合计
						陶器	石器	
34 区	K3	39°10′18.5″	122°20′00.2″	青铜	上马石上层	5		5
34 区	K4	39°10′18.6″	122°19′59.0″	青铜	上马石上层	15		15
34 区	K5	39°10′18.6″	122°19′58.4″	青铜	上马石上层	19		19
34 区	K6	39°10′18.7″	122°19′57.7″	青铜	上马石上层	5		5
34 区	K7	39°10′18.9″	122°19′57.0″	青铜	上马石上层	2		2
34 区	K8	39°10′19.0″	122°19′56.0″	青铜	上马石上层	2		2
34 区	L1	39°10′18.9″	122°20′01.7″	青铜	上马石上层	3		3
34 区	L4	39°10′19.1″	122°19′59.5″	青铜	上马石上层	8		8
34 区	L8	39°10′19.5″	122°19′56.4″	青铜	上马石上层	2		2
34 区	L9	39°10′19.6″	122°19′55.7″	青铜	上马石上层	4		4
34 区	M1	39°10′19.3″	122°20′01.4″	青铜	上马石上层	1		1
34 区	M2	39°10′19.5″	122°20′00.6″	青铜	上马石上层	2		2
34 区	M3	39°10′19.6″	122°19′59.9″	青铜	上马石上层	5		5
34 区	M4	39°10′19.6″	122°19′59.2″	青铜	上马石上层	3		3
34 区	M5	39°10′19.7″	122°19′58.4″	青铜	上马石上层	3		3
34 区	M6	39°10′19.8″	122°19′57.8″	青铜	上马石上层	1		1
34 区	N4	39°10′20.2″	122°19′58.9″	青铜	上马石上层	6		6
34 区	N7	39°10′20.5″	122°19′56.2″	青铜	上马石上层	1		1
34 区	O2	39°10′20.6″	122°19′59.5″	青铜	上马石上层	5		5
34 区	O3	39°10′20.7″	122°19′58.4″	青铜	上马石上层	3		3
34 区	P2	39°10′20.1″	122°20′01.7″	青铜	上马石上层	1		1
34 区	P4	39°10′21.0″	122°20′00.1″	青铜	上马石上层	1		1
34 区	Q1	39°10′13.4″	122°20′00.8″	青铜	上马石上层	2		2
34 区	Q2	39°10′13.7″	122°20′00.0″	青铜	上马石上层	2		2
34 区	Q3	39°10′13.7″	122°19′59.2″	青铜	上马石上层	1		1
34 区	Q4	39°10′13.7″	122°19′58.5″	青铜	上马石上层	2		2
34 区	R2	39°10′13.3″	122°19′59.7″	青铜	上马石上层	2		2
34 区	R4	39°10′13.2″	122°19′58.4″	青铜	上马石上层	1		1
34 区	采集	39°10′19.0″	122°19′59.9″	青铜	上马石上层	1	1	2
34 区	采集	39°10′18.5″	122°19′58.6″	青铜	上马石上层	3		3
34 区	采集	39°10′19.9″	122°19′57.6″	青铜	上马石上层	1		1
34 区	采集	39°10′18.7″	122°19′58.1″	青铜	上马石上层	1		1
						312		312

附表一八　　　　　　　　　南窑遗址调查遗物统计表

调查区域	采集点	纬度	经度	时代	分期	时代（或文化）	小珠山五期		上马石上层		合计
							陶器	石器	陶器	石器	
34 区	A1	39°10′14.3″	122°20′10.7″	新石器	下层	小珠山五期	14				14
34 区	A1	39°10′14.3″	122°20′10.7″	青铜	上层	上马石上层			1		1
34 区	A2	39°10′14.4″	122°20′10.2″	新石器	下层	小珠山五期	21				21
34 区	A3	39°10′14.5″	122°20′09.4″	新石器	下层	小珠山五期	30				30
34 区	A4	39°10′14.4″	122°20′08.7″	新石器	下层	小珠山五期	10				10
34 区	A5	39°10′14.2″	122°20′08.1″	新石器	下层	小珠山五期	8				8
34 区	A6	39°10′14.1″	122°20′07.7″	新石器	下层	小珠山五期	12				12
34 区	A7	39°10′14.2″	122°20′07.3″	新石器	下层	小珠山五期	1				1
34 区	B1	39°10′14.0″	122°20′10.7″	新石器	下层	小珠山五期	37				37
34 区	B2	39°10′14.1″	122°20′10.1″	新石器	下层	小珠山五期	27				27
34 区	B3	39°10′14.1″	122°20′09.4″	新石器	下层	小珠山五期	8				8
34 区	B4	39°10′14.1″	122°20′08.9″	新石器	下层	小珠山五期	4				4
34 区	B5	39°10′13.9″	122°20′08.2″	新石器	下层	小珠山五期	15				15
34 区	B6	39°10′13.8″	122°20′07.8″	新石器	下层	小珠山五期	9				9
34 区	C2	39°10′13.8″	122°20′10.3″	新石器	下层	小珠山五期	4				4
34 区	C3	39°10′13.8″	122°20′09.5″	新石器	下层	小珠山五期	10				10
34 区	C3	39°10′13.8″	122°20′09.5″	青铜	上层	上马石上层			1		1
34 区	D1	39°10′13.3″	122°20′10.9″	新石器	下层	小珠山五期	2				2
34 区	D2	39°10′13.4″	122°20′10.2″	新石器	下层	小珠山五期	1				1
34 区	采集	39°10′14.1″	122°20′10.2″	新石器	下层	小珠山五期	13				13
34 区	采集	39°10′14.1″	122°20′10.4″	新石器	下层	小珠山五期	12				12
34 区	采集	39°10′14.1″	122°20′10.1″	新石器	下层	小珠山五期	10				10
34 区	采集	39°10′14.5″	122°20′09.4″	新石器	下层	小珠山五期	7				7
34 区	采集	39°10′14.1″	122°20′10.7″	新石器	下层	小珠山五期	7				7
34 区	采集	39°10′14.2″	122°20′10.5″	新石器	下层	小珠山五期	5				5
34 区	采集	39°10′14.0″	122°20′09.8″	新石器	下层	小珠山五期	5				5
34 区	采集	39°10′14.4″	122°20′09.9″	新石器	下层	小珠山五期	5				5
34 区	采集	39°10′14.1″	122°20′10.5″	新石器	下层	小珠山五期	5				5
34 区	采集	39°10′14.3″	122°20′09.5″	新石器	下层	小珠山五期	4				4
34 区	采集	39°10′14.1″	122°20′10.0″	新石器	下层	小珠山五期	4				4
34 区	采集	39°10′14.3″	122°20′10.6″	新石器	下层	小珠山五期	4				4
34 区	采集	39°10′14.3″	122°20′10.6″	新石器	下层	小珠山五期	2				2
34 区	采集	39°10′14.2″	122°20′10.1″	新石器	下层	小珠山五期		1			1
34 区	采集	39°10′14.1″	122°20′09.7″	新石器	下层	小珠山五期	1				1

续附表一八

调查区域	采集点	纬度	经度	时代	分期	时代（或文化）	小珠山五期		上马石上层		合计
							陶器	石器	陶器	石器	
34 区	采集	39°10′13.5″	122°20′07.7″	新石器	下层	小珠山五期	1				1
34 区	采集	39°10′13.7″	122°20′08.9″	新石器	下层	小珠山五期	1				1
34 区	采集	39°10′14.4″	122°20′09.7″	新石器	下层	小珠山五期	1				1
34 区	采集	39°10′14.5″	122°20′10.2″	新石器	下层	小珠山五期	1				1
34 区	采集	39°10′14.2″	122°20′10.5″	青铜	上层	上马石上层				1	1
34 区	采集	39°10′14.1″	122°20′10.1″	青铜	上层	上马石上层				1	1
34 区	采集	39°10′14.4″	122°20′09.7″	青铜	上层	上马石上层			1		1
34 区	采集	39°10′14.5″	122°20′10.2″	青铜	上层	上马石上层			1		1
34 区	采集	39°10′14.1″	122°20′09.7″	青铜	上层	上马石上层			1		1
							302		7		309

附表一九 寺儿沟遗址调查遗物统计表

调查区域	采集点	纬度	经度	时代	时代（或文化）	辽金		合计
						瓷器	建筑材料	
31 区	I1	39°09′47.5″	122°21′13.6″	辽金	辽金	1	8	9
31 区	I3	39°09′47.2″	122°21′11.9″	辽金	辽金	1	26	27
31 区	J1	39°09′47.8″	122°21′13.5″	辽金	辽金		3	3
31 区	J2	39°09′47.6″	122°21′12.7″	辽金	辽金		6	6
31 区	J3	39°09′47.6″	122°21′12.2″	辽金	辽金		1	1
31 区	K2	39°09′48.1″	122°21′13.3″	辽金	辽金		1	1
31 区	K3	39°09′47.9″	122°21′12.7″	辽金	辽金		13	13
31 区	L1	39°09′48.7″	122°21′14.1″	辽金	辽金		3	3
31 区	L2	39°09′48.4″	122°21′13.1″	辽金	辽金		5	5
31 区	M1	39°09′49.2″	122°21′14.1″	辽金	辽金		9	9
31 区	M2	39°09′48.9″	122°21′13.2″	辽金	辽金		8	8
31 区	M3	39°09′48.5″	122°21′12.4″	辽金	辽金		23	23
31 区	N1	39°09′49.7″	122°21′14.2″	辽金	辽金		4	4
31 区	N2	39°09′49.2″	122°21′13.2″	辽金	辽金		8	8
31 区	N3	39°09′48.8″	122°21′12.4″	辽金	辽金	1	26	27
31 区	N5	39°09′48.4″	122°21′11.3″	辽金	辽金		1	1
31 区	O1	39°09′50.1″	122°21′14.1″	辽金	辽金		1	1
31 区	O2	39°09′49.7″	122°21′13.4″	辽金	辽金		5	5
31 区	O4	39°09′49.0″	122°21′11.9″	辽金	辽金		4	4

调查区域	采集点	纬度	经度	时代	时代（或文化）	辽金		合计
						瓷器	建筑材料	
31 区	P2	39°09′50.8″	122°21′14.1″	辽金	辽金		1	1
31 区	P3	39°09′50.0″	122°21′13.3″	辽金	辽金		2	2
31 区	P4	39°09′49.7″	122°21′12.5″	辽金	辽金		4	4
31 区	P5	39°09′49.3″	122°21′11.8″	辽金	辽金		3	3
31 区	Q1	39°09′51.8″	122°21′14.4″	辽金	辽金	1	2	3
31 区	Q2	39°09′51.2″	122°21′13.8″	辽金	辽金		7	7
31 区	Q4	39°09′50.1″	122°21′12.8″	辽金	辽金		5	5
31 区	Q5	39°09′49.6″	122°21′11.8″	辽金	辽金		5	5
31 区	Q6	39°09′49.3″	122°21′11.1″	辽金	辽金		1	1
31 区	R1	39°09′52.0″	122°21′14.2″	辽金	辽金	1	11	12
31 区	R2	39°09′51.3″	122°21′13.7″	辽金	辽金	1	17	18
31 区	R3	39°09′50.7″	122°21′13.0″	辽金	辽金		7	7
31 区	R4	39°09′50.3″	122°21′12.4″	辽金	辽金		8	8
31 区	R5	39°09′50.0″	122°21′11.7″	辽金	辽金		6	6
31 区	S1	39°09′52.1″	122°21′13.9″	辽金	辽金		5	5
31 区	S2	39°09′51.5″	122°21′13.4″	辽金	辽金		7	7
31 区	S3	39°09′51.0″	122°21′13.0″	辽金	辽金		4	4
31 区	S4	39°09′50.5″	122°21′12.4″	辽金	辽金		11	11
31 区	S5	39°09′50.1″	122°21′11.6″	辽金	辽金		6	6
31 区	S6	39°09′49.9″	122°21′11.0″	辽金	辽金		5	5
31 区	S7	39°09′49.7″	122°21′10.5″	辽金	辽金		5	5
31 区	T1	39°09′52.3″	122°21′13.7″	辽金	辽金		8	8
31 区	T2	39°09′51.8″	122°21′13.3″	辽金	辽金		2	2
31 区	T3	39°09′51.2″	122°21′12.7″	辽金	辽金		7	7
31 区	T4	39°09′50.7″	122°21′12.2″	辽金	辽金		4	4
31 区	T5	39°09′50.5″	122°21′11.6″	辽金	辽金	2	7	9
31 区	T6	39°09′50.2″	122°21′11.0″	辽金	辽金		7	7
31 区	T7	39°09′50.1″	122°21′10.4″	辽金	辽金		5	5
31 区	U1	39°09′52.5″	122°21′13.6″	辽金	辽金		7	7
31 区	U3	39°09′51.3″	122°21′12.5″	辽金	辽金		4	4
31 区	U4	39°09′50.9″	122°21′11.4″	辽金	辽金		14	14
31 区	U5	39°09′50.3″	122°21′10.5″	辽金	辽金		3	3
31 区	V2	39°09′52.0″	122°21′12.8″	辽金	辽金		2	2
31 区	V5	39°09′50.7″	122°21′10.3″	辽金	辽金		1	1

调查区域	采集点	纬度	经度	时代	时代（或文化）	辽金		合计
						瓷器	建筑材料	
31 区	W1	39°09′52.8″	122°21′13.0″	辽金	辽金		6	6
31 区	W2	39°09′52.1″	122°21′12.4″	辽金	辽金		3	3
31 区	W4	39°09′51.4″	122°21′10.9″	辽金	辽金		13	13
31 区	W5	39°09′51.0″	122°21′10.2″	辽金	辽金		4	4
31 区	X1	39°09′53.1″	122°21′12.7″	辽金	辽金		1	1
31 区	X2	39°09′52.5″	122°21′12.2″	辽金	辽金		16	16
31 区	X3	39°09′52.0″	122°21′11.7″	辽金	辽金		8	8
31 区	X4	39°09′51.8″	122°21′10.9″	辽金	辽金		9	9
31 区	Y5	39°09′51.5″	122°21′09.7″	辽金	辽金		5	5
31 区	采集	39°09′52.6″	122°21′13.3″	辽金	辽金	1	5	6
						427		427

后　记

　　2010 年至 2011 年，在中国社会科学院考古研究所东北工作队贾笑冰和金英熙的主持下，对整个广鹿岛进行考古遗址调查和小规模的试掘。中国社会科学院考古研究所丁长峰、钱旭，赤峰学院学生高凤婷、张旭、王岩、董鑫、张宇、尹振卓、张晓强、邹涛、唐海波，长海县文管所王兆强和广鹿乡文化站刘明德参加了此次调查，并测量和绘制了遗址的地形图。

　　2011 年、2014 年、2016 年，中国社会科学院考古研究所东北工作队李光、刘广海和西北大学文化遗产学院考古学系学生负泽荣、王永洪、梁芳、武卓卓、韩娇娇参加了考古调查资料的整理工作。李光承担了遗物的修复。刘广海、山东工作队杨结实、东北师范大学历史系张杰、瓦房店市博物馆曹赫安承担了遗迹和遗物的绘图工作。2017 年，辽宁师范大学历史文化学院学生李松橘、刘娜、张凌菲、赵思满参与本书的编排工作，中国社会科学院考古研究所金英熙拍摄了器物照片。

　　中国社会科学院考古研究所吕鹏、袁靖鉴定并分析了调查和试掘中发现的兽骨和贝类，吉林大学边疆考古研究中心汤卓炜鉴定并分析了调查和试掘遗址石器的石材。复旦大学文物与博物馆学系王荣鉴定了玉器的玉材。

　　中国社会科学院考古研究所刘建国提供了广鹿岛的航拍图片，并与同所张蕾提供了地理信息系统数据。英文提要由美国布朗大学博士后 Katherine Brunson 翻译。在此一并致谢。

　　本书的撰写分工如下：第一章第一节和第四节、第二章、第三章第一节至第十八节、第四章第一节至第五节、第六章由金英熙执笔；第一章第二节和第三节、第三章第十九节至第二十三节、第四章第六节和第七节由贾笑冰执笔；第五章第一节由汤卓炜、贾笑冰、金英熙执笔，第二节由吕鹏、Anne Tresset、袁靖执笔。

　　最后，由金英熙统稿，并完成本书的审定工作。

编者

2018 年 5 月

Abstract

Guanglu Island in Changhai County, eastern Dalian, Liaoning Province is located in the Yellow Sea off of the eastern coast of the Liaodong Penninsula. In 2010 to 2011, the Institute of Archaeology, Chinese Academy of Social Sciences Northeastern Research Team conducted a complete archaeological survey of the island along with small – scale excavation of several prehistoric sites, resulting in the following four research results:

First, our survey identified 23 sites dating to a variety of time periods including the Neolithic, Bronze Age, Han Dynasty, Liao/Jin Dynasties, and Ming/Qing Dynasties periods. Guanglu Island has been occupied continuously for the last 7000 years since the Neolithic, demonstrating the long cultural record on this northern island.

Second, most of the Neolithic and Bronze Age sites are located along the coastline and along the high terraces in the center and western parts of the island. In the Liao/Jin and Ming/Qing periods, most of the sites are located on flat terrain in the center or western side of the island. It is clear that the choice of living environment differed between the prehistoric and historic periods, which we believe may reflect the level of economic productivity. Based on the results of survey and excavation, we found that the prehistoric sites were mostly shell middens, with large amounts of shell remains excavated from the cultural layers. The main economic mode was based on fishing and marine resources, so living close to the coast would have supported this way of life.

Third, although Guanglu Island is small, the large number of Neolithic and Bronze Age sites (11 sites and 8 sites respectively) on the island provide a rich prehistoric record covering a long time span. This situation is rarely encountered on other islands in the region, and provides rich material for researching the prehistoric cultures of the Liaodong Peninsula. At the Hongzidong site, we uncovered Xiaozhushan Phase 5, Shuangtuozi Phase 3, and Upper Shangmashi cultural deposits, which are also important for studying the Neolithic to Bronze Age transition period.

Fourth, Neolithic and Bronze Age sites are primarily small shell middens forming small – scale settlements. We believe that they are certainly related to small – scale hunting, gathering, and fishing economic models.

图版一　广鹿岛遗址调查分区图

1. 多落母遗址全景（南—北）

2. 北庙遗址石造像出土地（南—北）

图版二　多落母、北庙遗址

1. 1号石造像A面

2. 1号石造像B面

3. 1号石造像C面

4. 1号石造像D面

图版三　北庙遗址出土石造像

1. 2号石造像

2. 3号石造像正面

3. 3号石造像背面

图版四　北庙遗址出土石造像

1. 4号石造像

2. 5号石造像侧面

3. 5号石造像正面

图版五　北庙遗址出土石造像

1. 朱家村遗址全景（西—东）

2. 邹南屯遗址全景（北—南）

图版六　朱家村、邹南屯遗址

1. 门后遗址全景（南—北）

2. 柳条沟东山遗址全景（东—西）

图版七　门后、柳条沟东山遗址

1. 遗址全景（西—东）

2. 遗址HG1剖面（东—西）

图版八　东水口遗址

1. 洪子东遗址全景（西—东）

2. 柳条村遗址全景（南—北）

3. 下和气沟遗址全景（北—南）

图版九　洪子东、柳条村、下和气沟遗址

1. 遗址全景（东—西）

2. 陶鼓腹罐（HG1③：2）

3. 陶鬲足（采：8）

图版一〇　长寺山遗址及其出土陶器

1. 遗址全景（东—西）

2. A型陶筒形罐（T1512⑱：1）

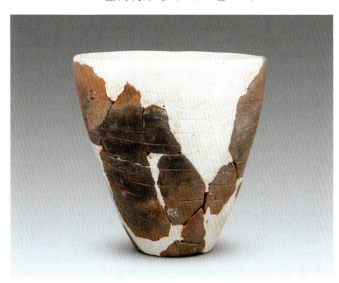

4. B型陶筒形罐（T1512⑲：1）

3. A型陶筒形罐（T1612⑮：2）

5. 玉斧（T1512⑳：1）

图版一一　小珠山遗址及其出土一期器物

1. A型陶筒形罐（T1512⑪C：1，二期）

2. B型陶筒形罐（T1111⑧：1，二期）

3. A型陶筒形罐（T1513⑳：5，三期）

4. C型陶筒形罐（F1③：1，三期）

图版一二　小珠山遗址出土二、三期器物

1. A型石镞
（T1112⑥：2，四期）

2. A型石镞
（T1311④：4，四期）

6. 三环足陶器（F9⑤：3，五期）

3. A型石镞
（T1412⑦：5，四期）

4. 玉坠（H1：4，四期）

7. 陶豆（T1211③：19，五期）

5. 蚌饰（T1412③A：10，四期）

8. 陶器盖（T1513⑥：4，五期）

图版一三　小珠山遗址出土四、五期器物

1. 遗址全景（西—东）

2. 石网坠（11采：1）

图版一四　吴家村遗址及其出土石器

1. 袁屯西遗址全景（南—北）

2. 娘娘庙遗址全景（南—北）

图版一五　袁屯西、娘娘庙遗址

1. 板瓦（采：6）

2. 滴水（采：3）

3. 瓦当（采：5）

4. 鸱吻（采：2）

5. 砖（采：7）

6. 砖（E3：1）

图版一六　娘娘庙遗址出土陶质建筑材料

1. 盐场遗址全景（南—北）

2. 西北屯遗址全景（东—西）

图版一七　盐场、西北屯遗址

1. 大张屯遗址全景（东—西）

2. 蛎碴岗遗址全景（北—南）

图版一八 大张屯、蛎碴岗遗址

1. 南山遗址全景（北—南）

2. 南窑遗址全景（北—南）

图版一九　南山、南窑遗址

1. 玉凿（蛎碴岗采：20）

2. Aa型柱状陶器耳（南山B3：1）

3. Aa型柱状陶器耳（南山C4：1）

4. Aa型柱状陶器耳（南山F2：1）

5. Aa型柱状陶器耳（南山采：4）

6. Ab型柱状陶器耳（南山采：3）

7. Ab型柱状陶器耳（南山H3：2）

8. 石网坠（南窑采：31）

图版二〇　蛎碴岗、南山、南窑遗址出土器物

1. 遗址全景（北—南）

2. 板瓦（采：5）

3. 砖（T7：3）

图版二一　寺儿沟遗址及其出土陶质建筑材料

1. 筒瓦（S6：4）

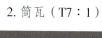

2. 筒瓦（T7：1）

3. 滴水（采：4）

4. 滴水（S7：1）

5. 鸱吻（S6：2）

6. 鸱吻（S6：3）

7. 鸱吻（S7：2）

图版二二　寺儿沟遗址出土陶质建筑材料

1. 北墙（北—南）

2. 南墙（南—北）

图版二三　南台山遗址

1. 蛎碴岗遗址试掘TG1东壁

2. 洪子东遗址试掘TG1东壁

3. 洪子东遗址B型附加堆纹陶罐（TG1②：1）

图版二四　蛎碴岗、洪子东遗址试掘探沟及其出土陶器

1. 试掘TG1东壁

2. 彩绘陶片（TG1⑥：6）

3. 彩绘陶片（TG1⑨：12）

图版二五　朱家村遗址试掘探沟及其出土彩绘陶片

1. TG1⑥：7

2. TG1⑫：7

3. TG1⑫：6

4. TG1⑨：15

5. TG1③：1

6. TG1⑧：6

7. TG1⑨：13

图版二六　朱家村遗址试掘探沟出土彩绘陶片

1.毛蚶　2.脉红螺　3.脉红螺　4.僧帽牡蛎　5.疣荔枝螺　6.疣荔枝螺　7.长牡蛎　8.牡蛎B　9.牡蛎A
（1、3、5、9为柳条沟东山遗址采集，余为门后遗址采集）

图版二七　门后遗址、柳条沟东山遗址采集动物遗骸

1.砂海螂 2.菲律宾蛤仔 3.锈凹螺 4.脉红螺 5.牡蛎A 6.中国蛤蜊 7.朝鲜花冠小月螺 8.牡蛎B 9.沟纹蔓螺 10.小型鹿科动物 11.僧帽牡蛎 12.僧帽牡蛎 13.鲸 14.猪 15.长牡蛎（9为吴家村遗址采集，12为多落母遗址采集，余为蛎碴岗遗址采集）

图版二八 吴家村遗址、蛎碴岗遗址和多落母遗址采集动物遗骸

1.江户布目蛤　2.锈凹螺　3.疣荔枝螺　4.长牡蛎　5.菲律宾蛤仔　6.圆田螺
7.朝鲜花冠小月螺　8.牡蛎B　9.脉红螺　10.僧帽牡蛎

图版二九　洪子东遗址采集动物遗骸

1.菲律宾蛤仔　2.脉红螺　3.砂海螂　4.牡蛎B　5.牡蛎A　6.长牡蛎　7.僧帽牡蛎

图版三〇　长寺山遗址采集动物遗骸

1.牡蛎C　2.牡蛎B　3.赤鲷　4.猪　5.牡蛎A　6.砂海螂　7.长牡蛎　8.脉红螺　9.螃蟹　10.近江牡蛎　11.锈凹螺
12.菲律宾蛤仔　13.毛蚶　14.小型鹿科动物　15.黄牛

图版三一　朱家村遗址采集动物遗骸